아! 그렇구나
우리 역사

고려1

\* \* \*

이 책에 관해 궁금한 점이 있으면 윤경진 선생님께 이메일로 물어 보세요.
이메일 주소 · ykjwyj@nownuri.net

\* \* \*

아! 그렇구나
우리 역사

❼ 고려1

2005년 2월 15일 1판 1쇄 펴냄
2017년 5월 25일 1판 7쇄 펴냄

글쓴이 · 윤경진
그린이 · 성병희
펴낸이 · 조영준

기획·조영준 | 책임 편집 ·최영옥 | 편집·용진영 정애경
표지 및 본문 디자인·홍수진

펴낸곳 · 여유당출판사
출판등록 · 395-2004-00068
주   소 · 서울 마포구 동교로 27길 53 지남빌딩 201호
전   화 · 02-326-2345 | 팩스 · 02-6280-4563
이메일 · yybooks@hanmail.net
블로그 · http//blog.naver.com/yeoyoubooks

ISBN 89-955552-7-0  44910
ISBN 89-955552-0-3(전15권)

ⓒ 윤경진 · 여유당, 2005
협약에 따라 인지를 붙이지 않습니다.

책값은 뒤표지에 있습니다. 잘못된 책은 구입하신 서점에서 바꾸어 드립니다.
이 도서의 국립중앙도서관 출판시도서목록(CIP)은
서지정보유통지원시스템 홈페이지(http://seoji.nl.go.kr)와 국가자료공동목록시스템
(http://www.nl.go.kr/kolisnet)에서 이용할 수 있습니다.(CIP제어번호: CIP2017010916)

품명 도서 제조자명 여유당출판사 제조국명 대한민국 사용 연령 12세 이상
주소 서울시 마포구 동교로 27길 53 201호(지남빌딩) 전화 02-326-2345 제조일 2017년 5월 25일
KC 마크는 이 제품이 공통안전기준에 적합하였음을 의미합니다.
⚠ 책 모서리에 다치지 않게 주의하세요.

아! 그렁구나

# 우리 역사

고려1

글·윤경진 | 그림·성병희

여유당

## 아! 그렇구나 우리 역사를 여유당에서 펴내며

　많은 사람들의 관심과 함께 시작한《아! 그렇구나 우리 역사》는 이 일 저 일 어려운 과정을 거친 끝에 여유당 출판사에서 첫 권부터 다시 출간하게 되었습니다. 이 시리즈를 순수 준비하고 책을 펴낸 기획 편집자 입장에서 완간 자체가 만만치 않다는 사실을 몰랐던 바 아니지만, 대대로 이어 온 우리 역사가 수없이 많은 가시밭길을 걸어온 것처럼 한 권 한 권 책을 낼 때마다 극심한 긴장과 고비를 피할 수는 없었습니다. 이 시리즈의 출간 준비에서부터 5권 신라·가야 편이 세상에 나오기까지 4년이 걸렸고, 이후 1년 반이 지나서야 6권, 7권, 8권이 뒤를 잇게 되었습니다. 독자들과의 약속대로라면 이미 완간해 가는 시점인데, 이제야 절반에 다다랐으니 아직도 그만큼의 어려움이 남은 셈입니다. 먼저 독자들에게 미안한 일이고, 가능한 한 빨리 완간을 하는 게 그나마 미안함을 덜 수 있는 최선이라고 생각합니다.

　여유당 출판사에서는 이 시리즈를 처음 계획했던 총 17권을 15권으로 다시 조정했습니다. 11권 조선 시대 이후 근현대사가 다소 많은 비중을 차지한다는 집필진들의 생각에 따라, 12권 개항기와 13권 대한제국기를 한 권으로 줄였고, 마찬가지로 14, 15권 일제 강점기를 한 권으로 모았습니다. 물론 집필진은 이전과 같습니다.

　1권 원시 시대를 출간할 때만 해도 어린이·청소년층에 맞는 역사 관련 책들을 찾기가 쉽지 않더니 지금은 몇몇 출판사에서 이미 출간했거나 장르별 혹은 연령별로 준비하는 실정입니다. 이런 상황에서《아! 그렇구나 우리 역사》시리즈가 독자들뿐만 아니라 다양한 계층의 관계자들에게 소중한 자료로 자리매김했다는 사실에 필자들이나 기획자로서 작은 보람을 느낍니다. 어린이·청소년 출판이 가야 할 길이 아직 멀고 멀지만 번역서나 창작 동화를 앞다투어 쏟아 내던 이전의 풍경에 비하면 아주 반가운 현상이라 할 수 있겠습니다.

　더불어 2004년은 중국의 동북 공정 문제로 우리 역사를 진지하게 바라볼 수 있는 한 해가 되었습니다. 우리 역사를 어설프게 이해하고 우리 역사에 당당한 자신감을 갖지 못할 때 고구려 역사도 발해 역사도, 그리고 동해 끝 섬 독도까지도 중국과 일본의 틈바구니에서 부대낄 것은 뻔한 사실입니다. 특히 21세기를 이끌어 갈 10대 청소년들의 올바른 역사 인식은 민족의 운명을 가늠하는 발판임이 분명합니다.

학창 시절 대다수에게 그저 사건과 연대, 그리고 해당 시대의 영웅을 잘 외우면 그뿐이었던 잘못된 역사 인식을 꿈 많은 10대들에게 그대로 물려줄 수는 없습니다. 우리 역사는 한낱 조상들이 남긴 흔적이 아니라 개인에게는 자신의 가치관을 여물게 하는 귀중한 텃밭이요, 우리에게는 세계 무대에서 한국인이라는 자신감을 갖고 당당히 어깨를 겨루게 할 핏줄 같은 유산임을 잊지 말아야 합니다.

그런데 아직도 우리에게는 10대 청소년이 읽을 만한 역사책이 빈약합니다. 이제 전문가가 직접 쓴 책도 더러 눈에 띄지만 초·중학생 연령층이 쉽게 접할 수 있는 책은 여전히 많지 않습니다. 그나마 고등학생 나잇대의 청소년이 읽을 만한 역사물도 사실은 성인을 주 대상으로 만들어졌을 뿐입니다. 그만큼 내용과 문장의 난이도가 높거나 압축·생략이 많아 청소년들이 당시 역사의 과정을 제대로 이해하면서 읽어 나가기 어려운 게 현실입니다.

따라서 10대의 눈높이에 맞춰 역사를 서술하고, 역사의 의미를 제대로 이해할 수 있게 관점을 제시하며, 역사 이해의 근거로서 봐야 할 풍부한 유적·유물 자료, 상상력을 도와주는 바람직한 삽화, 게다가 청소년이 읽기에 적절한 활자 크기와 종이 질감 등을 고민한 책이 반드시 필요했습니다. 자신의 세계관과 올바른 역사관을 다질 수 있는 이 시리즈는 '전문 역사학자가 처음으로 쓴 10대 전반의 어린이·청소년을 위한 한국 통사'라는 데 의미가 크다고 하겠습니다. 이 시리즈는 이렇게 만들었습니다.

첫째, 이 책은 전문 역사학자들이 소신 있게 들려 주는 우리 조상들의 삶 이야기입니다. 원시 시대부터 해방 후 1987년 6월 항쟁까지를 15권에 아우르는 《아! 그렇구나 우리 역사》는 한 권 한 권, 해당 시대의 역사를 연구해 온 선생님이 직접 쓰셨습니다. 고구려 역사를 오래 공부한 선생님이 고구려 편을 쓰셨고, 조선의 역사를 연구하는 선생님이 조선 시대 편을 쓰셨습니다.

둘째, 초등학교 고학년과 중학생 연령층의 10대 어린이·청소년을 위해 만들었습니다.
지금까지 초등학교 저학년 어린이를 위한 위인전이나 동화 형식의 역사물은 여럿 있었고, 또 고등학생을 대상으로 펴낸 생활사, 왕조사 책도 눈에 띕니다. 하지만 위인전이나 동화 수준에서는 벗어나고, 고등학생의 독서 수준에는 아직 미치지 못하는 단계에 필요한 징검다리 책은 찾아볼 수 없었습니다. 《아! 그렇구나 우리 역사》는 초등학교 5·6학년과 중학생 연령층의 청소년에게 바로 이러한 징검다리가 될 것입니다.

셋째, 각 시대를 살았던 일반 백성의 생활을 구체적으로 생생하게 묘사했습니다.
그 동안 어린이·청소년을 위한 역사책이 대부분 영웅이나 사건 중심으로 이야기를 풀어 나갔다면, 이 시리즈는 과거 조상들의 생활에 역사의 중심을 두고 시대에 따른 정치·경제·사회·문화의 변화를 당시의 국제 정세와 함께 이해할 수 있도록 꾸몄습니다. 이 책을 읽으면서 독자 여러분은 당시 사람들의 생활 세계를 머릿속에 그려 나갈 수 있을 것입니다.

넷째, 최근 연구 성과에 따른 글쓴이의 목소리에도 힘을 주었습니다.
이미 교과서에 결론이 내려진 문제라 할지라도, 글쓴이의 견해에 따라 당시 상황의 발단과 과정에 확대경을 대고 결론을 달리 생각해 보거나 논쟁할 수 있도록 주제를 끌어냈습니다. 이는 곧 암기식 역사 교육의 틀을 깨고, 독자 한 사람 한 사람이 다양한 각도에서 역사의 비밀을 푸는 주인공이 되도록 유도하려 함입니다. 이는 역사적 사실과 인물을 통해 자신의 현재와 미래를 통합적인 시각으로 내다보게 하는 장치이며, 여기에 바로 이 시리즈를 출간하는 의도가 있습니다.

다섯째, 전문적인 내용일수록 이해하기 쉽게 풀어 쓰려고 노력했습니다.
주제마다 독자의 상상력만으로 해결되지 않는 부분은 권마다 200여 장에 이르는 유적·유물 자료 사진과 학계의 고증을 거친 그림을 통해 충분히 이해할 수 있도록 했습니다. 또한 중간중간 독자 여러분이 좀더 깊이 있게 알았으면 하는 주제는 네모 상자 안에 자세히 정리해 정보의 극대화를 꾀했습니다.

이 책을 위해 젊은 역사학자 9명이 힘을 합쳐 독자와 함께 호흡하는 한국사, 재미있는 한국사를 쓰려고 노력했습니다. 그러나 역사란 너무나 많은 것을 품고 있기에, 집필진 모두는 한국 역사를 쉽게 풀어서 새롭게 쓴다는 것 자체가 매우 어려운 일임을 절감했습니다. 더구나 청소년의 정서에 맞추어 우리 역사 전체를 꿰뚫는 책을 쓴다는 것은 박사 학위 논문을 완성하는 것 못지않게 힘든 과정이었습니다. 거기에 한 문장 한 단어마다 꼼꼼한 교열 교정을 거듭했습니다.

이 시리즈는 단순히 10대 어린이·청소년만을 위한 책이 아닙니다. 우리 역사를 소홀히 여겼던 어른이 있다면, 이 책을 함께 읽으면서 새로운 양식을 얻을 수 있으리라 생각합니다. 나아가 이 시리즈는 온 가족이 함께 읽는 데 큰 어려움이 없게 공을 들였습니다.
아직 미흡한 점이 많으나, 이 시리즈를 통해 여러분이 우리 역사를 올바로 이해하고 자신만의 세상을 더불어 열어 나가는 데 도움이 되기를 바랍니다.

2005년 2월
집필진과 편집진

| 차 례 |

《아! 그렇구나 우리 역사》를 펴내며 · 4

# 1. 통일된 새 나라를 향하여 · 13
### 고려 건국과 후삼국 통일

다시 세 나라로 · 13
왕건, 새 왕조를 열다 · 21
고려, 후삼국을 통일하다 · 30
아! 그렇구나 ― 신숭겸은 누구인가? · 43 | 궁예에 관한 다섯 가지 의문 · 46
어떻게 볼 것인가 ― 고려 통일의 역사적 의미 · 44
이것도 알아 두세요 ― 삼최(三崔) · 16 | 마의 태자 · 38

# 2. 거란의 침략을 막아라 · 49
### 체제 정비와 거란과의 전쟁

통일을 다지려는 태조의 정책 · 49
왕위 계승 분쟁을 넘어 체제 정비로 · 62
거란이 쳐들어온다! · 84
아! 그렇구나 ― 오대(五代) · 53 | 근친혼 · 66 | 사성(賜姓) · 70 | 관리들의 옷 · 73 |
　　　　　　　연도 표시 방법과 연호(年號) · 82 | 3성 6부제 · 83
어떻게 볼 것인가 ― 광종의 개혁 · 78 | 강조는 충신인가, 역적인가? · 102 |
　　　　　　　　고려가 거란과의 싸움에서 승리한 원인 · 104
이것도 알아 두세요 ― 철 당간과 명문 · 80

# 3. 안정과 번영 속에 불안이 싹트고 · 109
### 고려의 발전과 동요

동북 9성을 개척하다 · 109
위협받는 왕실―이자겸의 난 · 120
개경과 서경의 충돌 ― 묘청의 난 · 130

아! 그렇구나 ─ 마운령비 이야기 · 119 │ 십팔자 설 · 128
어떻게 볼 것인가 ─ 동북 9성의 명칭과 위치 · 118 │ 묘청의 난 · 140
이것도 알아 두세요 ─ 《고려도경》에 보이는 이자겸 · 129 │ 대동강을 소재로 한 두 편의 시 · 138

## 4. 다양성 속에 통합을 이루다 · 143
**고려의 사회 구조**

사회의 출발 – 가족 · 143
혈연의 확대 – 친족 · 153
향촌 사회의 운영과 신앙 · 164
사회 경제의 이모저모 · 188
아! 그렇구나 ─ 음서를 받는 방법 · 158 │ 귀향과 귀양 · 163 │ 양반과 백정의 말뜻 · 190
유적 탐방 ─ 고려의 궁궐 터, 만월대 · 172
이것도 알아 두세요 ─ 맹씨 행단 · 150 │ 대관령 성황사와 산신각 · 184 │
　　　　　　　　　매향이란 무엇인가 · 186 │ 고려 시대의 금속 화폐 · 206

## 5. 모든 사상은 나라를 위하여 · 209
**고려 전기의 학문과 사상**

불교, 나라와 백성을 밝히는 등불 · 209
정치 이념과 천하관 · 225
인간과 우주에 대한 생각 · 239
고려는 누구를 이어받았나 · 256
아! 그렇구나 ─ 화두와 선문답 · 212 │ 종묘와 사직 · 227 │ 고려 시대의 과거 제도 · 232
　　　　　　　천자와 제후에 관계된 용어 · 235 │ 〈풍입송〉과 해동 천자 · 237
　　　　　　　음양론과 태극기 · 241 │ 오행의 상징 · 245
이것도 알아 두세요 ─ 태조의 〈훈요십조〉 2조 · 252

## 일러두기

1. 연대를 표기할 때는 지금 우리 나라에서 공용으로 쓰는 서력 기원(서기)에 따랐다. 따라서 본문에 '서기전 1500년'이라 쓴 연대는 서력 기원 전 1500년을 의미한다. 흔히 쓰이는 '기원전'이라는 말을 피하고 '서기전'이라 한 것은, 기원전이란 말 자체가 '서력 기원 전'의 준말이기도 하거니와, 단군 기원인지 로마 건국 기원인지 예수 탄생 기원인지 분명하게 드러나지 않는 '기원전'보다 '서기전'이라는 말이 그 본래 의미를 더 잘 전달한다고 보기 때문이다.

2. 외국의 인명과 지명은 기본적으로 외래어 표기법을 따랐다. 다만 중국 지명인 경우, 먼저 중국어 발음에 근거하여 외래어 표기법에 따라 쓴 다음 괄호 ( ) 안에 우리 말 한자 발음과 한자를 같이 적었다. 중국어 발음을 확인하기 어려운 마을 이름은 우리 말 한자 발음으로 적었다.
그리고 외래어 표기법에서는 중국의 강 이름을 적을 때 중국어 발음 뒤에 '강' 자를 덧붙이도록 했으나(예:황하 → 황허 강, 훈강 → 훈장 강), '강'을 뜻하는 말('허'와 '강', '장'과 '강')이 겹치는 만큼 본래의 강 이름을 아는 데 혼란스러워질 수 있다. 그래서 '황하'는 '황허', '훈강'은 '훈 강'으로 쓴다.

3. 역사학 용어는 기본적으로 국사편찬위원회의 분류에 따르고, 고고학 용어는 국립문화재연구소에서 펴낸 《한국고고학사전》(2002)의 표기에 따랐으나, 어려운 한자어 대신 알기 쉬운 우리말로 바꿀 수 있는 경우에는 바꿔서 썼다. 국립 박물관에서 펴낸 도록(이를테면 국립 부여 박물관의 《국립부여박물관》)에서도 되도록 쉬운 말로 바꿔 쓰는 추세이고(예:정림사지 → 정림사 터), '횡혈식 석실분' 같은 말을 '굴식 돌방 무덤'으로 바꿔 실은 《한국고고학사전》의 기본 정신도 그러하다고 보기 때문이다.

4. 글쓴이의 견해가 교과서와 다르거나 역사 해석에 논쟁의 여지가 있는 경우, 역사학계의 최신 연구 성과에 근거하여 글쓴이의 관점과 해석에 따라 서술하고, 그와 다른 견해도 있음을 밝혔다.

# 1

## 통일된 새 나라를 향하여
고려 건국과 후삼국 통일

## 다시 세 나라로

###  무너지는 신라 천 년 왕조

역사에서 영원한 것은 없는 법이지요. 여러분도 이미 앞선 시대의 우리 역사를 읽어 보며 이런 생각을 했을지도 모르겠군요. 강력했던 고구려, 백제를 무너뜨리고 삼국을 통일하여 전성기를 누리던 신라도 8세기 중반부터 흔들리는 기미를 보입니다. 768년(혜공왕 4), 진골 귀족들 사이에 왕위를 차지하기 위한 싸움이 시작된 것입니다. 780년 혜공왕이 피살되고 선덕왕이 왕위에 오르면서 힘있는 사람이 왕위를 차지하는 시대가 되었지요.

진골 귀족들은 권력 싸움에 힘을 보태기 위해 농장을 늘려 나갔습니다. 그럴수록 나라의 재정은 부족해졌고, 이를 메우기 위해 더 많은 세금을 거두니 농민의 생활은 점점 어려워질 수밖에요. 마침내 889년(진성여왕 3)에는 지방의 고을들이 세금 내기를 거부하는 사태까지 벌어집니다. 예나 지금이나 세금은 국방과 함께 국민의 기본 의무인데, 정부의 착취가 너무 심하자 이를 거부한 것이지요. 이런 상황에서 농민들은 토지를 버리고 유랑하거나 도적이 되었는데, 이런 현상은 전국으로 번졌습니다(《아! 그렇구나 우리 역사》 5권 신라 편 참고).

　하지만 정부는 수습할 엄두도 못 내고 경주 근방만을 지키기에 바빴습니다. 지방에서 반란이 일어나도 제대로 토벌하지 못했지요. 그러자 지방의 토호들은 고을 주변에 성을 쌓고 군대를 길러 스스로 자기 고을을 지켰습니다. 이런 사람들을 '성주(城主 : 성의 주인)' 또는 '장군(將軍 : 군대의 지휘관)'이라고 불렀는데, 이들은 차츰 정부의 통제에서 벗어나 독자적인 세력을 키워 갑니다.

　나라가 흔들리자 중앙 정계에서도 비판 세력이 나타납니다. 그 중심은 육두품(六頭品 : 진골 바로 아래의 신분층으로 학문과 행정 실무를 담당함) 세력으로 혼란한 사회를 개혁하자고 목소리를 높이기 시작합니다. 육두품 중에는 당나라에 유학하여 학문을 배우고 돌아온 이도 있었는데, 그들 앞에 펼쳐진 신라 사회는 참혹함 자체였습니다. 혼란한 사회에서 농민들은 가난과 절망 속에 내몰려 있는데도 진골 귀족들은 권력 싸움에만 관심이 쏠려 있었지요. 이에 개혁을 위한 정책을 건의하며 각성을 촉구했지만, 국왕과 진골 귀족들은 귀를 기

**상주 견훤산성**
견훤이 쌓았다고 전해지는 성인데, 견훤이 상주의 성주 아자개의 아들이라는 이야기에서 비롯한 것으로 보인다. 경북 기념물 53호.

울이지 않았습니다. 실망한 육두품 가운데에는 신라에 대한 미련을 버리고 새로 등장하는 세력에게 가서 그 뜻을 펼치려는 이들도 생겨났습니다(16쪽 '삼최' 참고).

혼란이 계속되자 성주나 장군 중에는 세력을 넓혀 새 왕조를 여는 이도 나타납니다. 892년에는 견훤이, 901년에는 궁예가 각기 나라를 세우니 한반도는 다시 세 나라로 나뉘었지요. 이로부터 고려가 통일을 달성한 936년까지를 '후삼국 시대'라고 부릅니다.

## 견훤과 궁예, 새로운 나라를 세우다

견훤은 경상도 상주의 성주였던 아자개의 아들로 알려져 있지만 분명하지는 않습니다. 지렁이의 아들이라는 전설도 전하는데, 이는 남

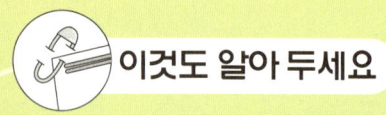
## 이것도 알아 두세요

### 삼최(三崔)

'삼최'란 신라 말에 활동한 최치원·최승우·최언위 세 사람을 가리키는 말입니다. 모두 6두품 출신으로 당나라에서 유학하고 돌아왔지요. 하지만 후삼국으로 분열되는 격동의 시대에 이들이 선택한 길은 각기 달랐습니다.

최치원은 신라에 대한 미련을 버리지 못한 인물이지요. 개혁을 위한 〈시무 10조〉가 받아들여지지 않자 좌절 속에 방랑하다 해인사에서 생을 마쳤습니다. 최승우는 후백제를 선택합니다. 견훤의 외교 문서를 작성하는 등 활약했지만, 나라의 몰락과 함께 포부를 접어야 했지요. 반면 고려로 간 최언위는 태조 왕건의 총애를 받으며 문장가와 학자로 명성을 날리며 영화로운 일생을 살았습니다.

각기 좌절과 실패, 성공이라는 삶을 산 이 세 사람을 보며, 여러분은 어떤 생각이 드나요? 성공한 최언위가 옳았고 좌절한 최치원과 실패한 최승우는 옳지 않았다고 느껴지나요?

하지만 역사를 성공과 패배의 관점에서만 보는 자세는 바람직하지 않습니다. 그들은 저마다 자신의 판단에 따라 선택하고 그 속에서 최선을 다했을 테니까요. 격동의 역사에서는 늘 성공과 실패의 명암이 엇갈리게 마련입니다. 이것을 옳고 그름으로 나누기보다는 그들이 왜 성공하고 실패했는지를 찬찬히 살펴보는 자세가 바로 역사를 제대로 보고 제대로 배우는 길이 아닐까요?

**쌍계사 진감선사비(왼쪽)** 최치원이 지은 비문. 성주사 낭혜화상비, 봉암사 지증대사비, 숭복사비와 함께 '사산비명'으로 일컬어진다. 국보 47호.
**보리사 대경대사비** 최언위가 지은 비문. 비는 현재 경복궁으로 이전되어 있다. 보물 361호.

**전주 동고산성**
견훤의 왕성으로 알려져 있다. 전북 기념물 44호.

다른 힘과 능력을 가진 인물임을 표현한 것일 뿐이지요. 신라가 혼란에 빠지자 그는 892년 무진주(지금의 광주 광역시)에서 독립하여 나라를 세웁니다. 900년에는 백제의 원수인 신라를 응징하겠다는 다짐으로 완산주(지금의 전라 북도 전주)에 도읍을 정하고 '후백제'라는 국호를 반포합니다. 후백제라는 이름에는 백제를 계승했음을 나타내어 옛 백제 지역의 민심을 모으려는 의도가 담겨 있지요.

궁예는 신라 47대 헌안왕, 혹은 48대 경문왕의 아들로 왕실의 분란 속에 버림받은 인물이라는 이야기가 전합니다. 난을 피해 도망할 때 유모의 손에 찔려 한쪽 눈을 잃었다지요. 처음에 승려가 되어 이름을 '선종'이라 했으며, 북원(지금의 강원도 원주)의 성주였던 양길 아래에 들어가 활동했습니다. 점차 강한 지도력을 발휘하며 민심을 모은 궁예는 무리를 이끌고 송악(개성) 지방으로 들어갑니다. 이 곳

고려 건국과 후삼국 통일 17

**궁예의 왕궁 터(위)와 그 곳에 있던 석등**
궁예가 철원에 도읍했을 때의 왕궁 터로 알려져 있다.

에서 세력을 키운 뒤 양길과 싸워 이김으로써 한반도 중부에 이름을 떨치고 이를 발판으로 나라를 세웁니다.

궁예는 처음에 자신을 '후고려왕'이라 칭했습니다. 아마 나라 이름도 '후고려'라고 했겠지요. 고려는 고구려를 가리키니 고구려를 계승했음을 내세운 것입니다. 근거지가 고구려의 옛 땅인 점을 이용하여 민심을 모으려 한 것으로, 후백제의 견훤이 의도했던 것과 같지요. 실제로 궁예는 신라에게 망한 고구려의 원수를 갚겠다고 목소리를 높였습니다. 하지만 904년 국호를 '마진'으로 바꾼 데 이어 도읍을 철원으로 옮겼으며, 911년에는 다시 '태봉'으로 고쳤습니다. 후삼국 초기는 이 두 나라가 세력을 넓혀 가며 충돌하는 형세로 전개됩니다.

## 후백제와 태봉의 경쟁

지금의 전라 북도 지방을 차지한 견훤은 충청 남도와 경상 남도 방면으로 세력을 뻗쳤습니다. 황해도와 경기 북부 지역을 차지한 궁예는 남쪽으로 진출을 시도합니다. 처음에는 주변 지역을 장악하느라 두 나라가 직접 부딪치지 않았지만, 세력이 커지면서 충돌을 피할 수 없었지요. 그런데 흥미로운 점은, 두 나라가 처음 충돌하는 곳이 경계를 마주하는 충청 남도 일대가 아니라 후백제 뒤편인 전라 남도 나주 일대였다는 것입니다. 어떻게 해서 이런 일이 생겼을까요?

나주는 처음에 견훤의 지배 아래 있었으나 910년 반기를 들고 궁예에게 투항합니다. 후백제 정부와 나주 사이에 정치적 갈등이 있었을 거라고 짐작되지만, 기록이 없어 자세한 사정은 알기 어렵습니다. 뒷덜미에 위협을 느낀 견훤은 나주를 제압하기 위해 여러 차례 공격을 했지요. 이에 궁예는 나주를 보호하기 위해 수군을 보냈는데, 그 지휘관이 바로 왕건입니다. 원군에 힘입어 나주는 후백제의 공격을 막아 낼 수 있었습니다.

이 공으로 왕건은 시중(侍中 : 지금의 국무총리에 해당하는 관직) 자리에 올랐으며, 백성들에게도 명망을 얻었습니다. 이 일은 왕건이 고려를 세우는 데 밑거름이 되었지요. 또한 왕건은 나주에 갔을 때 장화 왕후 오씨를 만나 아들을 낳으니, 그가 2대 임금 혜종입니다. 이래저래 나주는 고려의 건국과 통일에 한몫을 담당합니다.

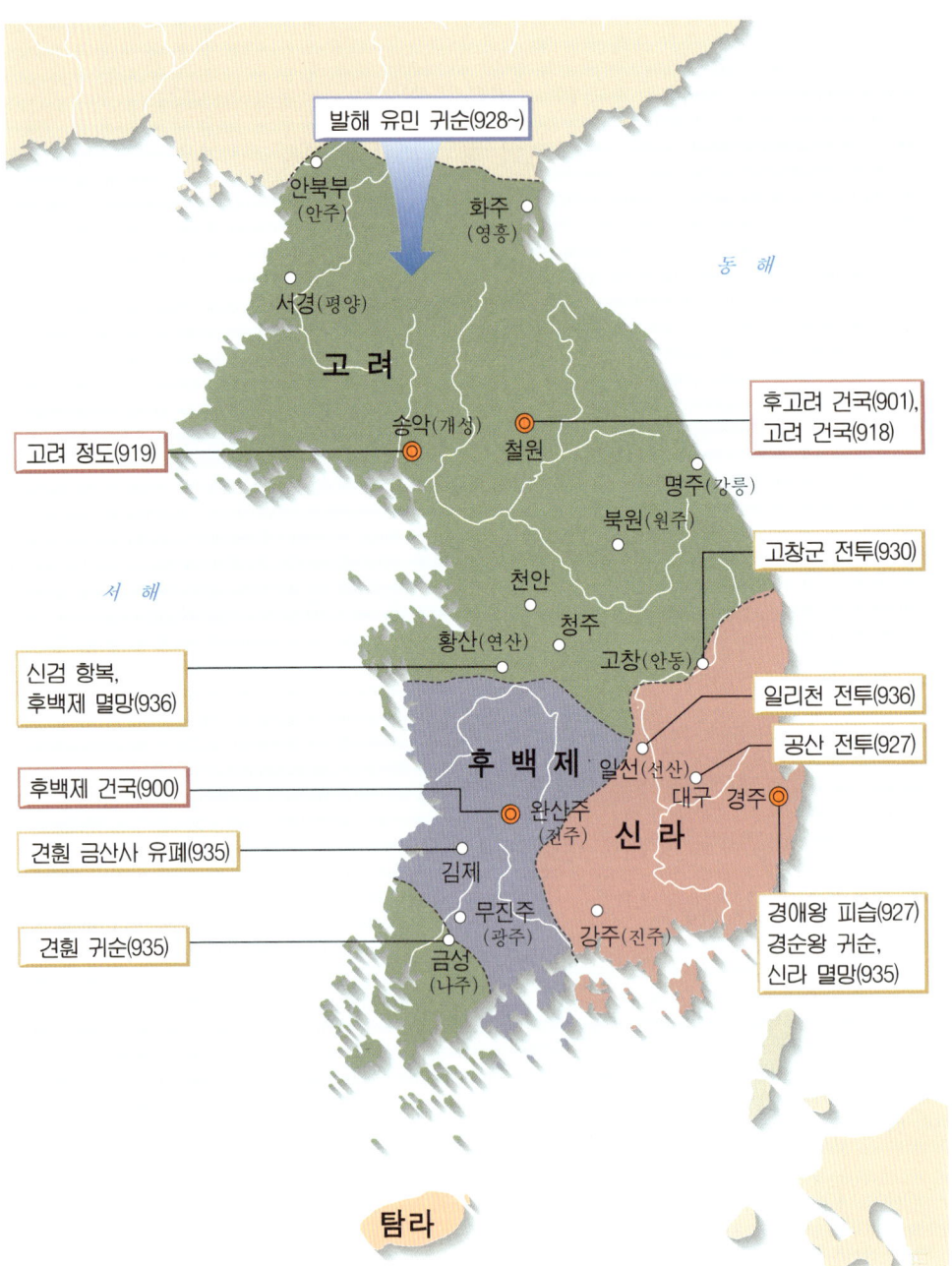

후삼국 형세도

# 왕건, 새 왕조를 열다

## 왕건의 선조 설화

왕건의 가문은 개성 일대에서 알아주는 집안이었다고 합니다. 하지만 그의 선조에 대한 기록이 남아 있지 않아 구체적으로 어떤 집안이었는지는 알 수 없습니다. 단지 설화로 전해 오는 이야기가 있는데, 그 내용은 대략 다음과 같습니다.

신라 말에 '호경'이라는 사람이 전국을 떠돌다가 평나군이라는 곳에 정착했습니다. 어느 날 사냥을 갔다가 자신을 사모하는 과부 산신에 이끌려 산으로 들어가 산신이 되었지요. 그러나 옛 부인을 잊지 못해 꿈처럼 나타나 함께 지내다 가곤 했습니다. 그 뒤 부인이 아들을 낳아 이름을 '강충'이라 했습니다.

강충은 부잣집 딸인 '구치의'와 결혼하여 부소군이라는 곳에 살았습니다. 어느 날 고을을 산 남쪽으로 옮기고 소나무를 심으면 삼한(三韓 : 여기서는 삼국을 통칭하여 '천하'를 상징함)을 통일할 인물이 나올 거라는 말을 들었지요. 강충은 그 말대로 한 뒤 고을 이름을 '송악군'이라 고쳤습니다. 강충은 이 곳에서 두 아들을 낳았는데, 큰아들은 '이제건'이고 작은아들은 '보육'입니다.

어느 날 밤 보육은 고개에 올라가 오줌을 누니 천하가 물바다가 되는 꿈을 꾸었습니다. 그 이야기를 들은 형 이제건은 훌륭한 아들을 낳을 징조라 여겨 딸 '덕주'를 아내로 줍니다. 보육은 조카와 결혼한 셈이지요.

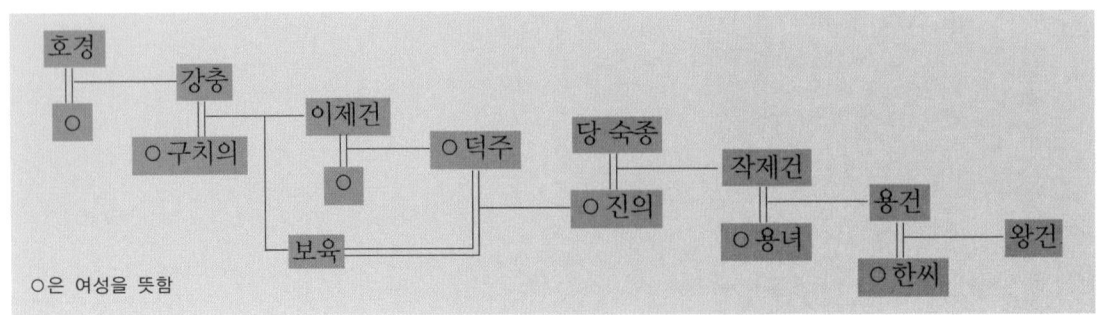

**왕건의 선조 가계도**

보육은 두 딸을 낳았는데, 둘째가 '진의'였습니다. 진의는 어느 날 언니한테서 산에 올라가 오줌을 누니 온 세상이 물바다가 되는 꿈을 꾸었다는 말을 듣고 비단을 주고 그 꿈을 삽니다.

한편 당나라의 숙종은 즉위 전 천하를 유람하다 바다 건너 동방으로 와 보육의 집에서 묵게 됩니다. 숙종은 보육에게 옷을 꿰매 달라고 부탁했는데, 그가 귀한 사람임을 알아본 보육은 큰딸을 보내 모시도록 합니다. 그런데 문지방에 걸려 다치는 바람에 동생 진의가 그를 모시게 되었지요.

숙종이 떠난 뒤 진의가 아들을 낳으니 그가 '작제건'입니다. 활 쏘는 솜씨가 뛰어난 그는 배를 타고 아버지를 만나러 가던 길에 용왕의 부탁으로 그를 괴롭히던 여우를 쏴 죽이고, 그 보답으로 용왕의 큰딸과 결혼합니다.

작제건은 네 아들을 두었는데, 큰아들이 왕건의 아버지인 '용건'입니다. 어느 날 '도선'이라는 승려가 이 곳을 지나면서 왕이 탄생할 명당을 알려 주고 아들의 이름까지 지어 줍니다. 그의 말대로 집을 옮긴 뒤 부인 한씨와의 사이에 아들이 태어나니, 그가 바로 고려를 세운 '왕건'입니다.

자, 어떻습니까? 모든 설화가 그렇듯이 믿을 수 없는 내용으로 가득 차 있지요? 다른 데서 베껴 온 듯한 부분도 있고, 전혀 상관 없는 인물을 등장시켜 억지로 연결시킨 점도 보입니다. 용왕처럼 실존하지 않는 인물도 나오고요. 하지만 이런 것들도 나름대로 말하고자 하는 바가 있으니, 믿을 수 없다고 외면하기보다는 수수께끼를 풀듯 찬찬히 살펴볼 필요가 있습니다.

가장 먼저 눈에 띄는 것은 무엇인가요? 아마 진의가 산 꿈의 내용일 겁니다. 혹 어디서 들어 본 듯한 이야기가 아닌가요? 예, 그렇습니다. 김유신 설화에도 나오지요. 김유신의 동생 문희는 언니의 꿈을 샀는데, 어느 날 김춘추의 옷을 수선하려던 언니가 다치는 바람에 대신 들어가 인연을 맺게 되지요. 진의가 꿈을 사서 숙종과 인연을 맺게 되는 것과 똑같지요?

이 꿈은 천하의 주인이 된다는 뜻을 담고 있습니다. 김춘추가 무열왕으로 즉위했으니 문희는 이 꿈대로 세상을 얻은 왕비가 된 셈이지요. 왕건의 선조 설화도 선조 때부터 왕건이 왕업을 일으킬 징조가 나타났다고 주장하려는 것입니다. 아마 김유신 설화에서 내용을 빌려 왔을지도 모르겠네요.

다음에 설화를 거꾸로 올라가 보면, 실상 왕건 외증조할머니의 선조들로 올라가고 아버지 쪽 혈통은 당나라 숙종으로 이어집니다. 이것은 전혀 믿을 수 없는 내용입니다. 숙종이 즉위 전에 동방에 왔을 가능성도 거의 없거니와, 활동 시기도 100년 이상 벌어지니까요. 이것은 한 마디로 고려 왕실의 혈통을 높이기 위해 포장한 것일 뿐입니다.

사실 왕건의 선조는 신라의 변방 출신으로 신라 귀족들에 비하면 형편없는 가문이었어요. 이는 국왕으로서의 권위에 걸림돌이 되었을 테니, 계보를 중국 황제로 이어 붙여 위신을 높이려 한 것입니다.

그 밖에 용왕은 바다를 근거지로 한 세력을 상징하니, 왕건 가문이 이들과 결합하여 성장했음을 나타냅니다. 또한 왕건의 미래를 예언한 도선은 신라 말 풍수지리의 대가로 알려져 있는 인물로(246쪽 '풍수지리설' 참고), 가문의 성장과 고려 건국을 풍수지리로 합리화하려고 등장시킨 것입니다.

결국 왕건의 선조 설화는 고려 왕실의 혈통을 돋보이게 하고, 선조 때부터 왕업의 징조가 있었음을 나타내려는 의도에서 나온 것입니다.

### 궁예와 왕건, 그 숙명의 만남

왕건 가문이 역사에 등장하는 것은 아버지 용건 때부터입니다. 송악의 성주였던 용건은 궁예가 나라를 세우자 그에게 고을을 바치고 벼슬을 살았습니다. 궁예에게 대항할 만한 힘이 없었기 때문이지요. 왕건이 궁예를 처음 만난 것은 궁예가 도읍을 송악으로 옮겼을 때로, 그 때 나이 22세였습니다. 이 때부터 왕건은 궁예의 장수로 활약하게 됩니다.

왕건은 24세 되던 900년에 처음 원정을 떠나 지금의 경기도 남부와 충청 북도 일대를 정벌하고, 903년에는 수군을 거느리고 나주로 가서 이 곳을 태봉의 영토로 확립했습니다. 그 뒤에도 각지로 원정을 다니며 후백제군과 싸워 여러 번 승리를 거두었지요. 그로 인해 궁예의 두터운 신임을 받으며 높은 벼슬에 오릅니다.

궁예는 많은 땅을 차지하자 자신의 능력을 극도로 과장합니다. 스스로 미륵이라 자처하며 각종 의식을 거행하거나 직접 불법을 강의하기도 했지요. 뒤에는 아예 자신이 신통력을 가져 다른 사람의 마음을 꿰뚫어 볼 수 있다고 믿었습니다. 죄 없는 사람들을 의심하고, 이를 인정하지 않으면 자신을 속인다 하여 죽였는데, 심지어는 왕비마저 희생되고 말았습니다. 왕건도 반역의 마음을 품었다고 의심을 샀습니다. 처음에는 말도 안 된다고 펄쩍 뛰며 부인했으나 주변의 귀띔을 받아 다시 잘못을 인정합니다. 그 덕에 용서받을 수 있었지요. 이런 일이 거듭되자 사람들 사이에 궁예에 대한 반감이 점점 커졌습니다.

또한 궁예는 신라에게 아주 적대적이었습니다. 신라를 '멸도(滅都: 망할 나라라는 뜻)'라고 부르게 하고, 투항한 신라 사람을 죽이기도 했습니다. 앞서 부석사에 갔을 때 신라 임금의 초상을 보고 칼로 내리쳤다는 이야기도 전합니다. 이런 태도 때문에 아직 신라에 우호적이던 성주들이 궁예에게 등을 돌렸지요.

왕건은 궁예가 사람들에게 신망을 잃고 있다는 사실을 알게 됩니다. 왕건 자신이 궁예의 의심을 받기까지 했고요. 거짓으로 자백하여 용서받았지만, 이미 궁예에 대한 충성심은 흔들린 상태. 결국 왕건이 무력 쿠데타로 궁예를 몰아내는 것으로 두 사람의 관계는 매듭을 짓게 됩니다.

### 왕건, 고려를 세우다

918년 6월, 왕건은 홍유·배현경·신숭겸·복지겸 등 자신을 따르는 사람들과 군사를 일으켜 궁예를 쫓아냅니다. 기록에는 왕건이 사람들의 설득에 못 이겨 나선 것으로 되어 있지만, 실제로는 궁예의

태조 왕건이 즉위하던 날

의심을 받고 있던 왕건이 앞장선 것으로 보입니다. 왕위에서 쫓겨난 궁예는 도망치다 분노한 백성들에게 맞아 죽었다고 전합니다.

왕위에 오른 왕건은 나라 이름을 '고려'라 하고, 연호를 '천수(天授)'라고 했습니다. 하지만 왕위를 굳히는 길은 순탄치 않았어요. 왕

**고려 태조의 초상화**
원본 제작 시점은 알 수 없으며, 《개성왕씨대동보》에 실려 전한다.

건과 같은 방법으로 권력을 차지하려고 모반을 시도한 세력이 있었기 때문이지요. 이를 이겨 낸 왕건은 자신이 어진 임금임을 내세우며 나라의 기틀을 다지고자 했습니다.

먼저 그는 각지의 성주들을 자기 편으로 만들어 나갔습니다. 건국 초기에 고려는 지금의 황해도와 경기도 일원에 힘을 미치는 정도였지요. 충청도와 경상도 지역에는 아직 누구의 지배도 받지 않는 성주들이 많았습니다. 왕건은 이들에게 후한 예물을 보내고 겸손한 태도를 보임으로써 마음을 얻고자 했습니다. 이 정책은 큰 효과를 거두었지요.

벽진군(지금의 경상 북도 성주군)의 장군 이총언이 대표적인 보기입니다. 경상도 쪽으로 진출을 모색하던 왕건은 그에게 글을 보내 고려 편이 되어 달라고 설득했습니다. 이총언은 곧 아들을 보내 고려의 후백제 원정에 참여했지요. 이에 왕건은 이총언을 현지의 군사 책임자로 임명하는 한편, 개경에 올라온 그의 아들을 고관의 딸과 결혼시켰습니다. 그리고 직접 편지를 써서 후손에 이르기까지 의리를 지키겠노라고 약속했지요. 이에 감격한 이총언은 고려의 거점이 될 것임을 맹세했고, 그 덕분에 고려는 경상도 중부와 남부를 장악하고 후백제

**모반**
나라 임금을 배반하여 군사를 일으키는 행위.

**숭의전 터**
1397년(조선 태조 6) 고려 태조의 사당으로 처음 건립되었으며, 문종 때 '숭의전'이라는 이름을 내렸다. 태조 외에 현종·문종·원종 등의 위패를 봉안했으나, 한국 전쟁 때 소실되었다. 경기도 연천군 마전면 소재. 사적 223호.

의 진출을 막을 수 있었습니다.

한편 왕건은 백성들을 위로하는 데도 마음을 썼습니다. 세금을 함부로 거두지 않도록 단속하고, 생활고로 인해 노비가 된 사람들을 다시 양민으로 풀어 주었습니다. 경비를 절약하고 재정을 튼튼히 하겠다는 뜻도 표했고요. 전쟁과 수탈에 지친 백성들은 왕건의 새로운 정책을 크게 환영했지요.

이렇게 안팎의 인심을 얻어 나라의 기틀을 잡은 왕건은 후백제와 본격적인 경쟁에 나섭니다.

# 고려, 후삼국을 통일하다

### 새로운 라이벌, 견훤과 왕건

왕건은 태봉을 그대로 물려받았지만, 쿠데타로 집권한 탓에 궁예만한 지배력을 갖추지는 못했지요. 그래서 영토 확장보다 체제 안정에 더 주력해야 했습니다. 왕건이 즉위하자 충청 남도 지방의 고을들이 후백제로 돌아선 것은 그런 사정을 잘 보여 줍니다. 이에 왕건은 각지에 사신을 보내 우호적인 태도를 확인하고, 후백제에도 사신을 보내 원만한 관계를 유지하고자 했습니다. 견훤도 사신을 보내 즉위를 축하했고요.

결국에는 피할 수 없는 대결을 벌이게 될 두 사람이 우호적인 모습을 보인 이유는 무엇일까요? 당시까지 두 나라 모두 지금의 충청 남도 일대를 강력하게 지배하지 못한 탓에 전선을 맞대고 직접 충돌하지는 않았어요. 고려는 이를 이용하여 체제 안정에 힘쓸 시간을 벌고자 했고, 후백제 또한 고려와 충돌을 피하며 신라 방면으로 진출하는 데 관심을 두었기 때문이지요.

920년, 후백제는 신라의 대량군(지금의 경상 남도 합천군)을 빼앗고 신라를 압박하기 시작합니다. 대량군은 삼국 시대에는 대야성으로 불린 곳으로 경주로 향하는 요충지였지요. 백제와 신라의 전쟁이 한창이던 642년(선덕여왕 11)에는 백제의 공격으로 이 곳이 함락되는 바람에 신라가 위기에 빠진 적도 있답니다.

대량군 함락으로 다급해진 신라는 고려에 구원을 요청했고, 왕건은 즉시 군대를 보냈습니다. 소식을 들은 후백제군은 성을 지키기가 어렵다고 판단했는지 바로 물러났습니다. 이 사건으로 그 동안 원만했던 고려와 후백제 사이가 나빠지기 시작합니다.

당시 신라는 소백 산맥 남쪽, 그러니까 지금의 경상도 지방을 영토로 유지하고 있었습니다. 많은 성주들이 독자적인 세력을 가지고 있었으나, 신라 왕조를 부정하는 단계는 아니었지요. 그러나 후백제 세력이 밀려들어 오자 사정이 달라집니다. 신라 정부가 후백제의 공격을 막아 줄 힘이 없었기 때문에, 성주들은 후백제군과 맞서 싸우거나 투항해야 했던 것입니다.

이런 분위기 속에 고려도 922년(태조 5) 하지현(지금의 경상 북도 안동시 풍산읍) 성주의 투항을 계기로 소백 산맥 남쪽에 발을 들여놓습니다. 따라서 이 곳을 누가 차지할 것인가를 놓고 고려와 후백제는 전쟁을 피할 수 없게 되었지요. 924년부터 두 나라는 경상도 여러 곳에서 전투를 벌였고, 국경 지대인 충청도 일원에서도 잦은 충돌이 있었습니다. 그렇게 서로 밀고 밀리면서 두 나라는 여러 해를 보냅니다.

## 고려와 후백제, 패권을 다투다

927년, 소강 상태를 보이던 고려와 후백제는 다시 급박한 전쟁 분위기에 휩싸입니다. 견훤이 직접 군대를 거느리고 대대적으로 신라를 공격했기 때문입니다. 신라 경애왕은 급히 고려에 원병을 청했지만 후백제 군대가 먼저 경주로 밀고 들어갔지요. 당시 포석정에서 연회를 베풀고 있던 경애왕은 들이닥친 후백제군에 밀려 자살을 택합니

**안동 태사묘**
고창군 전투에서 공을 세운 김선평, 장길, 권행 등 세 성주를 제사하는 사당. 지금의 건물은 1542년(중종 37)에 세운 것을 1960년대에 다시 지은 것이다. 관, 가죽신, 부채를 비롯한 유물 22점(보물 451호)이 소장되어 있다. 경북 기념물 15호.

다. 견훤은 경애왕의 친척인 김부를 왕으로 앉혔는데, 그가 신라의 마지막 임금인 56대 경순왕입니다. 그리고 많은 포로와 재물을 가지고 돌아갔지요.

견훤은 왜 신라의 수도 경주를 공략하고도 신라를 차지하지 못한 채 그냥 돌아갔을까요? 당시 후백제군은 도중에 지원을 담당할 보급로를 마련하지 않고 경주를 기습했습니다. 따라서 오래 머물면 자칫 돌아갈 길이 막혀 위기에 처할 수도 있었지요. 그래서 서둘러 새 국왕을 앉히고 전리품만 챙긴 뒤 돌아간 것입니다. 이 공격은 경상도 방면에서 주도권을 쥐려는 의도에서 나왔지만, 신라 임금을 죽음으로 몰고 간 탓에 각지의 민심을 잃는 결과를 낳았습니다.

신라 경애왕이 죽었다는 소식을 들은 왕건은 그를 애도하는 사신을 보내는 한편, 군대를 이끌고 공산(지금의 대구 팔공산 근처)에서 후백제군과 일대 전투를 벌였습니다. 그러나 왕건은 이 전투에서 장군 신숭겸(43쪽 참고)과 김낙, 그리고 많은 군사를 잃은 채 겨우 목숨만 건졌습니다. 후백제군은 여세를 몰아 각지를 휩쓸었고요.

**태사묘 유물**
태사묘에 보관된 허리띠와 관모. 고려 시대 복식을 연구하는 데 중요한 자료이다.

공산 전투에서 대패한 왕건은 와신상담 복수할 기회를 노렸습니다. 930년, 마침내 그 기회가 다가왔습니다. 견훤이 고창군(지금의 경상 북도 안동시)을 포위 공격하자 왕건은 직접 군사를 이끌고 나아갔습니다. 치열한 전투 끝에 고려군은 후백제군을 대파했고, 각지의 성주들이 고려 편으로 넘어왔습니다. 고려는 그 동안의 열세를 한꺼번에 만회할 수 있었지요. 후백제의 기세를 꺾은 왕건은 신라 경순왕의 초청을 받아 직접 군사를 이끌고 경주로 가서 위세를 한껏 과시했습니다.

## 내분으로 흔들리는 후백제

고창군 전투에서 패배하여 기세가 꺾인 후백제는 내분의 조짐마저 나타나 더욱 어려운 지경으로 빠져듭니다. 932년에는 후백제 매곡성(지금의 대전 광역시 대덕구)의 성주이자 견훤의 심복이었던 공직이 고려에 투항합니다. 기록에는 견훤의 잔인한 성품에 회의를 느끼고 왕건의 인품에 감화되었기 때문에 투항했다고 적혀 있지만, 그것은 고려 쪽 생각이거나 명분이겠지요. 아마 후백제 왕실의 권력 싸움이 고조되면서 신변의 위협을 느꼈기 때문이라고 보는 것이 사실에 가까울 듯합니다.

후백제 왕실의 내분은 후계자 자리를 둘러싸고 발생했습니다. 견훤은 열 명의 아들을 두었는데, 이 가운데 넷째인 금강이 특히 총애를 받았지요. 견훤이 금강을 태자로 삼아 왕위를 물려주려고 하자, 큰아들 신검과 그 아래의 양검·용검 등은 불만을 가졌습니다.

935년 3월, 신검은 동생들과 참모의 부추김을 받아 아버지 견훤을 김제의 금산사에 가두고 금강을 죽인 뒤 왕위를 차지합니다. 견훤은 몇 달 뒤 탈출하여 나주로 가서 투항했고, 왕건은 장수들을 보내 그를 극진히 맞아들였지요.

아들이 아버지를 잡아 가두고 동생을 죽인 이 사건으로 민심은 더욱 고려로 기울었습니다. 특히 견훤이 고려에 투항했기 때문에 그에게 충성했던 성주들도 고려 편으로 돌아섰지요. 이어 11월에 신라 경순왕이 고려에 투항했으니, 왕건은 후삼국을 분할하던 다른 두 임금을 모두 받아들인 셈이네요.

**김제 금산사**
견훤은 아들 신검에 의해 이 곳에 유폐되었다.

## 천 년 왕조 신라의 마지막 걸음

고려와 후백제가 힘을 겨루는 사이, 신라는 무엇을 하고 있었을까요? 자신을 지켜 낼 힘이 없었던 신라는 주변 성주들과 우호적인 관계를 맺어 왕조로서 겨우 체면만 유지하고 있었어요. 그러나 그들이 차례로 고려 또는 후백제로 투항하면서 그마저 어려워졌습니다. 경애왕이 죽은 뒤 즉위한 경순왕은 왕조의 운세가 다했음을 느꼈습니다.

931년, 왕건은 경주로 가서 경순왕을 만납니다. 연회를 베풀던 중 술에 취한 경순왕은 견훤의 공격으로 나라를 잃을 지경에 이르렀다며 눈물을 흘렸다고 합니다. 당시 왕건은 군사들의 기강을 엄히 세워 후백제군의 노략질에 지쳐 있던 신라 사람들에게 환영을

**김부 고신**
5대 경종 때 김부(경순왕)를 상보(명예직의 하나)로 임명하는 문서. 본디 문서는 전하지 않으며 《삼국유사》를 비롯해 《고려사》와 《동문선》에 그 내용이 실려 있다. 위 내용은 《삼국유사》에 실린 것이다.

받았지요.

왕건이 다녀간 지 4년이 지난 935년, 쇠약해진 나라를 더 이상 유지할 수 없다고 판단한 경순왕은 마침내 고려에 투항하기로 결심하고 회의에 부칩니다. 이 자리에서 신라의 왕자는 끝까지 노력해 보지도 않고 천 년 왕조를 가볍게 내줄 수는 없다고 반대했습니다. 그러나 경순왕은 자칫 무고한 백성들만 해를 입는다며 항복을 결정했지요.

이 해 11월, 신라 경순왕의 항복 문서를 받은 왕건은 이를 받아들

이고 경순왕 일행을 맞이해 오게 합니다. 그리고 경순왕을 정승에 임명하여 태자보다 상위로 인정하고, 그의 조카딸을 왕비로 맞아들였지요. 그 사이에서 태어난 아들이 안종으로 8대 현종의 아버지입니다.

 이렇게 해서 신라 천 년의 왕업은 막을 내렸습니다. 역사 속에서 영원한 권력은 없는 법, 삼국을 통일하고 부러울 것 없던 신라 귀족들의 영화도 그렇게 한때의 이야기로 남게 되었습니다.

**신라 경순왕릉**
신라의 왕이었지만 경주가 아닌 개성 인근에 묻혀 왕조의 마지막을 상징적으로 보여 준다. 경기도 연천군 백학면 소재. 사적 244호.

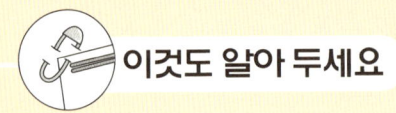 **이것도 알아 두세요**

## 마의 태자

경순왕이 고려에 항복하는 문제를 논의할 때 이를 반대한 신라 왕자, 그는 그 뒤 어떻게 되었을까요? 절망한 왕자는 아버지 경순왕이 항복 문서를 보내던 날, 왕궁을 떠나 개골산, 그러니까 지금의 금강산으로 들어갔습니다. 그 곳 바위 굴에서 지내며 베옷을 입고 풀을 뜯어먹고 살다가 한 많은 일생을 마쳤다고 합니다. 그가 바로 마의 태자입니다.

　신라의 마지막 왕자로서 아버지를 따라가 부귀영화를 누릴 수도 있었으나, 모두 버리고 산으로 들어갔으니, 그 한이 얼마나 깊었을까요? 그런 탓에 마의 태자가 금강산으로 가던 길목 곳곳에는 그에 관한 설화가 전합니다. 그 가운데 몇 가지 찾아볼까요?

　충청 북도 충주 미륵리 절터는 경상도에서 충청 북도로 넘어오는 지점에 있습니다. 이 절을 마의 태자가 창건했다는 설화가 내려온답니다.

　경기도 양평군의 용문사는 충주에서 남한강을 따라 내려오는 지점에 있는데, 이 곳에는 천연 기념물 30호 은행나무가 있습니다. 나이가 1100년 정도 된 것인데, 마

**용문사 은행나무** 천연 기념물 30호.

**중원 미륵리 절터** 사적 317호.

의 태자가 금강산으로 들어가던 길에 심은 것이라고 합니다.

　강원도 인제군 남면 일대에는 특히 마의 태자와 관련된 설화가 여럿 전합니다. 김부리는 경순왕의 이름을 딴 마을인데, 이 곳에는 김부 대왕, 곧 경순왕을 모신 사당이 있어 지금도 제사가 행해집니다. 같은 마을의 옥새 바위는 마의 태자가 금강산으로 가던 중 이 마을에 머물 때 옥새를 숨겨 둔 곳이라 해서 붙여진 이름이라고 합니다.

　설악산 자락에 있는 한계산성은 마의 태자가 쌓았다는 이야기가 전합니다. 이 곳에서 신라 부흥을 위해 군사를 훈련시켰다고 하는군요.

　또 지금은 북한 땅에 속해 있지만, 금강산으로 들어가는 어귀에 단발령이라는 고개가 있습니다. '머리를 깎은 고개'라는 뜻인데, 마의 태자가 금강산으로 들어갈 때 불교에 귀의할 뜻으로 이 곳에서 머리를 깎았다고 해서 붙여진 이름이랍니다.

　이 이야기들이 실제 사실일 가능성은 별로 없습니다. 후대 사람들이 그 길을 지나갔을 마의 태자를 기억하며 만들어 낸 이야기겠지요. 어쩌면 뒷날 일제에게 나라를 빼앗겼던 시절, 마의 태자의 한을 다시 기억해 낸 것은 아닐까요?

**정선의 《풍악도첩》에 실린 〈단발령 망금강〉** 머리를 깎고 금강산을 바라보았을 마의 태자의 회한을 느끼게 한다.

### 통일을 향한 마지막 싸움

936년 2월, 견훤의 사위이자 승주(지금의 전라 남도 순천시)의 성주였던 박영규가 고려에 투항합니다. 후백제는 경상 남도 일대로 나아가는 거점인 승주를 잃음으로써 전라 남도 일대에서의 지배력이 급속히 무너집니다. 신검에게는 믿고 지지해 줄 세력이 더욱 줄었고, 반

대로 견훤에 이어 그 사위까지 받아들인 왕건의 위세는 한층 높아졌습니다. 남은 것은 신검과의 마지막 싸움뿐이었지요.

이 해 6월, 왕건은 신검을 징벌해 달라는 견훤의 요청을 받아들여 대대적인 정벌에 나섰습니다. 10만 가까운 고려 대군은 일선군(지금의 경상 북도 구미시)의 일리천이라는 냇가에 이르러 후백제군과 마주하게 되었지요. 여기서 두 나라의 운명을 건 일대 격전이 벌어졌습니다.

승리의 여신은 고려의 손을 들어 주었습니다. 신검은 동생들과 황산군(지금의 충청 남도 논산시 연산면)으로 도망쳤으나, 고려 군사의 추격에 결국 항복하고 말았습니다. 아버지를 밀어내고 동생을 죽인 뒤 차지한 신검의 권력이 불과 1년 여 만에 무너지고, 후백제도 나라를 세운 지 수십 년 만에 역사 속으로 사라지는 순간이었습니다.

왕건은 동생과 참모가 부추겨서 생긴 일이라 하여 신검을 용서해 주었습니다. 응징을 원했던 견훤은 실망이 컸지요. 게다가 자신이 세운 왕조의 몰락을 직접 보아야 했으니, 한이 가슴 깊이 사무쳤겠지요. 그래서일까요? 견훤은 곧 병을 앓다가 황산의 한 절에서 세상을 떠나고 맙니다. 왕건은 후백제의 수도 완산으로 가서 백성들을 위로한 뒤 송악으로 돌아옴으로써 후삼국 통일의 대업을 이루었습니다.

이렇게 한 편의 드라마 같은 후삼국 시대가 끝나고 통일 왕조 고려가 새로운 역사의 막을 열게 됩니다.

**일리천에서 마주한 고려와 후백제 군사들**

**연산 개태사**
왕건이 신검을 잡고 승리를 거둔 곳에 세운 사찰. 940년(태조 23)에 창건했다.

**견훤 묘**
견훤의 묘로 전해지는 곳. 견훤은 황산에서 신검이 잡히고 며칠 뒤 이 곳에서 세상을 떠났다. 충남 기념물 26호.

## 아! 그렇구나 신숭겸은 누구인가?

신숭겸은 지금의 춘천 출신으로 평산 신씨의 시조이다. 태조의 즉위를 도운 그는 여러 전투에서 많은 공을 세웠다. 공산 전투에서 태조가 포위되어 위기에 빠지자, 태조로 가장하고 싸움에 나서 장군 김낙과 함께 전사했다. 이 틈에 태조는 무사히 빠져나올 수 있었다. 신숭겸의 죽음을 크게 슬퍼한 태조는 그에게 '장절'이라는 시호를 내리고 절을 지어 명복을 빌었다고 한다.

신숭겸과 김낙의 장렬한 죽음은 후세 사람들에게도 전해져 팔관회 때 펼쳐지는 연극에도 등장했다. 예종은 팔관회에서 두 사람의 상을 보고 그들의 충절을 기리며 〈도이장가〉, 곧 두 장수를 애도하는 노래를 지었다. 이 노래는 신라 향가의 형식을 담고 있어 국문학사에서 중요한 작품으로 평가받는다.

현재 춘천 북한강변에 신숭겸의 묘가 있다. 봉분이 세 개나 있는 특이한 형태인데, 이는 도굴을 방지하기 위한 것이다. 또한 조선 초기 기록에는 신숭겸이 전라도 곡성의 성황신, 그러니까 마을을 지키는 수호신이 되었다는 이야기도 전한다.

**춘천에 있는 신장절공 묘** 태조는 머리가 잘린 신숭겸의 시신에 금으로 두상을 만들어 장례를 치렀다고 한다. 강원 기념물 21호.

어떻게 볼 것인가

## 고려 통일의 역사적 의미

고려의 후삼국 통일은 역사적으로 어떤 의미가 있을까? 우리는 신라의 삼국 통일에 각별한 의미를 부여하면서도 고려의 후삼국 통일에는 특별히 주목하지는 않는다. 하지만 '통일'의 의미를 깊이 새겨 본다면 오히려 고려의 통일에 더욱 주목해야 한다. 그저 한 나라로 합쳐졌다고 해서 통일이 아니라, 사람들의 의식과 문화까지 하나가 되어야 비로소 통일이라고 평가할 수 있기 때문이다.

신라의 삼국 통일이 지금 우리에게 민족 통일로 평가받을 수 있으려면 함께 문화를 누리고 정치에 참여하는 일 모두가 실현되었어야 한다. 다시 말해 옛 고구려나 백제 지역 사람들이 옛 신라와 같은 문화를 누리면서 중앙 정치에도 참여할 수 있었어야 함을 뜻한다. 만약 이 조건이 충족되지 않는다면, 그들은 신라의 일부가 되었다는 현실을 인정하지 않을 것이기 때문이다.

그렇다면 신라의 통일은 이 조건을 만족시켰을까? 아니다. 신라의 모든 권력은 여전히 진골 귀족들이 독점했고, 일부 왕족을 제외하면 고구려와 백제 출신이 중앙 정치에 참여하는 것 자체가 불가능했다. 또한 신라의 고급 문화는 경주에만 집중되어 지방은 문화적으로 소외되었다. 유명한 학자나 고승들은 대개 경주 출신이었다.

이와 같이 신라는 옛 고구려와 백제 지역을 제대로 융합하지 못한 채 나라 살림을 꾸려 갔다. 따라서 옛 고구려와 백제 사람들은 신라에 정착하지 못하고 그들의 조상인 고구려와 백제를 기억했다. 이것은 결국 후삼국 분열로 나타났으니, 신라의 삼국 통일을 민족 통일이라고 평가하기는 어렵지 않을까?

고려의 통일은 이러한 한계를 극복했다는 점에서 의미가 있다. 우선 지방의 정치 참여가 실현되었다. 고려는 경주를 중심으로 본다면 가장 먼 변경에서 건국되었다. 진골 귀족이 보기에는 오랑캐와 다름없던 부류들이 권력을 차지한 것이다. 또한 전국 각지의 성주와 그 후예들이 중앙 정계에 진출하여 자리를 잡았다. 그 뒤에도 과거 등을 통해 지방 출신이 중앙에 진출하여 세력 가문으로 성장했다. 신라가 통일 뒤에 권력을 거의 개방하지 않은 것과는 전혀 다른 모습이다.

이런 여건이었기에 지방이 문화적으로 뒤떨어지거나 배제될 까닭이 없었다. 물론 중앙의 문화가 가장 선진적이었지만, 지방 사회도 그에 못지않은 문화를 누렸다. 우리에게 잘 알려진 고려청자는 매우 사치스런 고급품이지만, 고려 왕실과 중앙 귀족들만이 누린 것은 아니었다. 지방 토호들도 같이 사용하며 고급 문화를 누렸다. 지방 곳곳에 세워진 사찰과 탑은 지방 사회의 문화 수준과 역량을 단적으로 보여 준다. 지방 출신이 과거를 통해 관직에 나아갈 수 있었던 것도 이런 문화적 힘이 있었기 때문이다.

결국 고려의 후삼국 통일은 중앙과 지방이 함께 정치에 참여하고 하나의 문화를 꾸려 가는 출발점이 되었다. 이것이 지금 우리가 말하는 진정한 민족 통일의 내용이 아닐까?

# 아! 그렇구나 궁예에 관한 다섯 가지 의문

### ① 궁예는 정말 신라의 왕자였을까?

사실이 아닐 것이다. 궁예 자신이 주장했거나 주변에서 그런 이야기가 돌았을 뿐 확실한 근거가 없기 때문이다. 그러나 중요한 것은 사실 여부가 아니라 그것이 나라를 세운 궁예의 행동에 권위를 실어 주었다는 점이다. 다시 말해 궁예가 이를 이용했다는 점이 역사적으로 중요하지, 그것이 정말 사실이냐 아니냐는 별개의 문제다.

### ② 궁예는 왜 신라에 적대적이었을까?

자신을 버림받은 신라의 왕자라고 내세웠기 때문일 텐데, 아마 과장된 부분도 있을 것이다. 왕자 출신이라는 점이 권위를 높여 주지만, 버림받았으니 적대적으로 행동하는 것은 당연하다. 그러나 그를 몰아낸 왕건이 유난히 신라에 우호적이었다는 점을 놓쳐서는 안 된다. 왕건은 신라에 대한 우호적인 자세 덕분에 신라의 귀순을 얻어 냈다. 그 정당성을 부각시키기 위해 궁예의 적대 정책이 잘못되었음을 강조할 필요가 있었다. 이 때문에 신라에 대한 궁예의 적대 행위가 실제보다 과장된 것으로 보인다.

### ③ 궁예가 국호를 자주 바꾼 이유는 무엇일까?

딱 잘라 말하기는 어렵지만 이렇게 추정해 볼 수는 있다. 궁예는 국호를 처음에 '후고려'라고 했다가 곧 '마진'으로 바꾸고, 다시 '태봉'으로 바꾸었다. 처음에 후고려라고 한 것은 고구려 계승을 내세웠기 때문이다. 그러나 그의 속마음은 옛 왕조 계승보다는 새로운 나라 건설 쪽에 있었던 듯하다. 그래서 나라의 기틀이 잡히자 거듭 나라 이름을 바꾸고 도읍을 옮긴 것이라 짐작된다. 그리고 이런 궁예의 자세

가 옛 고구려 지역 사람들의 반발을 불러 몰락의 원인이 된 듯하다. 이에 반해 왕건은 나라 이름을 '고려'라고 하면서 적극적으로 고구려 계승을 내세웠다. 이는 그가 송악 출신이라는 점도 있지만 궁예의 실패를 거울 삼았기 때문이 아닐까?

### ④ 궁예는 왜 스스로를 미륵이라 했을까?

자신이 중생을 구원할 존재임을 과시하기 위해서다. 궁예는 본디 승려 출신으로 나라를 세운 뒤에도 불교를 국가 이념으로 삼았다. 그는 특히 미륵 신앙에 관심을 두었다. 미륵은 말세가 되면 세상에 내려와 중생을 구원한다고 예정된 부처다. 신라에는 미륵의 구원을 염원하는 신앙이 널리 퍼져 있었는데, 신라 말의 혼란기에 더욱 호소력이 있었다. 궁예는 스스로를 미륵이라 함으로써 지친 백성들에게 새로운 세계를 이끌 지도자로 자신을 내세운 것이다. 이것은 처음에 태봉이 세력을 떨칠 수 있는 밑바탕이 되었지만, 도가 지나치면서 설득력을 잃은 것으로 보인다.

### ⑤ 궁예는 정말 백성에게 맞아 죽었을까?

이것 역시 사실이 아니라고 본다. 기록에 따르면, 궁예는 왕건의 거사로 쫓겨나 도망하던 중 들판에서 곡식을 훔쳐 먹다가 사람들에게 들켜 맞아 죽은 것으로 되어 있다. 참으로 비참한 최후다. 하지만 앞서 그가 막강한 권력을 휘두르던 모습을 생각하면 정말 이랬을까 하는 의심이 든다. 어쩌면 왕건 쪽에서 궁예를 부정적으로 묘사하기 위해 그런 내용을 만든 것은 아닐까? 그의 포악함을 과장한 것과 마찬가지로 폭군의 비참한 최후를 드러내려고 말이다.

# 2

# 거란의 침략을 막아라
체제 정비와 거란과의 전쟁

## 통일을 다지려는 태조의 정책

### 사회 통합과 안정을 꾀하다

고려가 불리한 전세를 뒤집고 통일을 달성한 것은 무엇보다 각지의 성주들이 협조했기 때문이었습니다. 자신감으로 가득 차 세력을 과시하며 복종을 요구하던 견훤의 위압적인 태도와 달리, 예절과 겸손으로 마음을 얻고자 한 왕건의 태도에 많은 성주들이 호의를 표했지요. 이는 특히 고려의 힘이 잘 미치지 않던 경상도 지역에서 큰 효과를 거두었습니다.

왕건은 결혼을 통해 자신에게 협조한 성주들과 돈독한 관계를 유지하고자 했습니다. 나라를 세운 뒤 고려에 귀순한 주요 성주의 딸들과 거듭 결혼했지요. 충주의 유긍달, 명주의 왕예, 광주의 왕규, 해평의 선필 등이 대표적인 보기입니다. 그 밖에 유검필 등 측근의 딸과도 결혼했지요. 그 결과 태조는 무려 29명의 왕비를 두게 되었답니다.

원래 제왕은 후손이 많아야 왕실이 튼튼해진다고 믿었기 때문에 여러 명의 부인을 둔 것은 그리 이상한 일이 아닙니다. 하지만 부인이 29명이나 된다는 것은, 저 많은 후손을 얻기 위해서라고 보기는 어렵겠지요? 그렇습니다. 다른 정치적인 이유가 있었지요. 그것은 왕비의 아버지들과 정치적으로 결탁하는 방안으로 보아야 합니다. 이러한 결혼을 흔히 '정략 결혼'이라 하지요. 정략 결혼은 당사자들의 사랑보다는 두 집안의 현실적 필요에 따라 이루어지기 때문에 나중에 다툼이 생기는 경우도 많습니다. 고려 왕실에서도 태조가 죽은 뒤 왕위 계승을 둘러싸고 분쟁을 겪게 되지요.

또한 왕건은 통일에 공을 세운 사람들을 공신으로 책봉하여 포상했습니다. 이를 '삼한공신(三韓功臣 : 삼한을 통일하는 데 공을 세운 공신이라는 뜻)'이라고 하는데, 그 수가 2000명 정도 되었

**예산진 조(부분)**
태조 17년, 예산진에서 세금을 절도 있게 거둘 것을 약속한 글의 앞부분이다.

다고 하니 지방의 어지간한 성주는 모두 포함되었다고 보면 됩니다.

왕건은 백성들의 지지를 얻는 데에도 힘썼습니다. 어느 시대이든 나라가 안정되려면 무엇보다도 국민의 지지가 필요한 법이지요. 태조는 특히 백성들에게 세금을 절도 있게 거두라고 강조했습니다. 신라 말 이래 혼란한 정치와 전쟁으로 백성들의 생활은 무척 어려웠는데, 여기에 정부와 토호들의 수탈까지 더해져 더욱 힘들어졌지요. 그만큼 태조의 조치는 백성의 형편을 펴 주는 의미가 있었습니다. 이 정책은 통일 뒤에도 유지되어 수확량의 10분의 1을 세금으로 거두는 것이 원칙으로 자리 잡게 됩니다.

## 북방을 개척하고 발해 유민을 받아들이다

태조 왕건의 정책에서 빼놓을 수 없는 것이 적극적인 북방 개척입니다. 즉위 뒤 곧바로 고구려의 도읍이었던 평양을 복구하여 서경(西京)을 두었고, 이어 서북방 각지에 성을 쌓고 군대를 주둔시켰습니다. 그 결과 태조 말엽에는 청천강 유역까지 영토를 넓힐 수 있었지요.

당시 고려가 후백제와 경쟁하면서, 한편으로 각별한 노력을 기울여 북방 개척을 추진한 이유는 무엇일까요? 고려는 고구려의 옛 땅에서 건국되었고, 나라 이름도 이어받았다는 데서 그 이유를 찾을 수 있습니다. 고구려 계승을 건국 이념으로 내세운 만큼 옛 땅을 되찾는 것이 당연한 국가 목표가 되었지요. 북방 개척은 그 의지를 드러낸 것입니다.

하지만 현실적인 필요도 지나칠 수 없습니다. 북방 지역에 흩어져 살며 고려의 변경을 위협하는 여진족들을 내버려 둘 수 없었으니까요. 고구려가 멸망한 뒤, 대동강에서 압록강 너머에 이르는 일대는 신라와 당나라의 힘이 모두 제대로 미치지 않는 곳이 되었습니다. 이 곳에는 주로 여진족들이 흩어져 살았지요. 이들은 고려 건국 초기부터 변경을 침입하곤 했습니다. 고려는 이 곳을 안정시켜야만 나라의 기틀을 잡고 전쟁에도 주력할 수 있었습니다.

당시 고려의 북방 개척에는 국제 정세도 한몫했습니다. 중국은 당나라가 멸망한 뒤 다섯 나라가 연속해서 건국되었다가 망했습니다. 그래서 이 시기를 '오대(五代)'라고 부릅니다. 그리고 압록강 북쪽 랴오둥(遼東 : 요동) 지역에는 거란족이 힘을 키워 나라를 세웠는데, 한때 이름을 '요(遼)'라고도 했습니다. 거란은 힘이 커지자 동쪽의 발해를 멸망시키고, 이어 중국 쪽으로 세력을 넓혀 갔습니다. 거란과 중국 왕조는 팽팽하게 대치했고, 어느 쪽도 한반도에 신경 쓸 겨를이 없었습니다. 이런 틈을 타 고려는 외세의 영향을 받지 않은 채 북방을 개척해 나갈 수 있었지요.

여기서 한 가지 주목할 것은, 고려가 발해의 유민을 적극 받아들였다는 사실입니다. 926년 발해가 멸망한 뒤 많은 관리와 백성들이 고려 영토로 들어왔습니다. 고려는 이들을 수용하여 정착시켰지요. 934년에는 발해의 태자 대광현이 수만 명의 무리를 이끌고 들어왔습니다. 태조는 그에게 왕씨 성을 내리고 선조의 제사를 받들도록 허락했지요. 건국한 지 얼마 안 된 나라로서 남방의 후백제와 북방의 여진족 문제만으로도 버거운 상황일 텐데, 발해 유민을 적극 받아들인 이유가 궁금하지 않나요?

### 오대(五代)

7세기 이래 전성기를 누리던 당나라는 절도사(節度使 : 지방의 군사 지휘관)들이 반란을 일으키면서 쇠약해진다. 907년, 절도사 주온(주전충)이 당의 황제를 폐위하고 황제 자리에 올라 나라를 세웠는데, 이것이 후량(後梁)이다. 하지만 후량은 2대 만에 무너지고, 923년 이존욱이 후당(後唐)을 세운다. 936년에는 거란의 지원을 받은 석경당이 후당을 무너뜨리고 후진(後晉)을 건국한다. 석경당은 그 대가로 거란에게 화베이(華北 : 화북) 지방의 고을 16개를 넘겨 준다. 이것을 보통 '연운 16주'라고 하는데, 뒷날 송나라와 거란이 다투는 불씨가 된다.

처음에 거란에 사대하던 후진이 2대부터 이를 거부하자, 거란은 후진을 공격하여 멸망시킨다. 하지만 각지의 반란을 수습하지 못해 중국 본토를 차지하는 데 실패한다. 이 틈에 후진의 절도사였던 유지원이 947년 후한(後漢)을 세운다. 후한은 불과 4년 만에 절도사 곽위에게 나라를 빼앗겼는데, 이것이 후주(後周)이다.

960년, 조광윤은 후주의 황제를 폐위하고 나라를 빼앗은 뒤 송(宋)이라고 이름한다. 이 때부터 중국은 다시 통일 왕조의 안정기를 누린다. 이에 당나라가 망하고 송나라가 건국될 때까지 연이어 건국되었던 다섯 왕조를 통틀어 '오대'라고 한다. 같은 시기 주변 지역에서는 10개의 작은 나라가 건국과 멸망을 반복했는데, 이들까지 합하여 '오대 십국'이라 부르기도 한다.

고려는 발해 유민을 받아들이면서 동류(同類 : 혈연이나 문화가 같은 부류)라는 의식을 내세웠습니다. 6권 발해 편에서 알 수 있겠지만, 발해는 고구려를 이어받아 건국된 나라이고, 고려 역시 고구려 계승을 내세웠지요. 이 때문에 고려는 발해를 '친척의 나라' 또는 '혼인한 나라'로 표현했습니다. 발해 유민을 받아들인 정책은 고구려를 계

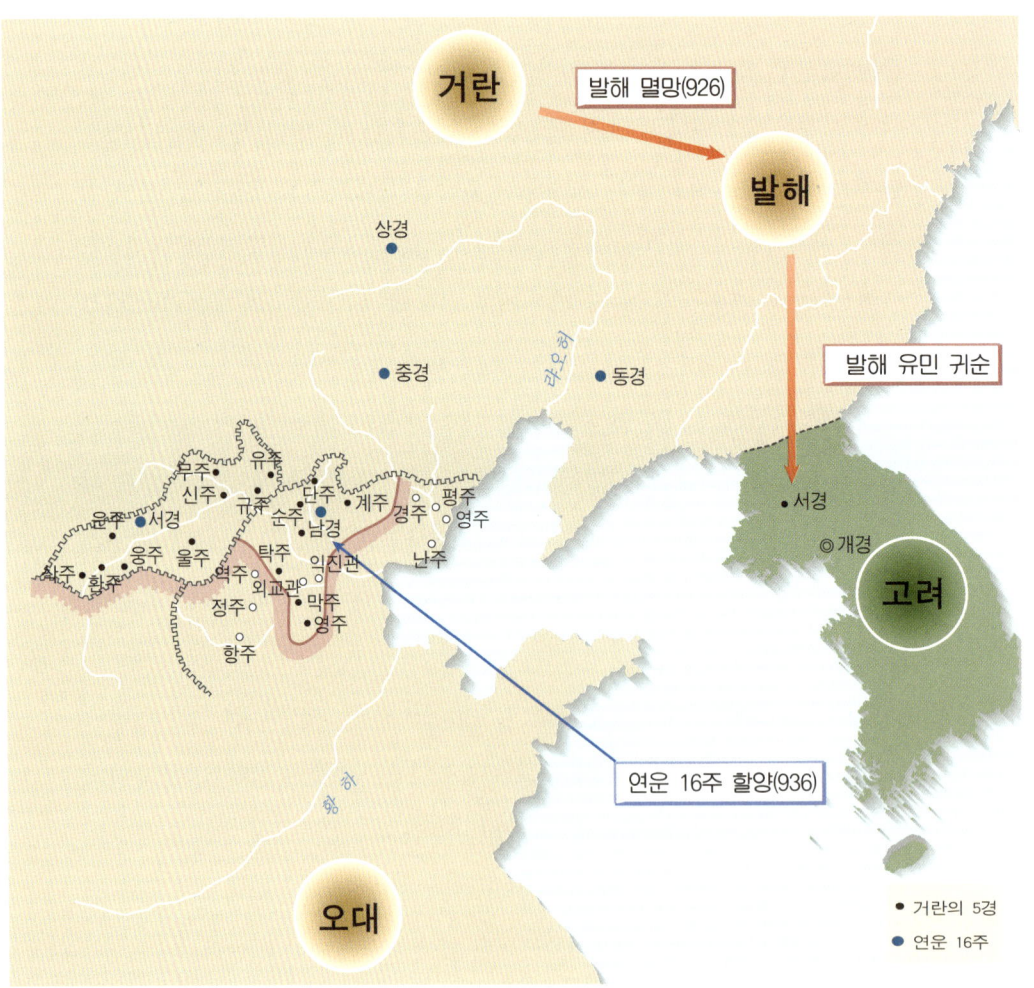

오대 시기 동북아 형세도

승했다는 이념을 부각시켜 주었지요.

그런데 여기에는 발해 유민의 힘을 빌려 북방 경비를 강화할 수 있다는 현실적인 계산도 깔려 있었습니다. 북방 영토를 개척하려면 사민(徙民 : 영토 개척 등을 위해 다른 지역의 백성을 이주시키는 것)이 이루어져야 합니다. 그러나 사민은 막대한 경비가 들거니와, 누구도 선뜻 내켜하지 않는 일이기 때문에 민심이 동요할 수 있지요. 그것은 후백제와 경쟁하는 데도 불리한 상황을 불러올 수 있습니다. 그런데 만약 북방에서 내려온 발해 유민을 변경에 정착시킨다면? 이 모든 문제를 한꺼번에 해결할 수 있겠지요.

뒷날 거란과 전쟁을 치를 때 활약한 장수 중에는 '대(大)'씨 성을 가진 인물도 발견되는데, 이들은 발해 출신으로 판단됩니다. 2차 전쟁 때 곽주에서 활약한 장군 대회덕이 그 예입니다. 또 이 전쟁으로 많은 발해 유민들이 거란으로 잡혀갔는데, 이들을 정착시켜 새로 고을을 설치할 정도였다고 합니다. 여기서 수많은 발해 유민이 고려의 북방에 정착했고, 북방 경비에 큰 역할을 했음을 알 수 있습니다. 결국 왕건은 발해 유민을 받아들임으로써 명분과 실리에서 모두 큰 이익을 본 것입니다.

## 국가 운영 방향을 제시하다 – 훈요십조

흔히 창업(創業 : 나라를 세우는 것)보다 수성(守成 : 나라를 유지하며 기틀을 잡는 것)이 더 어렵다고 합니다. 요즘으로 친다면 부자가 되는 것보다 후손들이 재산을 지켜 나가기가 더 힘들다는 의미가 되겠지

요. 태조 왕건도 통일을 이룬 뒤 어떻게 하면 고려 왕조가 대대손손 번영할까 고민했습니다. 창업이 아무리 위대해도 후손이 변변치 않으면 곧 망하고 만다는 사실을 역사가 증명했으니까요. 이에 태조는 나라를 굳건히 유지하기 위해 꼭 지켜야 할 가르침을 만들어 후손에게 전했는데, 그것이 바로 〈훈요십조〉(訓要十條: 가르침의 요점 열 가지)입니다.

〈훈요십조〉에는 한 마디로 민심을 안정시키고 단합된 사회를 이루라는 내용이 담겨 있지요. 어느 왕조이든 창업한 군주의 가르침은 후손들이 지켜 나가야 하는 원칙입니다. 〈훈요십조〉 역시 이후 고려

《고려사》에서 〈훈요십조〉를 기록한 부분(위)
사진은 6조에서 9조까지 기록한 부분이다.

**흥법사 진공대사비 탁본(맨 왼쪽)과 귀부 및 이수**
태조가 직접 비문을 지었다. 현재 비신은 파손되어 국립 중앙 박물관에 소장되어 있다. 원주 흥법사 터에 있는 귀부와 이수는 보물 463호.

의 국가 정책에 기본이 되어 많은 영향을 미쳤습니다.

그런데 〈훈요십조〉는 나중에 조작되었다는 설도 있습니다. 왜 그런 주장이 나왔는지, 또 정말 조작된 것인지 내용을 알아보기로 하지요. 먼저 〈훈요십조〉의 10개 항목을 요약하면 다음과 같습니다.

- 1조: 불교를 숭상할 것
- 2조: 사찰을 함부로 짓지 말 것
- 3조: 적장자(정식 부인의 큰아들)가 못났으면 다른 아들이 계승하게 할 것
- 4조: 거란의 풍속을 배격할 것

- 5조: 서경을 중시할 것
- 6조: 연등회와 팔관회를 잘 치를 것
- 7조: 참소(남을 거짓으로 헐뜯는 것)를 멀리할 것
- 8조: 차현(지금의 차령 산맥) 이남과 금강 바깥쪽의 사람들은 등용하지 말 것
- 9조: 관리와 병사의 녹봉을 공평하게 줄 것
- 10조: 경전과 역사서를 읽어 정치의 교훈으로 삼을 것

**현릉** 고려 태조 왕건의 능. 북한 사적 53호.

**왕건상** 1993년 개성 왕건릉의 봉분 외곽에서 발굴되었다. 크기는 실제 사람 키와 비슷하며 앉은 자세를 하고 있다. 고려 때 만들어 조선 세종 때 땅에 묻은 것으로 추정된다.

〈훈요십조〉가 조작되었다고 보는 이유는 크게 두 가지입니다. 하나는 〈훈요십조〉가 처음부터 전해진 것이 아니라 뒤에 발견되었다는 점입니다. 이 글은 거란과 전쟁을 치를 때 없어졌는데, 문종 때 최승로의 손자 최제안이 최항 집안에서 보관하고 있던 것을 찾아내 바쳐 비로소 세상에 알려졌다고 합니다.

다른 하나는 내용 일부를 후대에 조작했을 가능성이 있다는 점입니다. 왕위 계승 원칙을 말한 3조의 경우, 태조 자신이 장자인 혜종을 계승자로 지목하고도 다른 선택의 가능성을 열어 놓았다는 점에 의문이 제기되었습니다. 이는 2대 혜종, 3대 정종, 4대 광종으로 이어지는 계승 분쟁을 정당화하려는 의도를 반영한 것이라는 의심을 사고 있지요.

지역 차별을 설명한 8조는 현실과 맞지 않는다는 점이 문제되었습니다. 이 지역은 넓게 보면 후백제 영토 전반을 가리킵니다. 곧 이 항목은 후백제 지역을 차별했다는 뜻이 되지요. 하지만 실제로는 이 지역 출신들이 중앙에 진출한 사례가 많아 의심을 받는 것입니다. 요즘은 이 지역이 통일 전쟁 때 고려에 가장 강하게 저항한 금강 인근 지역만 가리킨다고 보기도 합니다.

하지만 전체 내용이 고려의 국가 운영 방향과 합치하는 만큼, 한두 항목에 의심을 두고 조작되었다고 보는 것은 무리라고 생각합니다. 그보다는 그렇게 말한 태조의 의도를 읽는 관점이 중요하겠지요. 우선 3조의 경우, 어진 이를 선택해서 왕위에 올려야 한다는 이념은 적장자가 왕위를 계승한다는 이념과 함께 유교 사상 속에 공존하고 있었습니다. 따라서 이 내용 자체는 전혀 문제될 것이 없지요.

태조는 분열을 막기 위해 장자를 선택했지만, 뒷날 적장자만 고집하여 능력 없는 사람이 임금이 되었을 때 나타날 부작용을 더 걱정하지 않았을까요?

8조는 고려의 통일 과정과 연결하여 생각해 볼 필요가 있습니다. 후백제 지역은 왕건에 맞서다 신검의 패배로 고려에 넘어왔지요. 따라서 귀순한 신라 지역과 동등하게 처리할 수는 없었겠지요. 후백제 지역에 대한 차별을 분명히 해 둠으로써, 신라에 대한 우대 조치를 펼쳐 보인 것은 아닐까요?

하지만 이러한 명분적인 선언은 현실 정책과 반드시 일치하지는 않습니다. 지역 차별은 분열로 이어질 수 있으니까요. 따라서 명분으로는 차별을 선언하고 현실에서는 큰 차별을 두지 않는 이중 정책을 쓴 셈이지요. 이를 통해 귀순한 신라 지역과 강제 복속된 후백제 지역 모두의 불만을 차단했을 것으로 여겨집니다. 명분과 실리를 모두 챙기려 한 태조 왕건의 치밀한 계산이 느껴지네요.

〈훈요십조〉가 후손들에게 당부하는 글이라면, 〈정계〉(政誡: 정치에서 주의해야 할 것들)'와 〈계백료서〉(誡百僚書: 모든 신하들에게 훈계하는 글)'는 신하들에게 당부하는 글입니다. 태조가 후백제와의 마지막 전쟁을 승리로 이끌고 개경으로 돌아왔을 때, 신하들이 지켜야 할 도리를 밝히려는 뜻에서 이 두 글을 직접 지어 반포했다고 합니다. 그러나 현재 전하지 않아 내용은 알 수 없습니다. 남아 있었다면 태조의 정치 이념을 더욱 구체적으로 살필 수 있었을 텐데요.

# 왕위 계승 분쟁을 넘어 체제 정비로

### 태조의 아들들

창업한 군주가 죽은 뒤 그 자리를 물려받기 위해 다툼이 생기는 것을 역사에서는 흔히 볼 수 있습니다. 적장자가 왕위를 계승한다는 원칙이 있어도 지키기가 쉽지 않았지요. 왕자들도 창업에 참여하여 공을 세우는 경우가 많았으니까요. 이런 왕자들이 공을 내세워 왕위를 물려받으려 할 때, 적장자 혹은 다른 왕자와 경쟁을 피할 수 없게 되지요. 또한 창업한 군주는 많은 사람의 도움을 받았기에 그들의 정치적 권리를 인정해 주었습니다. 그들은 저마다 이해 관계에 따라 후원하는 왕자가 다를 수 있었지요.

조선을 세운 태조 이성계의 다섯째 아들인 방원(태종)이 즉위하기까지 두 차례 '왕자의 난'이 일어난 것도 그러한 예에 속합니다. 방원은 창업을 가로막던 정몽주 세력을 죽이는 등 많은 공을 세웠습니다. 하지만 정도전 등 몇몇 개국 공신들의 후원으로 태조의 두 번째 부인 강씨가 낳은 막내아들 방석이 세자로 책봉되었지요. 이에 불만을 품은 방원은 난을 일으켜 정도전 등을 제거하고 권력을 잡습니다.

고려의 경우에는 사정이 더욱 복잡했습니다. 앞서 설명한 대로 태조 왕건은 각지의 유력한 성주들을 자기 편으로 만들기 위해 혼인 관계를 맺었습니다. 그 결과 29명의 부인을 두었고, 거기서 26명의 아들을 얻었지요.

이들은 모두 태조의 자식이었지만 각기 외가가 달랐습니다. 그 가

**나주 완사천**
왕건이 장화 왕후 오씨를 만난 곳으로 알려져 있다. 전남 기념물 93호.

운데 힘있는 몇몇 가문에서는 자기 외손을 임금으로 세우려는 꿍꿍이가 있었어요. 태조 앞에서는 감히 후계자를 논할 수 없었지만, 그가 죽고 나면 다툼이 일어날 소지가 많았지요. 그것은 어렵게 이룬 후삼국 통일을 일시에 무너뜨릴 수도 있었습니다.

이를 우려한 태조 왕건은 두 가지 조치를 취했습니다. 하나는 어머니가 다른 이복 남매를 서로 결혼시키는 것이었습니다. 지금은 상상조차 하기 힘든 일이지만 당시의 관습과 왕실의 여건으로 인해 혼인이 성사되었지요. 그것은 이복 형제 간의 싸움을 미리 방지하는 장치였던 것입니다.

**태조 왕건의 후비들**

| | 후비 | 성씨 | 출신 지명 | 왕비의 아버지 |
|---|---|---|---|---|
| 1 | 신혜 왕후 | 유(柳)씨 | 정주(개풍) | 유천궁 |
| 2 | 장화 왕후 | 오(吳)씨 | 나주 | 다련군 |
| 3 | 신명 왕후 | 유(劉)씨 | 충주 | 유긍달 |
| 4 | 신정 왕후 | 황보(皇甫)씨 | 황주 | 황보제공 |
| 5 | 신성 왕후 | 김(金)씨 | 경주 | 김억렴 |
| 6 | 정덕 왕후 | 유(柳)씨 | 정주(개풍) | 유덕영 |
| 7 | 헌목 대부인 | 평(平)씨 | 경주 | 평준 |
| 8 | 정목 부인 | 왕(王)씨 | 명주(강릉) | 왕경 |
| 9 | 동양원 부인 | 유(庾)씨 | 평주(평산) | 유검필 |
| 10 | 숙목 부인 | ? | 진주(진천) | 명필 |
| 11 | 천안부원 부인 | 임(林)씨 | 경주 | 임언 |
| 12 | 홍복원 부인 | 홍(洪)씨 | 홍주(홍성) | 홍규 |
| 13 | 후대량원 부인 | 이(李)씨 | 합주(합천) | 이원 |
| 14 | 대명주원 부인 | 왕(王)씨 | 명주(강릉) | 왕예 |
| 15 | 광주원 부인 | 왕(王)씨 | 광주(하남) | 왕규 |
| 16 | 소광주원 부인 | 왕(王)씨 | 광주(하남) | 왕규 |
| 17 | 동산원 부인 | 박(朴)씨 | 승주(순천) | 박영규 |
| 18 | 예화 부인 | 왕(王)씨 | 춘주(춘천) | 왕유 |
| 19 | 대서원 부인 | 김(金)씨 | 동주(서흥) | 김행파 |
| 20 | 소서원 부인 | 김(金)씨 | 동주(서흥) | 김행파 |
| 21 | 서전원 부인 | ? | ? | ? |
| 22 | 신주원 부인 | 강(康)씨 | 신주(신계) | 강기주 |
| 23 | 월화원 부인 | ? | ? | 영장 |
| 24 | 소황주원 부인 | ? | ? | 순행 |
| 25 | 성무 부인 | 박(朴)씨 | 평주(평산) | 박지윤 |
| 26 | 의성부원 부인 | 홍(洪)씨 | 의성 | 홍유 |
| 27 | 월경원 부인 | 박(朴)씨 | 평주(평산) | 박수문 |
| 28 | 몽량원 부인 | 박(朴)씨 | 평주(평산) | 박수경 |
| 29 | 혜량원 부인 | ? | 해평(구미) | 선필 |

다른 하나는 서둘러 후계자를 정하는 것으로, 왕건은 장자인 태자 무(혜종)로 결정했습니다. 무는 전라도 나주 출신인 장화왕후 오씨의 소생입니다. 그런데 오씨의 가문은 다른 왕비들의 가문에 비해 좋은 편이 아니었지요. 그럼에도 무가 왕위를 물려받을 수 있었던 이유는 무엇일까요?

**순릉**
고려 2대 혜종의 능.

먼저 그는 태조의 장자였습니다. 장자라는 위치가 계승 조건의 전부는 아니었다 하더라도 일단 우선권은 있었지요. 또한 무는 태조를 따라 전쟁에 참여하여 많은 공을 세웠습니다. 다른 아들들이 외가의 보호를 받으며 편안한 생활을 하는 동안, 무는 후백제와 벌인 마지막 전투에도 부대를 이끌고 직접 참전했으니, 그의 활약은 돋보일 수밖에 없었지요.

이처럼 무를 후계자로 삼는 데 명분상의 문제는 없었지만, 태조의 마음에 걸리는 고민이 한 가지 있었습니다. 가문의 배경이 너무 약하다는 점이었지요. 자신이 죽고 나면 힘있는 왕자들이 왕위를 넘볼지 모른다는 생각이 든 것입니다. 이에 태조는 자신이 가장 믿는 부하 박술희를 후견인으로 붙여 주었습니다. 박술희의 후원을 업고 무는 무사히 왕위에 올랐습니다. 그러나 태조가 우려했던 상황은 현실로 다가오고 있었습니다.

# 아! 그렇구나 근친혼

근친혼이란 혈연적으로 가까운 사람끼리 하는 결혼을 말한다. 지금의 관습으로는 해서는 안 되는 일이고 또 거의 없는 일이지만, 시대와 사회에 따라 근친혼이 이루어진 경우가 있었다. 우리 나라에서는 고려 왕실의 결혼 관습이 대표적이다. 특히 태조가 이복 남매끼리 결혼시킨 것은 가장 극단적인 경우이다.

왜 이런 근친혼이 행해졌을까? 왕실처럼 혈통이 남다르다고 생각하는 부류가 자신을 다른 사람들과 구별하고 혈통의 순수성을 유지한다는 명분이 작용했다. 남다른 혈통에 바탕을 둔 권력을 정당화하는 의미도 있다.

그렇다면 고려 초기에 유난히 근친혼이 많았던 이유는 무엇일까? 거기에는 당시 고려 왕실의 복잡한 사정이 깔려 있다. 태조의 왕자와 공주들이 저마다 외가가 달라 나중에 이들 사이에 분쟁이 생길 우려가 높았기 때문이다. 이들을 서로 결혼시켜 분쟁을 미리 막으려고 한 것이다.

그 뒤로도 건국 초 같은 극단적인 형태는 아니지만 고려 왕실의 근친혼은 유지된다. 예를 들어 고려의 공주는 반드시 왕실의 남성과 결혼했다. 왕실의 권력과 재산이 흩어지는 것을 막기 위한 조치라고 짐작된다. 인종 때에는 실권자 이자겸이 권력을 다지기 위해 인종에게는 이모가 되는 자신의 두 딸을 결혼시킨 일도 있다.

그러나 고려 후기에 유교 윤리가 본격적으로 보급되면서 근친혼은 금기로 여겨져 자취를 감춘다.

## 왕위를 넘보는 세력들

왕위에 오른 혜종의 가장 큰 경쟁자는 요(堯:정종)와 소(昭:광종) 형제였습니다. 요·소 형제는 충주 출신 신명 왕후 유씨(劉氏)의 소생으로, 충주 유씨는 당시 가장 힘있는 가문이었습니다. 가문 배경으로만 따진다면 요·소 형제가 왕위 경쟁에서 가장 앞섰지요.

경쟁에 참여한 또 한 인물은 광주(지금의 경기도 하남시) 출신 왕규였습니다. 그는 한강을 건너는 길목을 차지한 성주로 태조에게 두 명의 딸을 왕비로 들여보냈습니다. 그 가운데 한 사람이 아들(광주원군)을 낳았지요. 《고려사》에 그는 외손자를 왕위에 앉히려고 모략을 꾸민 반역자로 적혀 있습니다. 여러 차례 혜종을 암살하려 했고, 혜종과 이복 동생인 요·소를 이간질했으며, 왕명을 꾸며 혜종의 후견인 박술희를 죽였으나 결국 요에 의해 제거되었다는 것이지요.

그러나 왕규를 반역자로 보기에는 석연치 않은 점이 발견됩니다. 태조 왕건은 통일에 큰 공을 세운

**흥녕사 징효대사비**
비의 뒷면 기록 명단에 요(정종), 소(광종), 왕규 등이 보인다. 강원도 영월군 수주면 소재. 보물 612호.

사람에게 왕씨 성을 내렸는데(70쪽 '사성' 참고), 왕규 역시 그런 인물입니다. 태조의 명을 받아 중국에 사신으로 다녀왔고, 태조가 남긴 유언을 곁에서 받은 사람이기도 하고요. 왕규는 태조의 신임을 받은 측근이었던 것입니다.

태조가 남긴 유언에는 당연히 혜종을 잘 받들라는 내용도 들어 있었겠지요. 그리고 왕규는 다른 딸을 혜종의 왕비로 들여보냈습니다. 이런 왕규가 혜종을 암살하려고 했을까요? 오히려 왕규는 박술희처럼 혜종의 후견인이 아니었을까요? 왕규는 혜종을 지키기 위해 그를 위협하던 요·소 형제를 밀어내려다 반격을 당했고, 요와 소가 차례로 왕위에 오르면서 반역의 굴레를 쓰게 된 것입니다.

혜종은 왕위에 오른 지 3년 만에 세상을 떠났고, 요가 왕위를 이어받았습니다. 그러나 그 역시 4년 만에 세상을 떠나고, 동생 소가 왕위에 오르니 그가 바로 광종입니다. 이 때부터 고려는 국가의 기틀을 잡기 위한 본격적인 작업에 들어갑니다.

**태조의 유언을 듣고 있는 태조의 아들들과 왕규**

체제 정비와 거란과의 전쟁

## 아! 그렇구나 사성(賜姓)

사성이란 임금이 신하에게 성씨를 내려 주는 것을 말한다. 대부분 성이 없는 사람이나 유공자에게 신임과 포상의 의미로 내렸다. 고려 태조는 건국과 통일에 공을 세운 몇몇 인물에게 왕씨 성을 내려 주었다. 명주의 성주였던 순식(왕순식)과 관경(왕경), 높은 학문으로 태조를 도운 박유(왕유), 그리고 광주의 성주 왕규가 대표적인 예에 속한다. 후대에도 현종 때의 이가도(왕가도), 충선왕 때의 권재(왕후)에서 그 예를 찾아볼 수 있다.

그렇다면 신하에게 왕씨 성을 내리는 것에는 어떤 의미가 있었을까? 거기에는 임금과 신하가 가상적인 혈연 관계를 맺는다는 뜻이 담겨 있다. 그리하여 둘 사이에 혈연에 버금가는 각별한 관계가 생기는 것이다. 태조는 이 점을 이용하여 남다른 의미를 가진 몇몇 성주나 측근에게 왕씨 성을 내렸다. 그가 행한 정략 결혼과 비슷하다.

여기서 한 가지 의문이 생긴다. 그럼 왕씨 성을 받은 사람의 일가는 어떤 성씨를 사용했을까? 다른 성씨를 새로 받은 사람의 경우에는 그 성씨를 계속 사용했다. 그러나 왕씨는 왕실의 성씨여서 원칙적으로 해당 개인만 사용하도록 했기 때문에 자손 대대로 그 성씨를 물려받지는 않았다. 다만 자식이 아버지가 받은 성씨를 같은 시대에 함께 쓰는 경우도 있었으나 모든 자식이 자동적으로 왕씨가 된 것인지는 분명하지 않다.

## 왕권 확립을 위한 광종의 노력

정종에 이어 왕위에 오른 광종은 국왕의 권위를 다지는 일에 가장 많은 노력을 기울였어요. 더 이상 왕위를 둘러싼 분쟁을 되풀이하지 않고 탄탄한 기반에서 임금 노릇을 해야겠다는 뜻이었지요. 그가 펼친 여러 정책의 핵심은 바로 구신숙장*을 숙청하고 권력을 국왕으로 집중시키는 것이었습니다. 이 조치로 많은 공신과 그 후손들이 정계에서 밀려났습니다.

아울러 '노비안검법(奴婢按檢法 : 노비 소유를 조사하여 잘못을 바로잡는 법)'을 시행하여 부당하게 노비가 된 사람들을 양민으로 돌려보냈습니다. 이 조치로 많은 노비를 가지고 있던 구신숙장들이 경제적으로 타격을 받았습니다. 당시에는 토지보다 노비가 더 중요한 재산이었거든요.

광종은 중국 후주에서 귀화한 쌍기라는 인물의 건의에 따라 과거(科擧 : 국가에서 시험을 치러 관리를 선발하는 제도)를 전격 실시했습니다. 과거 실시는 아주 중요한 변화를 가져왔습니다. 이전까지

**구신숙장(舊臣宿將)**
오래된 신하와 경험이 많은 장수. 태조 때부터 많은 공을 세워 권력을 가진 사람들을 말한다.

**안릉(왼쪽)**
고려 3대 정종의 능.
**헌릉**
고려 4대 광종의 능.

체제 정비와 거란과의 전쟁　71

**공복을 입은 관리**

관리는 특정 신분과 가문에서 대대로 물려받거나 추천했습니다. 따라서 개인의 능력보다 가문의 배경이 중요했지요.

반면 과거를 통해서는 가문이 조금 처지더라도 능력이 뛰어나면 출세할 수 있었습니다. 그만큼 고위직을 독차지했던 구신숙장의 위세는 줄어들 수밖에 없었겠지요? 또 최종 선발권을 가진 국왕은 자신의 정치를 후원해 줄 새로운 관리들을 많이 뽑을 수 있었습니다.

또한 광종은 공복(公服:관리들이 업무를 볼 때 입는 옷)의 색깔도 정했습니다. 자삼(자주색), 단삼(붉은색), 비삼(주황색), 녹삼(초록색) 등 색깔로 구분해 그 사람의 정치적 지위를 나타내 냈습니다. 공복 제정은 국왕을 정점으로 관리들의 질서를 확립했다는 의의가 있지요.

광종은 '광덕(光德)', '준풍(峻豊)' 등 독자적인 연호를 만들어 쓰기도 했고, 개경을 황도(皇都)로 부르는 등 황제의 격식을 채용하여 임금의 권위를 높이고자 했습니다. 다만 연호는 중국과 외교를 전개하는 데 문제될 수 있어 잠깐 쓰는 정도로 그쳤습니다.

이전까지 고려의 정치 제도는 태봉의 제도를 그대로 이어받으면서 신라의 제도를 가미한 수

## 아! 그렇구나 관리들의 옷

요즘 직장인들은 실내 근무복, 야외 작업복, 체육복 등 여러 가지 유니폼을 만들어 입는다. 고려 관리들이 입던 옷 역시 여러 가지로, 조복(朝服)·제복(祭服)·공복(公服) 등 세 가지가 있었다. 조복은 정조(正朝:정월 초하루), 동지를 비롯한 각종 명절에 국왕에게 축하를 올릴 때 입거나 매달 세 차례 열리는 큰 조회에서 입는 가장 화려한 옷이다. 제복은 종묘 등에 제사를 지낼 때 입는 옷이고, 공복은 근무할 때 입는 옷이다.

이러한 복장은 광종 때부터 정비되었지만 자료가 없어 자세히 알기는 어렵다. 그 뒤 의종 때 복장을 포함하여 각종 의례를 대대적으로 정비했는데, 그 내용을 담은 책이 《상정고금예문》이다. 금속 활자본으로 추정되는 이 책은 아쉽게도 현재 남아 있지는 않고, 그 내용 일부가 《고려사》에 인용되었을 따름이다.

준이었지요. 그런데 광종이 기존의 제도를 정리하고 새로운 국가 체제를 모색한 것입니다. 물론 불완전한 수준이긴 했지만, 여기에서부터 본격적인 체제 정비가 시작된다는 점에서 광종의 개혁은 큰 의미를 지닙니다.

**조회를 기다리는 고려 관리들**
지위에 따라 옷 색깔과 서 있는 자리가 달랐다.

### 체제 확립을 위한 건의 – 최승로의 〈시무 28조〉

광종의 급진적인 개혁은 5대 경종 때 반동을 불러와 복수의 바람이 일었습니다. 이에 6대 성종은 급진적 개혁 대신 온건한 정비로 방향을 잡아 체제를 정비해 갑니다. 여기에는 982년(성종 1)에 최승로가 올린 〈시무 28조〉가 중요한 역할을 했습니다. 최승로는 경주 출신의 유학자로, 12세 때 태조 앞에서 《논어》를 읽고 칭찬받았을 정도로 천재성을 보였다고 합니다.

성종이 새로운 정치를 펼치기 위해 신하들에게 조언을 구하자 최승로는 그에 답하여 글을 올렸습니다. 최승로는 먼저 앞서 즉위한 다섯 임금(태조·혜종·정종·광종·경종)의 정치를 논평했습니다. 융합을 도모한 태조의 정책을 모범으로 생각한 반면, 광종의 급진 정책을 부정적으로 평가했지요. 이어 28개 항목의 건의안을 열거했는데, 이를 흔히 〈시무 28조〉라고 합니다. 이 가운데 22개 항목만 남아 전합니다.

그 내용을 간추려 보면 몇 가지 특징이 발견됩니다. 첫째, 불교의 폐단에 대한 비판이 두드러집니다. 다만 불교 자체를 부정한 것은 아니고, 과도한 불교 행사로 빚어지는 사치와 낭비, 승려들의 방자한 행동, 사찰의 고리대로 인한 피해 등을 문제 삼은 것이었지요. 곧 국가 운영에 바람직하지 않은 문제를 거론한 것일 뿐, 수양을 위한 종교로서의 기능은 인정했습니다.

둘째, 안정된 사회 질서를 수립하기 위한 정책을 추구했습니다. 중앙에서 큰 고을에 관리를 파견할 것과, 토호들이 큰 집 짓는 일을 규제할 것 등을 제안한 것입니다. 토호 세력을 누르고 백성들의 생

《고려사절요》에 기록된 〈시무28조〉의 일부
10~14조에 해당하는 부분으로, 잦은 불교 행사로 인한 폐단 등을 거론했다.

활을 안정시키려는 의도였지요.

 셋째, 대외 관계에서는 실리 위주의 정책을 제시했습니다. 중국 문물을 수용하더라도 그 속에 빠져 버리면 안 된다는 생각을 보였고, 북방의 위협에 대비하여 방어를 강화해야 한다고 주장했지요.

 성종은 최승로의 건의를 대부분 수용하여 제도 개혁을 추진해 나갑니다. 중국 제도에 바탕을 둔 고려의 제도가 제 모습을 갖추기 시작한 것도 바로 이 때입니다. 3성 6부제를 근간으로 한 정치 제도를 수립하고, 각종 의식과 법제도 갖추었습니다. 이를 토대로 문종 때 고려의 정치 제도가 완성되어 뒷날 원나라의 간섭으로 개편될 때까지 유지됩니다.

체제 정비와 거란과의 전쟁

## 어떻게 볼 것인가

### 광종의 개혁

광종은 고려의 역대 국왕 가운데 특별히 눈길을 끌 만한 사람이다. 그의 급진적인 개혁을 통해 왕권이 안정을 찾았고, 고려의 정치 체제가 정비되어 갔다. 또한 개경을 '황도(皇都)'로 칭하고 독자적인 연호를 사용한 점은 요즘 잣대로 보아 상당히 '자주적'인 면모로 평가되기도 한다.

그러나 그에게 '자주적'으로 볼 수 있는 요소가 있다고 해서 그와 관련된 모든 것을 '자주'라는 틀에 맞추어 해석하는 것은 곤란하다. 광종이 고려를 황제국의 면모로 다듬으려고 한 것은 분명하지만, 다른 각도에서 볼 때 그는 '자주적'인 만큼이나 '사대적'인 요소도 지녔기 때문이다.

그는 중국 왕조와의 외교에 많은 노력을 기울였다. 당시 중국은 오대의 혼란기가 계속되고 있었다. 한 왕조가 수십 년도 되지 않아 망하고 다시 새 왕조가 들어서기를 반복했다. 광종은 이러한 변화에 신속히 대응하여 새 왕조와 외교 관계를 맺었다. 중국 왕조

**최승로가 〈시무 28조〉에서 광종에 대해 평가한 부분** 최승로는 〈시무 28조〉를 열거하기에 앞서 태조에서 경종까지 다섯 임금의 치적을 논평했는데, 광종에 대해서는 그의 급진적인 개혁을 강도 높게 비판했다.

**보원사 터 법인국사탑비(위)** 광종의 왕사와 국사를 역임한 법인국사의 유적. 보물 106호.
**충주 숭선사 터(오른쪽 위)** 광종이 모후(신명 왕후 유씨)를 위해 건립한 사찰이다. 사적 445호.
**숭선사 터에서 나온 막새**

를 섬기는 태도를 보이면서 중국의 발전된 문물을 적극 도입한 것이다. 그렇기 때문에 독자적인 연호를 쓰다가도 외교 관계를 수립하면 바로 중국 연호를 들여오는 등 발빠른 조치를 취했다. '황도'와 같은 칭호들도 사실 대외적으로 과시하려는 것이 아니라, 내부적으로 국왕의 권위를 높이려는 의도가 담긴 것이었다.

이러한 사정을 감안하면, 광종에게 선뜻 '자주적'이라는 평가를 내리면서 그의 '사대적' 요소를 그냥 지나쳐서는 안 될 것이다. 그보다는 격변하는 국제 정세에 능동적으로 대응하고, 이를 통해 국왕의 권위를 강화하고 체제를 정비해 나간 그의 정치력에 좀더 주목해야 하지 않을까?

여러분도 이번 기회에 '자주'와 '사대'를 쉽게 대비하며 평가를 내리는 시각에서 한 걸음 벗어날 수 있었으면 한다.

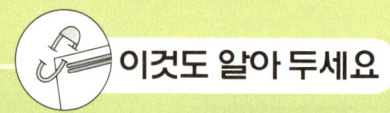 이것도 알아 두세요

## 철 당간과 명문

충청 북도 청주시에 가면 번화가 복판에 철 기둥 하나가 우뚝 솟아 있는 것을 볼 수 있습니다. 현재 남아 있는 것 중 가장 오래된 금속 활자본 《직지심경》과 함께 청주의 상징물이 된 이 철 기둥은 이 곳에 있던 용두사라는 절 어귀에 세워진 당간입니다. 원통 모양의 철통 20개를 연결하여 높은 기둥을 만들었지요.

당간이란 절 입구에 세워 기를 달 수 있도록 한 시설을 말합니다. 주로 나무나 철로 만들었는데, 대부분 파괴되어 남아 있는 것이 별로 없지요. 양쪽에서 당간을 받쳐 주는 당간지주만 남아 있을 따름입니다. 지금 남아 있는 철 당간은 이 곳말고 공주 갑사, 안성 칠장사 등 딱 세 곳뿐이지요. 그러니 용두사 터 철 당간은 남아 있는 것 자체가 각별한 의미를 가집니다.

또한 철 당간 아랫부분에는 당간의 제작 동기와 기원, 사업에 참여한 사람들의 명단, 제작 시기 등을 담은 명문이 뚜렷이 남아 있어 가치를 더욱 높여 줍니다. 기록이 별로 남아 있지 않은 고려 초기의 사회를

연구하는 데 없어서는 안 될 귀중한 자료이지요.

이 명문을 통해 962년(광종 13)에 청주의 토호들이 당간을 만들었음을 알 수 있습니다. 이 곳의 토호였던 김예종이라는 사람이 처음 발원하였으나 얼마 뒤 세상을 떠났고, 친척 형인 김희일이 여러 사람의 도움을 받아 완성했다는 것입니다. 그렇다면 만든 지 벌써 1000년이 넘은 셈이네요. 어떻게 그 세월을 견뎌 왔는지 신기할 따름입니다.

그런데 명문에는 더욱 눈길을 끄는 것이 하나 있습니다. 그것은 바로 '준풍(峻豊)'이라는 연호이지요. 당시 중국에서는 이런 연호를 쓴 적이 없으니, 이는 광종이 독자적으로 만든 연호임을 알 수 있습니다. 이 연호는 《고려사》에도 나오지 않는 것이라, 철 당간의 명문은 광종의 연호를 눈으로 직접 확인할 수 있는 자료가 됩니다.

한편 이 철 당간과 관련하여 전하는 이야기가 있습니다. 예부터 청주는 잦은 홍수로 백성들이 피해를 입었다고 합니다. 그런데 풍수를 보는 사람이 이 곳에 큰 돛대를 세워 놓으면 재난을 피할 수 있다고 알려 주었지요. 돛대를 세우면 청주는 배 모양을 갖추게 되는데, 배는 물 위를 다니므로 물로 인한 재난을 피할 수 있다는 원리이지요. 그래서 당간을 세웠고 사람들은 홍수를 피할 수 있었다고 합니다. 이런 연유로 청주를 배에 비유하여 '주성(舟城)'이라는 이름으로 부르게 되었다고도 합니다.

물론 이 이야기는 명문의 내용을 모르고 지어 낸 것입니다. 오랜 세월 동안 높이 솟아 있는 이 철 기둥을 보고 사람들은 무슨 생각을 했을까요? 지금은 건물에 둘러싸여 잘 느껴지지 않겠지만, 절이 사라지고 난 뒤 벌판에 남은 철 기둥은 마치 배의 돛대처럼 느껴졌을 법합니다. 그래서 이런 이야기가 만들어진 것이겠지요.

**용두사 터 철 당간과 명문에 적힌 참여자 및 연호 부분**
**(왼쪽부터)** 청주의 토호들이 세운 당간. 명문 가운데 광종의 연호인 '준풍'이라는 글자가 보인다. 국보 41호.

## 아! 그렇구나 연도 표시 방법과 연호(年號)

요즘은 서기(西紀)를 가지고 연도를 표시한다. 간혹 단기(檀紀 : 단군이 나라를 세운 때부터 연도를 세는 것)를 쓰고, 불교에서는 불기(佛紀 : 석가의 탄신으로부터 연도를 세는 것)를 쓰기도 한다. 그렇다면 옛날 동아시아에서는 연도를 어떻게 표시했을까? 그 방법에는 세 가지가 있었다.

하나는 갑자, 을축 같은 간지(干支)를 사용하는 것이다. 하지만 이것은 60년 단위로 반복되어 세월이 길어지면 혼란이 생긴다는 문제가 있다. 이를테면 신라의 촌락 문서가 만들어진 시기에 대해 695년, 755년, 815년이라는 세 가지 설이 있다. 문서에 '을미(乙未)'라는 간지만 쓰여 있기 때문이다.

다음에 국왕의 재위 연수로 표시하는 방법이 있다. 그런데 재위 중인 국왕은 '금상(今上 : 지금의 임금)'으로 표시하기 때문에 해당 국왕이 누구인지 모르면 혼동이 생길 수 있다.

더욱 정확하게 연도를 표시하기 위해 만들어진 것이 바로 연호이다. 예를 들어 명나라 태조는 '홍무'라는 연호를 사용했는데, 이 경우 연도 표시는 '홍무 원년', '홍무 2년' 같은 식이 된다. 가끔 같은 연호를 다시 쓰는 경우도 있지만, 대개는 연도 확인이 어렵지 않다.

연호는 천자만이 사용할 수 있었다. 따라서 중국과 사대 관계를 맺은 주변 국가는 따로 연호를 만들 수 없고 중국의 연호를 가져다 사용했다. 고려는 태조 왕건이 '천수'라는 연호를 사용했으나, 중국과 외교 관계를 맺고 난 뒤 폐지하고 중국 연호를 가져다 썼다. 광종도 마찬가지였다.

연호는 새 황제가 즉위할 때 함께 제정하는 것이 일반적이지만, 때로는 나라의 분위기를 쇄신하고자 할 때 새 연호를 반포하기도 했다. 요즘으로 치자면 '제2의 건국'을 선포하는 것과 비슷한 원리이다.

## 아! 그렇구나 3성 6부제

3성 6부제는 정책 심의 결정을 담당하는 기관인 중서성·문하성·상서성 3성과, 정책 실행을 담당하는 이·병·호·형·예·공 6부*를 말하는 것으로, 당나라 때 완성되어 중국 정치 제도의 근간이 되었다. 고려는 성종 때 3성 6부의 형식을 도입했으나 명칭에 차이가 있었고, 문종 때 비로소 중국과 같은 명칭으로 정리했다.

하지만 원리는 같다 하더라도 실제 운영에서는 조금씩 차이가 있었다. 중국에서는 3성이 비교적 대등한 지위에 있었다. 견제와 균형의 효과를 노리는, 요즘으로 치면 삼권 분립과 비슷한 취지인 셈이다. 그런데 고려에서는 중서성과 문하성이 하나의 관부처럼 통합 운영되어 '중서문하성'이라 했고, 상서성은 그에 비해 실권이 약했다. 다시 말해 중서문하성 중심의 체제로 운영된 것이다.

6부는 실무 관청으로 인사(이부), 군사(병부), 재정(호부), 사법(형부), 의례(예부), 건설(공부)로 업무를 나누어 맡았다. 요즘의 행정 자치부나 외교 통상부 같은 부처들에 해당한다. 6부의 장관은 '상서'라 했는데, 실제로는 중서문하성의 고위 관리가 겸임하는 '판사'가 실권을 쥐고 있었다.

이처럼 중서문하성에 권력이 집중된 정치 제도는 고려가 문벌(門閥: 대대로 높은 지위를 유지하는 가문) 중심의 사회임을 반영한 것이라 해석된다. 중서문하성의 고위직이 될 수 있는 사람들은 대개 문벌 출신이었다. 다시 말해 중서문하성은 주요 문벌들이 권력을 독점적으로 행사하는 창구였던 것이다.

---

**6부** 6부는 같은 등급의 관청이지만, 그 안에도 서열은 있었다. 고려에서는 이·병·호·형·예·공의 순서였고, 조선에서는 이·호·예·병·형·공의 순서로 차이가 있었다.

# 거란이 쳐들어온다!

## 태조가 거란과 외교를 단절한 이유

거란은 본디 중국 랴오허(遼河 : 요하) 일대에 흩어져 살던 유목 민족의 하나였습니다. 일부는 고구려의 지배를 받았으나 고구려가 망한 뒤에는 당나라의 지배 아래로 들어갔지요. 9세기 후반 들어 당나라가 쇠약해지자 점차 독자 세력을 키우기 시작합니다.

907년 당나라가 망한 뒤 왕조가 자주 바뀌었습니다. 그 바람에 랴오둥 지역에는 중국의 힘이 제대로 미치지 않았지요. 이 틈을 이용하여 거란족은 야율아보기(耶律阿保機)의 지도 아래 나라를 세웠습니다. 처음에는 이름을 '거란'이라고 했다가 뒤에 한때 '요(遼)'라고 부르기도 했지요. 거란 태조 야율아보기는 강력한 기병을 바탕으로 영토를 넓혀 나갔습니다. 926년, 마침내 거란은 발해를 멸망시켜 중국과 어깨를 겨루는 강대국으로 발돋움합니다(3권 고구려 편 6장, 6권 발해 편 6장 참고).

한편 거란이 세워질 즈음 한반도는 후삼국으로 나뉘어 있었습니다. 거란은 태봉과 후백제에 사신을 보내 친선을 꾀했고, 고려도 마찬가지였지요. 그런데 거란이 발해를 멸망시키고 고려가 후삼국을 통일한 뒤 고려의 태도가 돌변합니다.

942년(태조 25), 태조 왕건은 거란의 발해 공격이 의리를 버린 행위라고 비난하면서 거란 사신을 섬에 귀양보내고 예물로 가져온 낙타 등을 개성 만부교 밑에 묶어 놓고 굶겨 죽였습니다. 전쟁도 마다

**거란 상경성 및 중경성 유적**

하지 않겠다는 적대적인 태도였지요.

그런데 여기서 한 가지 의문이 생깁니다. 발해는 이미 17년 전에 망했는데, 왜 이제 와서 그걸 문제 삼은 걸까요? 발해가 망할 당시에는 아무 반응도 보이지 않다가 말입니다. 그 답은 후삼국 통일에 있습니다. 정세가 달라진 것이지요.

앞서 고려는 발해 유민을 적극 받아들였습니다. 이들은 대개 고려의 서북방에 정착하여 영토 개척과 북방 수비에 많은 공헌을 했지요. 그 덕에 고려가 후백제와의 싸움에 전념하여 후삼국을 통일할 수 있었다는 내용, 기억나지요?

통일하기 전 고려의 목표는 통일이었지만, 통일을 이룬 뒤에는 통합이 무너지지 않도록 기틀을 다지는 일이 중요해집니다. 이 때 가장 큰 고민거리는 아직 지방에서 독자 세력을 가지고 있던 성주들이 이탈하는 것이었지요. 어떻게 하면 이 사태를 막을 수 있을까요?

그 방법의 하나가 나라 밖에 적을 두어 긴장하게 만드는 것이었어요. 외적의 위협이 있으면 자신을 지키기 위해 안으로 단결하게 마

**거란인과 말의 모습**

련이니까요. 아무리 사이가 좋지 않은 형제라도 이웃 아이와 싸울 때는 서로 편드는 원리와 비슷하지요. 태조는 거란과 긴장 관계를 조성하여 백성들의 단합을 끌어내려고 한 것입니다.

 태조의 국교 단절 조치는 예상대로 거란을 자극했고, 두 나라 사이에는 전운이 감돌았습니다. 3대 정종은 거란의 침입에 대비하여 30만 명의 '광군(光軍)'을 조직했지만, 당장 전쟁이 일어나지는 않았습니다. 당시 거란은 황제 계승을 둘러싸고 혼란스러웠을 뿐 아니라 중국 왕조와 맞서는 게 더 급했기 때문이지요. 하지만 나라 안팎으로 안정을 찾자 거란은 화살을 고려 쪽으로 돌려 993년(고려 성종 12) 침공을 단행합니다.

## 1차 전쟁과 서희의 담판

993년, 소손녕이 이끄는 거란의 대군이 압록강을 건넜습니다. 고려의 선봉군을 격파한 소손녕은 곧바로 고려 정부에 사신을 보내 자신들이 옛 고구려 땅의 주인임을 내세우며 항복을 요구했습니다. 선봉군의 패배에 당황한 고려 정부는 소손녕의 위협에 눌려 새로 개척한 서경(평양) 이북의 땅을 넘겨주려고 했습니다.

이 때 몇몇 신하들이 반대하고 나섰는데, 그 중 한 사람이 바로 서희입니다. 중국에 사신으로 다녀와 국제 정세에도 밝았던 서희는 소손녕의 주장이 겁을 주려는 데 불과하다는 것을 알아챘습니다. 당시 소손녕은 80만 군대가 왔다고 으름장을 놓았으나 실제 병력은 수만 정도로 추정됩니다. 서희는 왕을 설득하여 협상에 나서는데, 이것을 우리는 '서희의 담판'이라 부르지요.

거란 진영을 찾아간 서희에게 소손녕은 뜰에서 절을 하라고 요구했습니다. 그를 아랫사람으로 대우하겠다는 뜻이었지요. 그러나 서희는 단호히 거절하고 며칠 동안 버텼습니다. 이 때 밀리면 협상에서 질 수밖에 없다고 판단했기 때문이지요. 서희의 기세에 소손녕은 결국 대등한 지위에서 협상하는 것을 받아들였습니다.

회담의 가장 큰 쟁점은 누가 고구려를 계승했는가 하는 문제였습니다. 소손녕은 고구려 영토를 대부분 차지하고 있다는 점을 근거로 자신이 고구려의 후계자라고 내세웠습니다. 그리고 고려가 북방을 개척해 올라오는 것은 영토 침범이라고 몰아붙였습니다.

서희는 나라 이름을 '고려'라고 한 것과, 고구려의 옛 수도 평양을 도읍으로 삼은 것을 들며 고려가 진짜 고구려를 계승한 나라라고 반

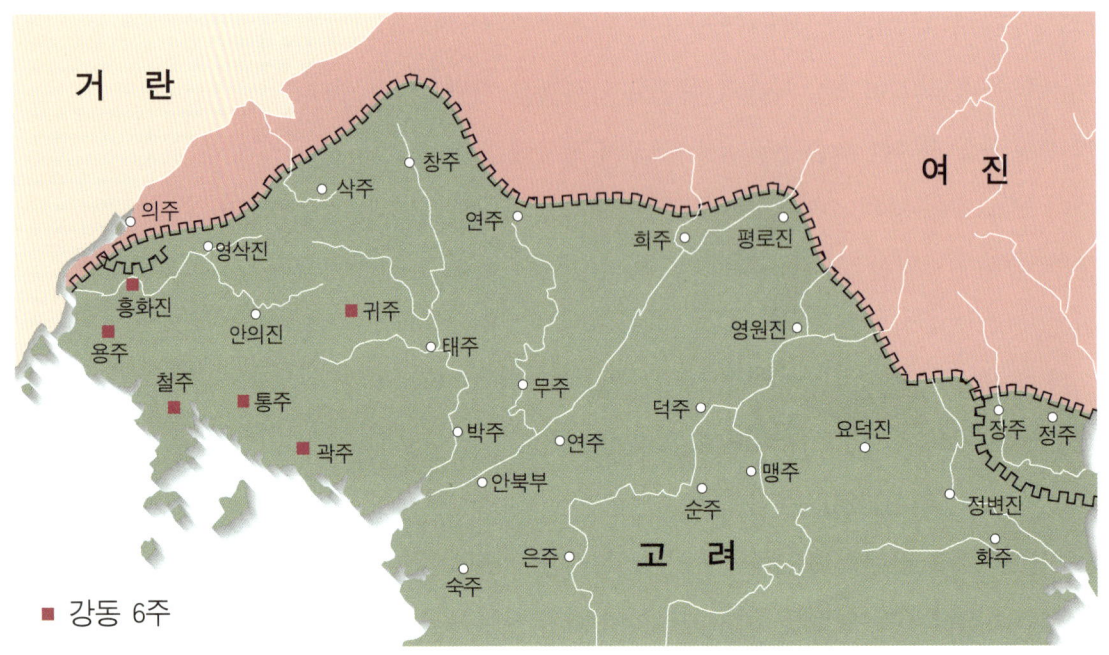

■ 강동 6주

**고려 초기의 북방 개척과 강동 6주**
강동 6주의 정확한 위치에 대해서는 아직도 논란이 있다. 1차 전쟁을 마치고 고려가 쌓은 성은 장흥진·귀화진·곽주·귀주·안의진·흥화진·통주·맹주 등 8개인데, 뒷날 거란이 고려에게 반환을 요구한 것은 흥화진·용주·통주·철주·귀주·곽주 등 6개이다. 흥화진 등 4개만 일치한다. 엄밀히 말해 '강동 6주'란 후자를 가리킨다. 다만 지역적으로 큰 차이가 없기 때문에 통상 서희가 개척한 지역도 강동 6주로 부른다.

박했습니다. 실제로 고려의 도읍은 개경이었지만 서경은 제2의 수도였으니 서희의 주장이 전혀 틀린 말은 아니었지요(140쪽 '묘청의 난' 참고).

이어 고려가 거란과 통교하지 못한 것은 여진이 압록강 연안의 길목을 막고 있기 때문이라고 주장했습니다. 여진을 몰아내고 성을 쌓아 길을 낸다면 거란에 사대하겠다고 제안했지요. 서희의 말이 일리 있다고 판단한 소손녕은 본국의 황제에게 보고하여 허락을 받았습니다.

협상이 마무리되자 서희도 군대를 이끌고 압록강 남쪽에 성을 쌓아 고려의 영토로 삼았습니다. 이 곳을 흔히 '강동 6주'라고 하지요. 이로써 고려의 북방 영토는 압록강 연안까지 올라갔지만, 압록강을 건너는 길목인 의주는 거란이 차지했습니다.

고려를 침공한 거란이 오히려 고려에게 강동 6주를 내주다니, 어찌 된 일일까요? 단지 서희의 능숙한 말에 밀려 땅을 넘겨준 것일까요? 그렇게 보기는 어려울 듯합니다. 땅을 내준 진짜 이유는 바로 거란의 속사정에 있었습니다.

당시 거란은 사방으로 영토를 넓혀 나갔지만, 아직 압록강 방면까지 힘을 미치지는 못한 상태였지요. 고려를 직접 위협하기에는 이동과 보급에 어려움이 컸습니다. 소손녕이 고려 영토로 깊이 들어오지 않고 계속 항복하라고 위협한 것도 그런 사정 때문이었습니다. 게다가 연운 16주를 되찾으려는 송나라의 공격을 막는 게 더욱 중요한 과제였고요.

이러한 거란의 속사정을 꿰뚫어 본 서희는 협상을 고려에게 유리하게 이끌어 간 것입니다. 거란에 대한 사대를 대가로 고려는 강동 6주 개척을 인정받았습니다. 거란은 고려가 송나라와 연합하여 배후를 위협하는 것을 방지하는 선에서 일을 마무리한 것입니다.

그러나 거란이 송나라와의 힘겨루기에서 우위를 차지하면서 강동 6주는 고려와 거란을 다시 전쟁으로 내모는 불씨가 됩니다.

서희의 글씨

### 강조의 정변과 2차 전쟁

고려와의 1차 전쟁을 협상으로 마무리한 거란은 송나라 쪽으로 관심을 돌립니다. 거란과 송나라는 10여 년 동안 일진일퇴의 공방을 벌였는데, 결국 거란의 우세로 마무리되었지요. 1004년, 송나라는 거란의 우위를 인정하고 해마다 많은 예물을 보내기로 약속합니다. 이것을 '전연의 맹'이라고 합니다.

사실 거란은 아주 어렵게 승리했습니다. 한때 큰 위기를 겪기도 했지요. 당시 고려가 거란의 배후를 공격했다면 어떻게 되었을까요? 아마 거란은 아주 위험한 지경에 빠졌을지도 모릅니다. 이것을 알아차린 거란 황제 성종은 송나라를 제압한 여세를 몰아 고려를 확실히 장악할 속셈으로 원정을 준비합니다.

하지만 거란에 사대하는 고려를 이유 없이 무력 침공할 수는 없는 노릇이었지요. 모든 일이 그러하듯 원정을 합리화해 줄 명분이 필요했습니다. 그 빌미를 제공한 사건이 바로 '강조의 정변'입니다.

고려 7대 목종은 5대 경종의 아들로 18세의 나이에 성종을 이어 왕위에 올랐습니다. 어머니 헌애 왕후(천추 태후)가 섭정*에 나서면서 정계가 불안해지고 한쪽에서는 왕위를 넘보는 모의도 나타났지요. 헌애 왕후와 불륜을 저지르고 그 사이에서 낳은 아들을 왕위에 앉히려 한 김치양이 그 예입니다. 신변의 위협을 느낀 목종은 서북방을 지키고 있던 강조를 불러들였습니다. 자신을 보호해 줄 무력 기반을 찾은 것이지요.

그런데 이 일이 오히려 화를 불러왔습니다. 권력을 잡을 기회라고 생각한 강조는 왕위를 넘보던 무리를 숙청한 데 이어 목종까지 폐위

**섭정(攝政)**
임금이 어리거나 능력에 문제가 있을 때 어머니나 친척이 대신 정치를 돌보는 것.

한 뒤 현종을 새로 왕위에 앉혔습니다. 뜻하지 않게 왕위에서 쫓겨난 목종은 충주로 가던 중 강조가 보낸 사람에 의해 죽임을 당하고 맙니다.

이 소식을 전해 들은 거란 성종은 무릎을 쳤겠지요. 드디어 고려를 침공할 명분을 잡았으니까요. 자신에게 사대하던 나라에서 신하가 왕을 폐위하고 죽였다는 것, 그것은 황제인 자신을 거역한 행위라고 여겼지요. 아직은 원정할 때가 아니라는 신하들의 만류를 뿌리치고 성종은 직접 40만 군사를 거느리고 압록강을 건넙니다. 이것이 고려와 거란의 2차 전쟁으로, 1010년의 일입니다.

거란군은 먼저 서북방을 지키던 최전방의 요새 흥화진(지금의 평안 북도 구성)을 대대적으로 공격했으나 함락하지 못했습니다. 그러자 흥화진을 그대로 둔 채 고려의 주력 부대가 주둔한 통주(지금의 평안 북도 선천)를 공격했지요. 고려군을 지휘하던 강조는 성 밖에서 거란군을 맞아 처음에는 여러 차례 승리를 거두었습니다. 그러나 자만한 틈에 기습당해 포로가 되고 말았지요. 뒷날 강조는 거란의 신하가 되라는 요구를 거부하고 죽음을 선택합니다.

강조가 붙잡힌 뒤 고려군의 사기는 크게 떨어졌습니다. 통주성은 함락되지 않고 버텼지만, 그 남쪽의 곽주(지금의 평안 북도 곽산)와 안북부(지금의 평안 남도 안주)의 관리들은 모두 도주해 버렸지요. 그 바람에 거란군은 손쉽게 청천강을 건너 서경까지 밀고 내려왔습니다. 이 곳의 관리들도 항복하려 했으나 강민첨 등의 장수가 굳게 버텨 무너지지 않았습니다. 서경 함락에 실패한 거란군은 곧바로 개경으로 진격했습니다.

**안주성 백상루**
안주는 고려 때의 안북부로, 평양과 함께 북방으로 진출하기 위한 거점이었다. 백상루는 청천강이 내려다보이는 위치에 있는 누각으로 조선 시대까지 명승지로 꼽혔다.

**친조(親朝)**
국왕이 직접 황제를 만나러 오는 것. 자신이 속국임을 인정하는 행동이다.

　소식을 들은 현종은 피난하기로 결정하고 개경을 빠져나와 남쪽으로 향했습니다. 거란군은 개경에 진입해 궁궐과 민가 등에 불을 질렀고, 그 바람에 태조부터 목종까지 7대의 실록을 비롯해 많은 기록과 문화재가 불타 없어졌습니다.

　사정이 어려워진 고려는 하공신을 보내 협상을 시도했습니다. 오래 머무를 형편이 못 되었던 거란 성종은 하공신의 요청에 따라 고려 국왕의 친조* 약속을 받고 회군을 결정했습니다. 대신 하공신을 인질로 끌고 갔지요. 그는 뒷날 거란을 탈출하려다가 잡힌 뒤 고려에 대한 충절을 지키다 목숨을 잃었습니다.

　거란군이 돌아가는 길은 올 때처럼 쉽지 않았습니다. 고려 영토 안으로 깊숙이 들어와 많이 지친데다가 여러 요새들을 그대로 두고

**안주목 지도**
청천강 남쪽에 있는 안북부(안주)는 서경과 함께 북방 경영의 중심지이자 국방 거점이었다. 서울대학교 규장각 소장.

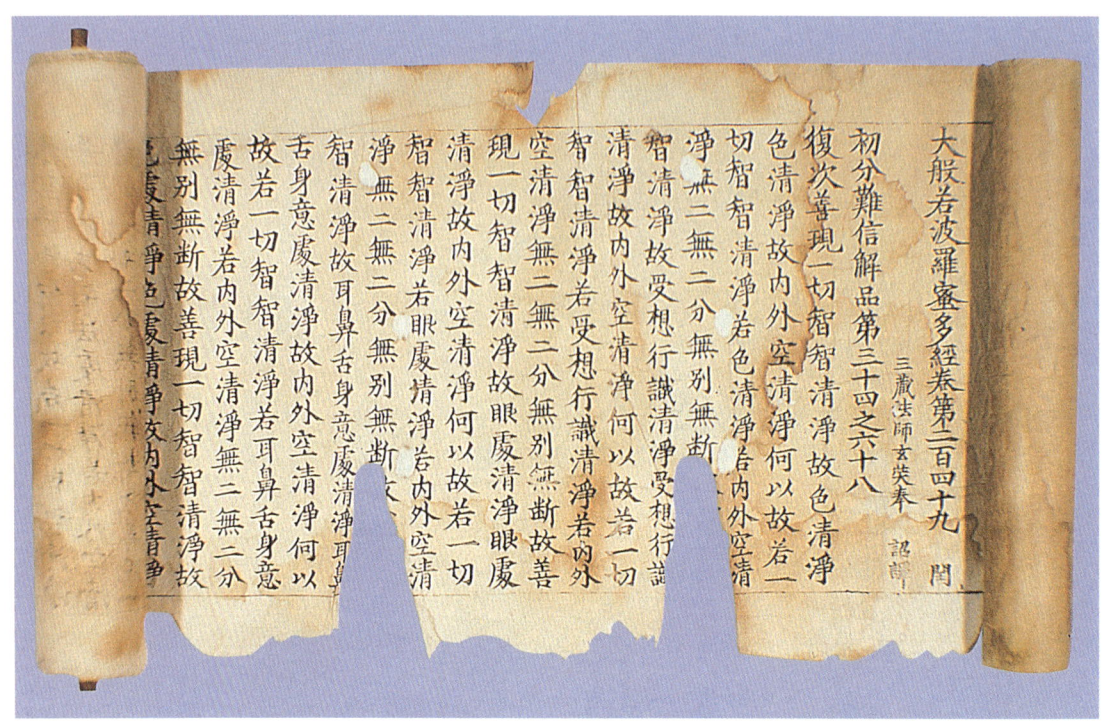

**초조본 대반야바라밀다경 권 249**
국내의 초조 대장경 판본으로는 시기가 가장 앞선 것으로 파악되었다. 국보 241호.

남진했기 때문이지요. 이 곳에 주둔하고 있던 고려군은 기회를 놓칠세라 대대적인 반격을 가했습니다.

대표적인 인물이 흥화진을 지키던 양규와 김숙흥입니다. 이들은 거란군이 확보해 둔 진지를 미리 파괴한 뒤, 청천강을 건너온 거란군을 기습 공격하여 많은 전과를 올렸습니다. 하지만 소규모 부대가 거란의 대군을 상대로 계속 맞서기에는 힘이 부족했지요. 두 사람은 결국 장렬히 전사하고 말았습니다. 뒤에 이들은 후삼국을 통일한 것에 버금가는 공훈을 세웠다 하여 '삼한후공신'으로 책봉됩니다.

거란군은 압록강을 건널 때까지 계속 고려군의 공격에 시달렸고 큰 피해를 입은 채 돌아갔습니다. 결과적으로 40만 대군을 동원하여 고려의 수도까지 점령했음에도 거란은 아무런 성과를 얻지 못한 채 전쟁을 끝내야 했지요. 고려는 끝내 국왕의 친조를 이행하지 않았거든요.

## 3차 전쟁과 귀주 대첩

거란 성종은 두 번째 침공에서 큰 피해를 입었으면서도 고려 정벌 의욕을 꺾지 않았습니다. 성종은 처음에 약속한 대로 친조를 요구했지만, 고려는 국왕이 아프다는 이유를 들며 계속 미루기만 했지요. 실상 친조할 뜻이 없었던 것입니다. 거란은 다시 강동 6주 반환을 들고 나왔습니다. 물론 고려는 이마저 거부했지요.

이에 거란은 다시 고려의 변경을 침범하기 시작합니다. 수년 간 압록강 인근을 드나들던 거란은 1018년 소배압을 사령관으로 임명하여 다시 한 번 고려 침공을 단행합니다. 고려와 거란의 3차 전쟁이지요. 실은 그 사이에 세 번 정도 거란의 침공이 더 있었으니, 횟수로만 본다면 6차 전쟁에 해당하지요. 하지만 그 사이의 전쟁에 대한 기록이 간단해서 전말을 알기 어렵기 때문에 전쟁 횟수로 따지지 않는 경우가 많습니다.

2차 전쟁 이후 여러 차례 거란의 공격을 받은 고려는 변방 수비군을 더욱 증강했는데, 그 지휘관이 여러분도 잘 아는 강감찬입니다. 강감찬은 본디 과거에 급제한 문관이었지만 군사에도 밝은 인물이었지요. 그는 거란군이 지나갈 것으로 예상되는 길목인 귀주(지금의 평안 북도 구성) 인근의 강을 미리 막아 두었다가 거란군이

**낙성대**
강감찬이 탄생한 곳에 세운 사당. 강감찬이 태어날 때 하늘에서 별이 떨어졌다 해서 낙성대(落星坮)라 하였다. 서울 유형 문화재 4호.

건널 즈음 이를 터뜨렸습니다. 수나라 대군을 격퇴한 고구려 장군 을지문덕의 살수 대첩을 연상시키는 전술이지요. 뜻하지 않은 물난리를 만난 거란군은 큰 혼란에 빠졌고, 이 틈을 타 고려군은 거센 공격을 퍼부었습니다. 이 전투에서 거란군은 정예 병사 태반을 잃고 말았습니다.

초반에 큰 피해를 입은 소배압은 정상적인 공격이 어렵다고 판단, 개경을 직접 공략하기로 합니다. 다른 성들은 모두 포기하고 개경을 향해 빠르게 진군했지요. 거란군의 작전을 알아챈 강감찬은 부하 장수로 하여금 이들을 추격케 하는 한편, 따로 군대를 보내 개경 수비를 보강했습니다. 거란군이 개경 인근에 도달했을 때 개경은 이미 견고한 방어 태세를 갖추고 있었지요. 거란군은 기습 공격을 시도했지만 그마저 고려군에게 발각되어 전멸하고 말았습니다.

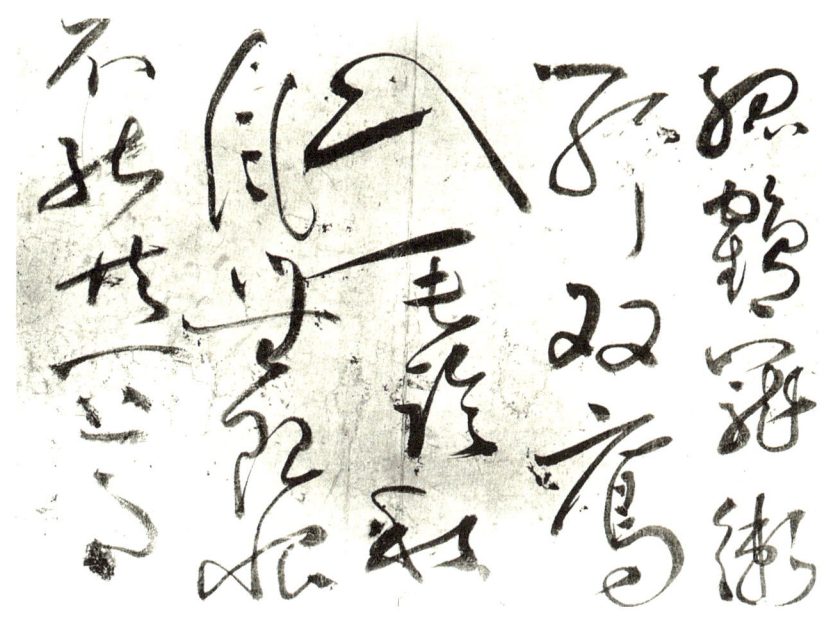

강감찬의 글씨

소배압은 어쩔 수 없이 군대를 되돌렸으나, 이번에도 고려군은 가만히 있지 않았습니다. 강감찬은 귀주 동쪽에서 퇴각하는 길목을 막았고, 앞서 개경으로 보낸 부대가 뒤에서 추격했습니다. 꼼짝없이 협공당한 거란군은 결국 엄청난 피해를 입고 돌아가야 했지요. 이것이 유명한 '귀주 대첩'입니다. 이 전투에서 거란은 고려를 공격한 이래 가장 큰 피해를 입었다고 합니다.

또한 소배압의 무모한 작전에 크게 노한 성종이 그의 낯 가죽을 벗긴 뒤에 죽이겠다고 했다는 이야기도 있습니다. 하지만 이것은 당시 전과가 대단했음을 표현한 것일 뿐 실제 사실은 아닙니다.

실패를 거듭할수록 고려를 굴복시켜야겠다는 거란 성종의 의지는 오히려 불타올랐습니다. 다시 한 번 기회를 찾고자 했으나 더 이상의 전쟁을 반대하는 여론에 부딪혔지요.

거란의 소배압 군대를 격파한 강감찬과 고려 군사들

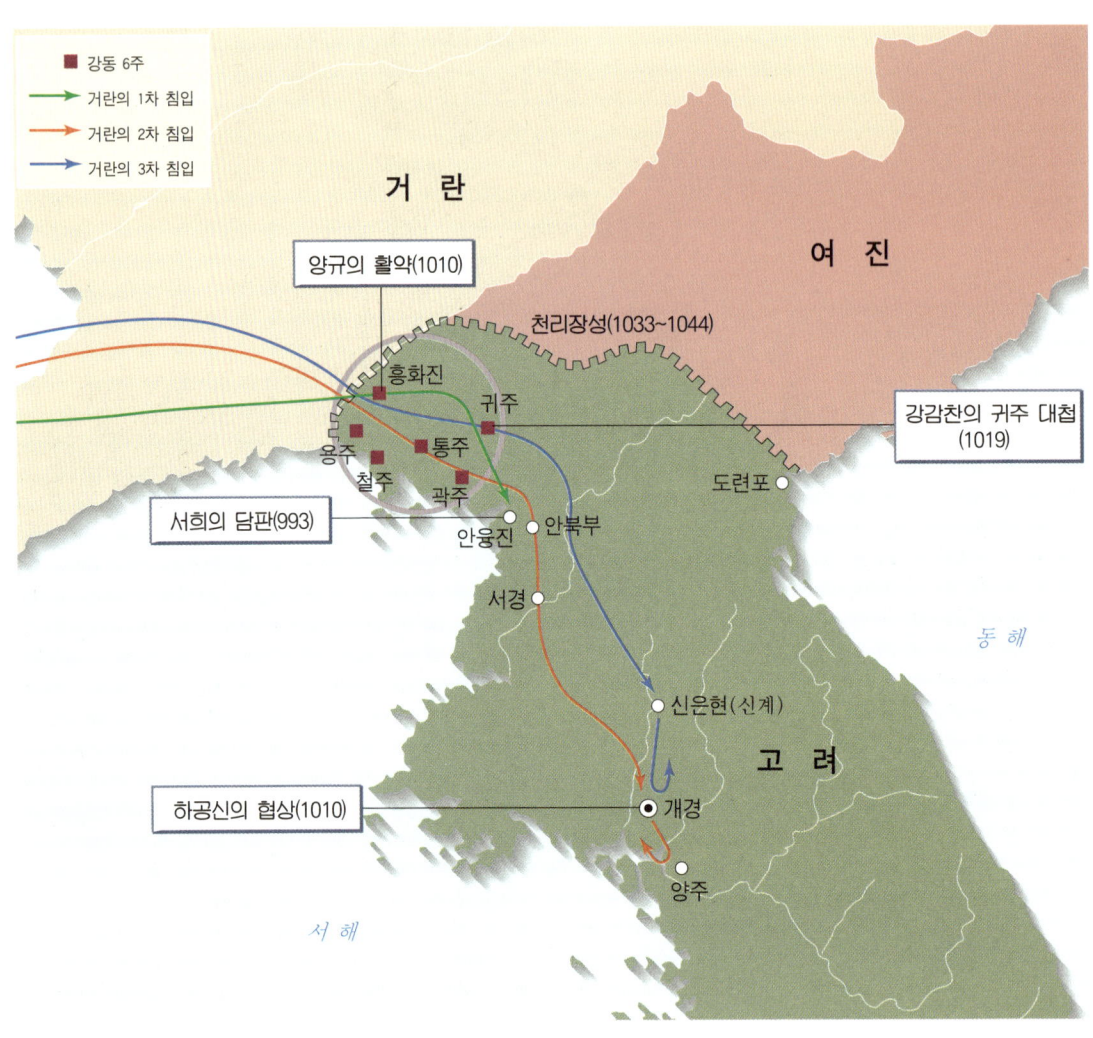

**거란과의 전쟁**

    이 때 고려가 거란에게 다시 사대 외교를 하겠다는 뜻을 전했습니다. 고려도 언제까지고 거란의 거듭된 공격을 막아낼 수는 없다고 판단한 것이지요. 이쯤에서 사대 외교로 명분을 살려 줌으로써 전쟁을 피하고, 그 동안 확보한 땅을 영토로 확정짓는 실리를 얻고자 한 것입니다. 더 이상 전쟁을 추진할 명분이 없어진 거란 성종은 결국 고려의 제의를 받아들였고, 두 나라의 전쟁도 매듭을 짓게 됩니다.

거란과의 전쟁을 끝내고 안정기로 접어든 고려는 먼저 국경 수비부터 강화했습니다. 다시 북방 민족이 침입해 올 때를 대비하여 압록강 인근의 요새 흥화진에서 동해안의 도련포에 이르기까지 국경을 따라 성을 쌓았지요. 1033년에 시작하여 10여 년 만인 1044년 즈음에 완성한 이 성은 길이가 천 리나 된다고 하여 '천리장성'이라고 부릅니다. 지금도 의주를 비롯한 여러 곳에 유적이 남아 있습니다.

**강민첨 영정**
거란군을 격퇴하는 데 큰 공을 세운 강민첨의 초상화로 1788년(정조 12)에 모사한 그림이다. 국립 민속 박물관 보관. 보물 588호.

이렇게 해서 고려와 송, 거란 세 나라가 균형을 이루게 되었습니다. 고려는 다시 거란에 사신을 보내고, 책봉을 받으며, 거란의 연호를 사용하는 등 사대 외교를 펼쳤지만 특별히 간섭을 받지는 않았습니다. 이 때문에 고려는 나라 안에서 황제의 격식을 사용할 수 있었습니다(고려2권 234쪽 참조). 아울러 거란의 대장경을 수입하는 등 문물 교류도 이루어졌지요. 송나라와도 상인 등을 통한 비공식 외교를 유지했습니다. 이 모두가 계속된 거란과의 전쟁에서 승리한 결과로 평가됩니다.

**어떻게 볼 것인가**

## 강조는 충신인가, 역적인가?

강조는 고구려의 연개소문과 함께 충(忠)·역(逆)에 대한 평가가 엇갈리는 대표적인 인물이다. 무엇이 그를 충신으로 보게 하고, 또 역적으로 보게 하는 것일까?

그를 충신으로 평가하는 데는 두 가지 이유가 있다. 하나는 김치양 일파를 몰아내 왕권을 보위했다는 점이고, 다른 하나는 고려에 대한 충절을 지켰다는 점이다. 반면, 목종을 시해하고 권력을 장악했다는 점은 그를 역적으로 평가하게 한다. 이 문제를 어떻게 보아야 할까?

답을 내리기에 앞서 우리는 어떤 인물의 활동을 평가할 때 그 결과만이 아니라 동기도 따져 보아야 한다는 사실을 잊지 말아야 한다. 결과는 같아도 동기나 원인은 다를 수 있고, 동기가 적절치 않아도 결과만 좋으면 되는 것은 아니기 때문이다.

강조가 왕위를 넘보던 김치양 일파를 타도한 것은 사실이다. 그러나 그것이 진정 왕실을 보위하기 위한 선택이었을까? 오히려 김치양 일파의 음모를 계기로 자신이 권력을 장악하려고 일을 벌인 것은 아니었을까? 권력을 놓고 보면 김치양은 경쟁자이므로 무력으로 없앤 것이 된다.

그러나 그의 거사에는 명분이 필요했다. 왕조 국가에서 신하들끼리 실권을 놓고 싸우는 것은 용납되지 않기 때문이다. 그래서 권력 투쟁에서도 늘 '왕실 보위'라는 논리가 등장한다. 경쟁자는 왕실을 해치는 역적이고, 따라서 그를 몰아내는 자신은 왕실을 보위하는 충신이라는 논리이다. 무신 정권기에 잇따라 발생한 정변들도 한결같이 왕실 보위라는 명분을 걸고 있었다는 점을 떠올릴 필요가 있다. 지금도 많은 정치인이 '나라를 위해서', 또는 '국민을 위해서'라는 수식어를 다는 것과 다르지 않다.

여기서 한 걸음 더 나아가면 국왕의 폐위도 합리화할 수 있다. 곧 부적격자를 끌어내리고 적격자를 올림으로써 궁극적으로 왕실의 안정을 가져온다는 논리이다. 목종을 폐위하고 현종을 세운 것도 이러한 명분에서 이루어졌다. 그러나 목종에게 왕실 위기의 중대한 책임을 지울 수 없는 한, 목종 폐위와 시해는 합리화하기 어렵다.

그렇다면 그가 거란에게 잡혀가서도 끝내 충절을 굽히지 않은 것은 어떻게 이해해야 할까? 이것은 그가 내세운 왕실 보위라는 명분에 충실하려 한 행동이라 평가된다. 새 국왕을 세운 실권자인 그가 거란 성종에게 굴복한다면, 그것은 곧 고려 국왕을 배신하는 것이고, 또한 그간의 행동을 스스로 부정하는 결과가 된다. 따라서 그는 죽음으로써 자신의 명분을 지키고자 한 것이다.

옳고 그름을 떠나 이 점에서 그는 자신의 행동에 끝까지 책임을 진 인물로 평가할 만하다. 그러나 그를 '범상하지 않은 인물'이라 설명할 수는 있어도, '국왕에게 의리를 지킨 충신'이라고 평가하는 것은 지나치다는 생각을 지우기 어렵다.

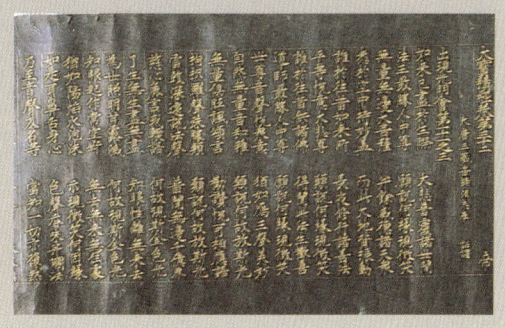

**천추 태후가 발원한 사경** 목종의 어머니인 헌애 왕후(천추 태후)가 김치양 등과 발원(어떤 신앙의 목적을 위해 사업을 일으키는 것)하여 만든 사경이다.

## 어떻게 볼 것인가

## 고려가 거란과의 싸움에서 승리한 원인

거란이 40만 대군으로도 고려를 굴복시키지 못하고 오히려 큰 피해만 입고 돌아가야 했던 이유는 무엇일까? 단지 고려 장수들과 군사들의 눈부신 활약 때문일까? 물론 그것을 빼놓고 이야기할 수는 없지만, 그에 앞서 놓쳐서는 안 될 것이 있다. 두 나라의 전쟁 여건이나 전술이 달랐다는 점이다. 고려의 승리는 이 점을 이해하지 않고서는 설명할 수 없다.

고려를 침공할 당시 거란은 유목 민족의 습속을 유지하고 있었다. 이들은 보통 가축의 방목이 끝나는 9월에 군대를 소집하여 12월까지 전쟁을 치르고 이듬해가 되면 다시 유목 생활로 돌아갔다. 말을 타고 싸우는 기병 위주로 전투를 수행했으며, 짐을 줄이고 기동력을 높이기 위해 대부분의 식량을 현지에서 조달하도록 했다. 이 때문에 거란은 속전속결의 단기전으로 전쟁을 수행했다.

이와 달리 고려의 전술은 적군과 맞서 싸우기보다는 성에 들어가 굳게 지키며 지구전을 펼치는 방식이었다. 성을 포위한 적군이 지쳐 돌아가면 성문을 열고 나와 적군의 배

**용주성의 겨울** 평안 북도 피현군에 있는 용주성은 압록강과 청천강 사이에 배치된 중요한 요새 가운데 하나이다. 성에는 동서남북에 큰 문을 내고 옹성을 쌓았다고 한다.

후를 공격하여 전과를 올리는 식이다. 적지에서 시간을 오래 끌 수 없었던 거란은 저항하는 성들을 그대로 둔 채 빠르게 진격해서 수도를 점령하고 항복을 받으려 했다. 이것이 돌아갈 때 반격을 당해 큰 피해를 입는 원인이 되었다.

여기서 고려의 방어 전술을 좀더 구체적으로 살펴보자. 고려는 북방 지역에 많은 산성을 쌓아 방어 거점으로 삼았다. 이 산성에는 평소에 식량과 무기를 준비해 두었다. 주민과 군사들은 평상시에는 들에서 농사를 지으며 지내다가 외적이 쳐들어오면 모두 산성으로 들어가 지켰다. 그리고 들판에 있는 곡식과 집들은 모두 불태워 없앴다. 외적이 고려 영토로 들어왔을 때 식량과 야영지로 이용할 수 없도록 한 것이다. 이러한 전술을 '청야입보(淸野入保 : 들판을 비우고 성으로 들어가 지킴)'라고 한다.

성으로 들어간 군대와 주민은 맞서 싸우기보다 외적이 지칠 때를 기다렸다. 고려의 산성은 대개 산 정상이나 깊은 골짜기 등 접근이 쉽지 않은 곳에 위치했다. 또한 성벽을 기어오르는 적을 물리치기 위한 시설과 공격 무기도 마련해 두었다. 이 때문에 외적

**귀주성 전경** 평안 북도 구성시 이구산에 자연 지형을 이용하여 돌로 쌓은 성이다. 1011년 1월과 1019년 2월에 거란의 침략을 물리쳤으며, 1231년에는 몽골 군의 공격을 5개월 간의 싸움 끝에 물리친 곳이기도 하다.

이 고려의 성을 공략하기가 쉽지 않았으며, 말을 끌고 다니는 기병들에게는 더욱 어려운 여건이었다. 이처럼 성문을 굳게 닫고 지구전을 펴는 전술을 '견벽고수(堅壁固守: 성벽을 튼튼히 하고 굳게 지킴)'라고 한다.

   여러 날 산성을 공격하다 보면 외적은 기후와 식량 부족, 피로 등으로 인해 전력이 크게 떨어진다. 이쯤 되면 외적은 포위를 풀고 퇴각하거나 다른 성으로 이동하게 마련이다. 이 틈을 놓치지 않고 고려군은 성문을 열고 군대를 보내 외적의 배후를 공격하거나 미리 준비해 둔 매복을 이용해 기습 공격을 가한다. 지친 외적은 이 공격에 제대로 대응

하지 못하기 때문에 적은 군대로도 큰 전과를 올릴 수 있었다. 이런 전술을 '개문출격(開門出擊:문을 열고 나가 공격함)'이라 한다.

결국 거란과의 전쟁에서 고려가 승리할 수 있었던 원인은 거란군의 전술 특징을 잘 이해하고 적절히 대응한 데 있다. 물론 전쟁 여건을 잘 이해하고 작전을 펼친 지휘관과 그에 맞춰 힘써 싸운 군사 및 주민들이 있었기에 효과를 거둘 수 있었음은 두말할 나위가 없다.

**정방산성의 봄**
우리 나라 서해안 일대에서 남북으로 통하는 황해도 지방의 요새이다. 둘레 12킬로미터로 성 안에는 물이 풍부하고, 성불사를 비롯한 역사 유적이 있다.

# 3

## 안정과 번영 속에 불안이 싹트고
고려의 발전과 동요

## 동북 9성을 개척하다

### 안정을 찾아 가는 고려 사회

현종과 덕종, 정종을 거쳐 11대 문종이 즉위하면서 고려의 국내 정치도 점차 자리를 잡습니다. 여러 제도가 더욱 정비되어 국가 체제가 완성을 보게 됩니다. 어떤 내용인지 자세히 알아볼까요?

먼저 관직 제도가 크게 정비되었습니다. 독자적인 명칭을 쓰던 관청이 중국과 같은 명칭으로 바뀌었지요. 내사문하성이 중서문하성으로 바뀐 것이 그 보기입니다. 또한 각 관청에 설치되는 관직들의 품계와 정원도 정해졌습니다. 이것을 보통 '문종 관제'라 부르는데,

차츰 고려의 전형적인 정치 제도가 되지요. 뒷날 공민왕이 원나라에 의해 개편된 관제를 복구할 때에도 이를 기준으로 삼습니다.

여러 가지 경제 관련 제도도 마련됩니다. 관리들에게 토지를 지급하는 전시과 제도가 문종 때 완성되었습니다(195쪽 '관리들의 생활은 나라가 보장하고' 참고). 뿐만 아니라 도량형 규정, 전품(田品:토지를 비옥한 정도에 따라 등급을 나눈 것) 규정, 양전(量田:토지 측량)을 위한 규정, 관리들의 녹봉 지급 규정 등이 모두 이 때 정비되었지요.

외교 관계도 한층 안정을 찾아 활발한 대외 교섭이 이루어졌습니다. 거란에 사대를 하긴 했지만, 연호를 가져다 쓰고 고려 국왕이 거란 황제의 책봉을 받는 정도말고 별다른 내정 간섭은 없었습니다. 공식 국교가 단절된 송나라와도 상인을 통해 교류했습니다. 송나라 상인은 고려와 일본 등을 왕래하며 문서를 전달하는 등 외교 사절 구실도 수행했지요. 중풍으로 고생하던 문종은 일본에 중풍을 잘 고치는 의사가 있다는 말을 듣고, 의사를 초빙하고 싶다는 문서를 송나라 상인 편에 전한 일도 있었답니다. 고려는 일본과 외교 관계나 직접적인 교류가 없었는데, 송나라 상인이 그 사이를 연결해 준 것이지요.

이만하면 문종 때를 고려의 전성기라고 할 만하겠지요? 하지만 산 정상은 다시 내려가는 출발점이기도 합니다. 역사도 마찬가지여서 전성기의 한편에서는 체제를 흔드는 기미가 나타나곤 합니다. 전성기 고려에게 다가오는 외부의 불안 요인이 있었으니, 바로 여진족의 성장입니다.

금나라의 유물

## 새로운 강자, 여진족의 성장

여진족은 한반도 북부와 만주 일대에 살았던 퉁구스계 종족의 하나입니다. 시대에 따라 '숙신', '말갈' 등 여러 명칭으로 불렸지요. 이들은 고구려의 지배 아래 있다가 고구려가 망하고 발해가 건국되자 대부분 발해의 주민이 되었습니다. 발해가 거란에게 망한 뒤에는 한반도 북부와 만주 일대에 흩어져 살면서 일부는 거란의 지배를 받고 일부는 고려와 관계를 맺었지요.

여진은 거란의 지배를 받고 있느냐 아니냐에 따라 숙여진과 생여진으로 나뉩니다. 숙여진이란 거란의 직접 지배를 받거나 영향권 안에 있던 부류, 생여진은 그렇지 않은 부류를 가리킵니다. 또한 고려에서는 압록강 방면의 여진을 서여진, 함경도 및 두만강 일대의 여진을 동여진으로 나누기도 했습니다.

고려는 건국 초부터 서북방 쪽으로 영토를 개척하면서 서여진과 자주 접했습니다. 또한 발해가 망한 뒤 고려로 흘러 들어온 발해 유민 중에는 여진족도 많이 섞여 있었지요. 앞서 태조의 정책(49쪽)에서 설명했듯이 이들은 대개 고려의 서북방 지역에 정착했습니다.

그런데 고려와 거란의 전쟁이 끝나고 국경이 확정되자 사정이 바뀝니다. 고려가 천리장성을 쌓아 북방의 경계로 삼자 그 너머에 살고 있던 여진은 거란의 지배 아래 들어갔지요. 대신 고려는 동여진과 접촉하는 일이 많아졌습니다.

고려 초기에 동여진은 거란과 고려 어느 쪽의 영향도 받지 않았습니다. 고려가 서북방 개척에 주력할 때, 이들은 동북부 해안 지역을 자주 노략질하여 골칫거리가 되기도 했지요. 고려는 서북방이 안정되자 동여진에 관심을 기울이기 시작합니다. 때로는 무력으로 위협하고 때로는 선물로 회유하며 동북방을 안정시키는 데 노력했지요.

 그 결과 문종 때에는 동여진 무리가 고려에 자주 왕래하며 복속의 뜻을 표했습니다. 이에 고려 정부는 동여진 거주지에 고을 명칭을 내리기도 했지요. 형식적이기는 하지만 동여진 무리가 고려 영토 안에 있다는 것, 곧 고려 국왕의 지배를 받고 있음을 표현한 것입니다. 그래서 뒷날 동여진 무리는 자신들이 고려에서 나왔다고 생각하거나 고려를 부모의 나라로 여기기도 합니다.

 그 사이에 쑹화 강 유역에 살던 생여진 무리의 하나인 완옌부가 점차 세력을 넓히기 시작합니다. 이들은 고려에 복속하던 동여진 무리에게도 영향을 미쳤지요. 1104년(숙종 9)에는 고려로 귀순하는 무리를 뒤쫓아 천리장성 아래에 이르기도 했습니다.

 동여진이 완옌부의 지배를 받게 되자 고려의 국경도 불안해졌습니다. 고려는 무력으로 이를 제압하고자 했는데, 그 결과가 바로 윤관의 여진 정벌과 동북 9성 개척입니다.

## 윤관의 여진 정벌과 동북 9성 개척

윤관은 파평현(지금의 경기도 파주시) 출신으로 문종 때 문과에 급제한 인물입니다. 1104년, 숙종의 명을 받아 여진 정벌에 나섰다가 실패했지요. 실패 원인을 따져 본 윤관은 보병 위주의 군사로는 기병 위주의 여진족을 제압할 수 없다고 판단하고, 숙종에게 건의하여 별무반을 설치합니다.

**윤관의 묘**
경기도 파주시 광탄면 소재.
사적 323호.

　별무반은 보병인 신보군, 기병인 신기군, 승려들로 조직된 항마군으로 주력 부대를 구성하고, 여기에 각종 특수 무기를 사용하는 부대를 편성한 조직입니다. 활을 주무기로 하는 '경궁', 큰 활의 일종인 노(弩)를 다루는 '정노' 등이 있지요. 별무반은 그 동안 정규군에 편성되지 않았던 승려나 상인, 노비까지 망라했습니다. 그야말로 모든 국력을 모아 여진을 정벌하겠다는 의지를 보인 것이지요.

　그러나 숙종은 결실을 보지 못하고 눈을 감고, 아들 예종이 그 뜻을 이어받아 계속 추진합니다. 1107년(예종 2), 마침내 여진 정벌을 단행합니다. 원수 윤관과 부원수 오연총이 이끄는 17만 대군이 출정길에 올랐지요. 천리장성의 관문을 나선 윤관의 군대는 여진족 마을을 휩쓸며 북으로 올라갔습니다. 그리고 주요 지점에 성을 쌓고 백성을 이주시켜 고려의 영토로 삼았지요. 이렇게 쌓은 성이 모두 9개로, 이를 통틀어 '동북 9성' 또는 '윤관 9성'이라고 부릅니다.

　그러나 동북 9성은 끝내 고려의 영토로 계속 유지되지 못합니다.

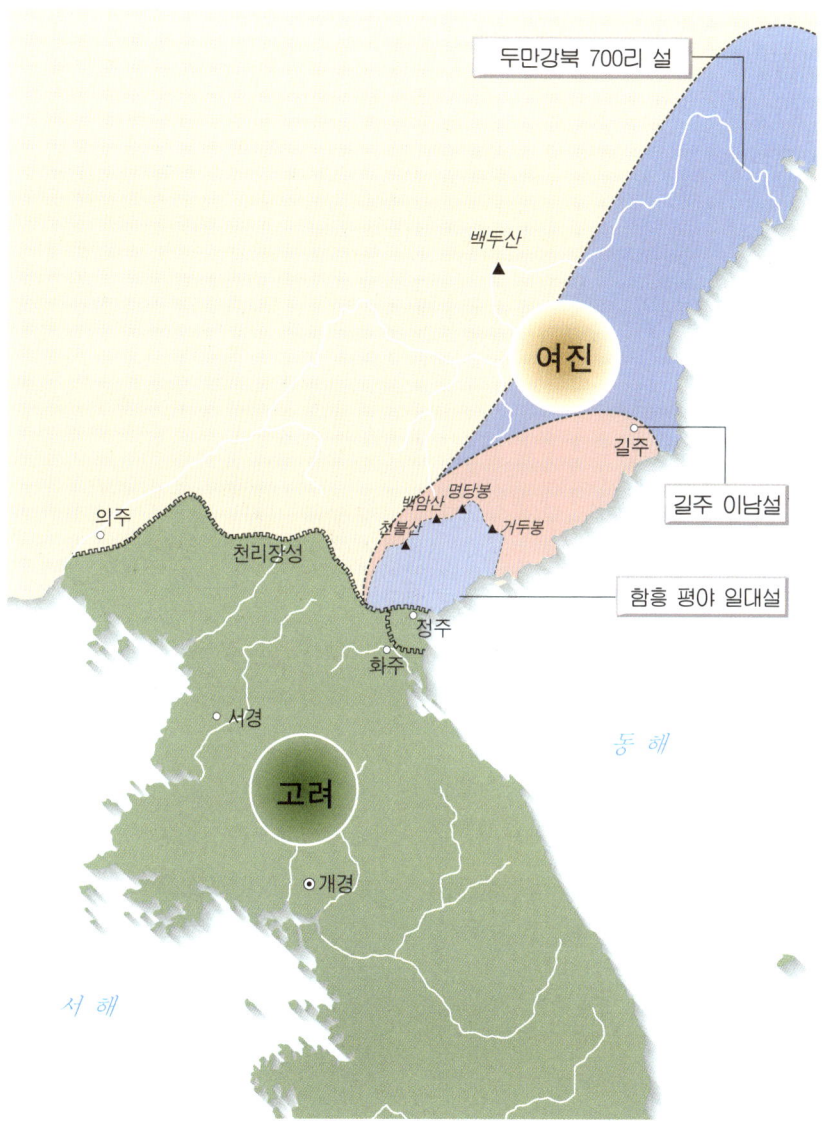

**동북 9성의 위치**
쌓을 때 열거된 9성: 함주 · 영주 · 웅주 · 복주 · 길주 · 공험진 · 의주 · 통태진 · 평융진
철거할 때 열거된 9성: 함주 · 영주 · 웅주 · 복주 · 길주 · 통태진 · 숭녕진 · 진양진 · 선화진
학계에서 정리한 9성: 함주 · 영주 · 웅주 · 복주 · 길주 · 통태진 · 공험진 · 숭녕진 · 진양진

여진족 마을을 치는 윤관과 고려 군사들

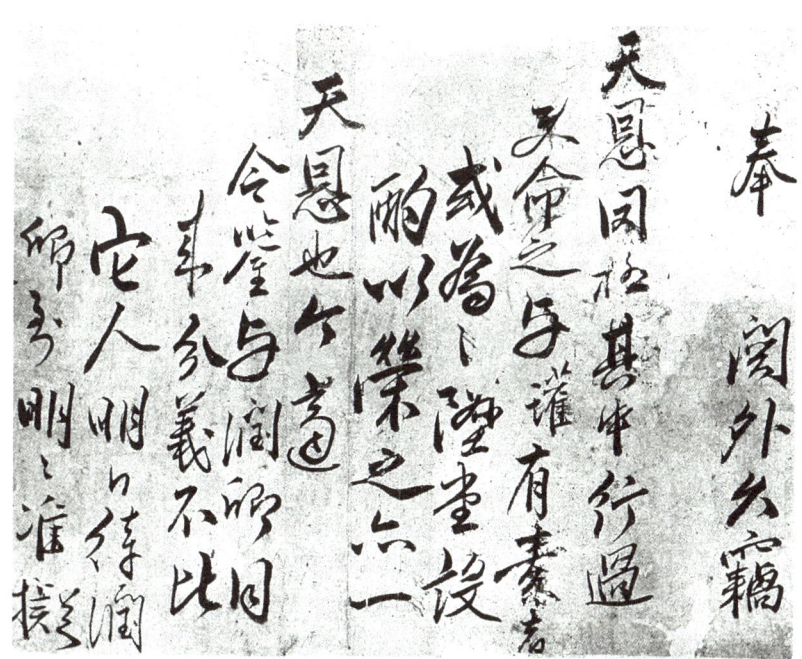

윤관의 글씨

본거지를 되찾으려는 여진족들의 공격에 시달렸지만, 성들이 서로 멀리 떨어져 있어 유사시에 구원하기가 어려웠기 때문입니다. 게다가 여진족들은 자기네 땅을 돌려 달라고 고려 정부에 간청했지요.

고려 정부는 많은 비용을 들이며 9성을 지키는 것보다 돌려주는 것이 낫다고 판단하여 개척한 지 2년 만에 철수합니다. 윤관은 무의미한 일에 국력을 낭비했다는 비판을 받아 정계에서 밀려나야 했지요. 이로부터 고려는 공민왕 시절 쌍성총관부를 되찾고 새로 고을을 설치할 때까지 더 이상 영토를 넓히지 못합니다.

어떻게 볼 것인가

## 동북 9성의 명칭과 위치

동북 9성 개척은 태조 이래 진행된 서북방 개척에 이어 고려가 다시 한 번 북방 개척을 추진한 중요한 사건이다. 하지만 그 내용이 잘 알려져 있지 않고 논란도 많은 실정이다. 현재 동북 9성과 관련된 문제는 크게 두 가지로 정리된다.

하나는 동북 9성의 명칭이다. 윤관이 원정길에 차례로 쌓은 성과, 철거할 때 열거된 성의 명칭 일부가 서로 다르기 때문이다. 현재 학계에서는 함주·영주·웅주·복주·길주·공험진·통태진·숭녕진·진양진 등 9개로 정리하고 있지만, 실제 개척한 성은 9개가 넘을 수도 있다.

또 하나는 동북 9성의 위치이다. 물론 남쪽 경계는 고려의 천리장성이 있던 원산만 일대이다. 문제는 북쪽 경계인데, 이를 둘러싸고 세 가지 견해가 있다.

첫 번째는 지금의 함흥 평야 일대에 분포했다는 주장이다. 일제 강점기에 일본 학자들이 제기한 뒤 정설로 굳어졌지만, 이 정도를 두고 선뜻 서로 구원하기 힘든 거리였다고 보기는 어렵다. 두 번째는 두만강 북쪽 700리까지 올라가 있었다는 견해이다. 조선 초기의 기록에 나오고, 현재 일부 학자들도 여기에 동의한다. 하지만 당시 여건에서 볼 때 과연 이 정도까지 개척할 수 있었을지 의문이다. 세 번째는 함경 남도와 북도의 경계에 있는 길주 지역까지로 보는 견해이다. 조선 후기 실학자들이 제기한 적 있고, 지금도 이에 찬성하는 의견이 있다.

지금으로서는 어느 것이 옳다고 단정하기 어려운 실정이다. 답답한 마음이 들지 몰라도 이렇게 생각해 보자. 역사를 바라볼 때 잘못된 사실을 진실이라고 알고 있는 것보다는 무엇을 모르고 있는지를 아는 자세가 더 바람직한 태도라고. 그래야만 역사를 제대로 알기 위한 연구를 시작할 수 있을 테니까. 앞으로 더 많은 연구를 기대해 본다.

## 아! 그렇구나 마운령비 이야기

동북 9성 개척과 관련하여 재미있는 이야기가 하나 있다. 윤관은 9성을 개척한 뒤 가장 북쪽에 있는 공험진의 선춘령에 비석을 세워 경계로 삼았다고 한다. 따라서 공험진과 선춘령은 9성의 개척 범위를 알 수 있는 가장 확실한 근거가 되는데, 이 성들이 두만강 북쪽 700리에 있었다는 설이 조선 초기부터 제기되었다.

그러나 조선 후기 실학자들은 이에 의심을 품었다. 9성 개척 당시 윤관의 부하였던 임언이라는 인물은 함주·영주·웅주·길주·복주·공험진 등 6개 성을 쌓은 뒤, 그 전말을 적어 관청 벽에 걸어 놓았다고 한다. 이 기록이 남아 후대에 전해졌는데, 개척 당시의 기록으로 가장 정확한 내용을 담고 있다고 볼 수 있다. 그런데 이 기록에는 당시 개척한 땅은 300리로, 동남쪽은 큰 바다이고 서북쪽은 개마산이라고 적혀 있다. 이에 근거하여 일부 실학자들은 지금의 길주 지역까지 개척한 것이라고 보았다.

현재로서는 이것이 가장 합리적인 판단이라고 여겨지는데, 그 과정에서 한 가지 실수가 생겼다. 그들은 자신들의 고증이 옳다는 증거로 윤관이 선춘령에 세웠다는 옛 비석을 찾아 제시했다. 비석은 지금의 마운령에 있었다. 그러나 이것은 1929년 최남선에 의해 신라 진흥왕의 순수비라는 것이 밝혀졌다. 실학자들은 진흥왕 순수비를 윤관의 비석으로 착각하고 9성의 범위를 고증하는 실수를 범한 것이다.

**마운령비** 함경 남도 이원군 마운령에 있던 것을 함흥 본궁으로 옮겼다. 신라 진흥왕이 이 곳까지 두루 살핀 뒤 세운 기념비로, 568년에 세운 비이다.

# 위협받는 왕실 – 이자겸의 난

## 인주 이씨, 문벌로 성장하다

고려의 중앙 정계가 안정을 찾기 시작하면서 정치와 문화, 사상 면에서 중요한 역할을 하는 가문이 생겨납니다. 이들은 고위 관료를 거듭 배출하고, 왕실이나 격이 비슷한 가문끼리 혼인 관계를 맺어 권력을 독점했지요. 이들 가문은 고승과 학자도 많이 배출하여 위세를 떨쳤는데, 이를 보통 '문벌(門閥)'이라고 부릅니다.

고려 초기의 대표적 문벌로는 유명한 학자로서 '해동공자'라는 칭송을 들은 최충이 속한 해주 최씨, 현종 때 왕실과 혼인 관계를 맺은 청주 이씨와 안산 김씨, 신라 왕실이었던 경주 김씨 등을 꼽을 수 있지요. 이들은 비교적 초기부터 자리를 잡은 경우입니다. 반면 뒤늦게 문벌로 성장한 가문도 있는데, 인주 이씨가 여기에 속합니다.

인주는 지금의 인천을 말하고, 인주 이씨는 이 곳을 본관으로 하는 가문으로 '경원 이씨'라고도 부릅니다. 이자연이 세 딸을 문종의 비로 들여보내면서 일약 문벌로 발돋움했지요. 그 중 한 명인 인예 태후가 낳은 아들들이 차례로 왕위에 오르니 12대 순종, 13대 선종, 15대 숙종 등입니다. 이자연의 딸뿐만 아니라 손녀들도 왕실과 혼인을 맺었습니다. 그야말로 최고의 문벌이 된 것이지요.

하지만 인주 이씨의 성장에는 굴곡도 있었습니다. 선종에 이어 즉위한 14대 헌종은 나이가 어렸지요. 이에 숙부인 계림공이 힘으로 왕위를 빼앗았는데, 그가 바로 숙종입니다. 이 과정에서 인주 이씨

**파주 용미리에 서 있는 석불** 선종의 비 원신 궁주가 두 수도승이 먹을 것을 달라는 꿈을 꾼 뒤 이 바위에 수도승을 새기고 불공을 드려 아들 한산후를 얻었다는 이야기가 전한다. 원신 궁주는 인주 이씨인 이정의 딸이다. 경기도 파주시 광탄면 소재. 보물 93호.

**춘천 청평사**
인주 이씨의 한 사람인 이자연이 은거하던 곳. 원래 이름은 문수원이었으나 뒤에 청평사로 바꾸었다. 사진은 청평사의 회전문으로 보물 164호.

의 일원인 이자의가 반란 혐의로 쫓겨나는 일이 생겼습니다. 동생 원신 궁주가 낳은 아들을 왕위에 올리려 했다는 죄목이었지요.

숙종은 왕위에 오른 뒤 인주 이씨를 멀리했지만, 이미 정계에는 많은 인주 이씨 사람들이 자리를 잡고 있었습니다. 때문에 숙종을 이은 예종은 그들과 화해하고 다시 혼인 관계를 맺습니다. 그 상대가 바로 이자겸입니다.

## 거칠 것 없는 이자겸의 출세길

이자겸은 이자연의 손자로 그의 둘째 딸이 예종의 비로 들어가 아들을 낳았습니다. 예종이 세상을 떠나자 이자겸이 나서서 예종의 어린 아들을 왕위에 앉히니 그가 17대 인종입니다. 이 때부터 이자겸은 어린 인종을 돕는다는 명목으로 모든 권력을 쥐락펴락했지요.

권력을 잡은 이자겸은 다시 두 딸을 인종의 비로 들여보냈습니다. 인종은 두 이모와 결혼한 셈이지요. 지금의 상식으로는 납득할 수 없겠지만, 그 때는 결혼 풍속이 지금과 많이 달랐고 특히 왕실은 근친혼이 많았기 때문에 문제되지 않았습니다.

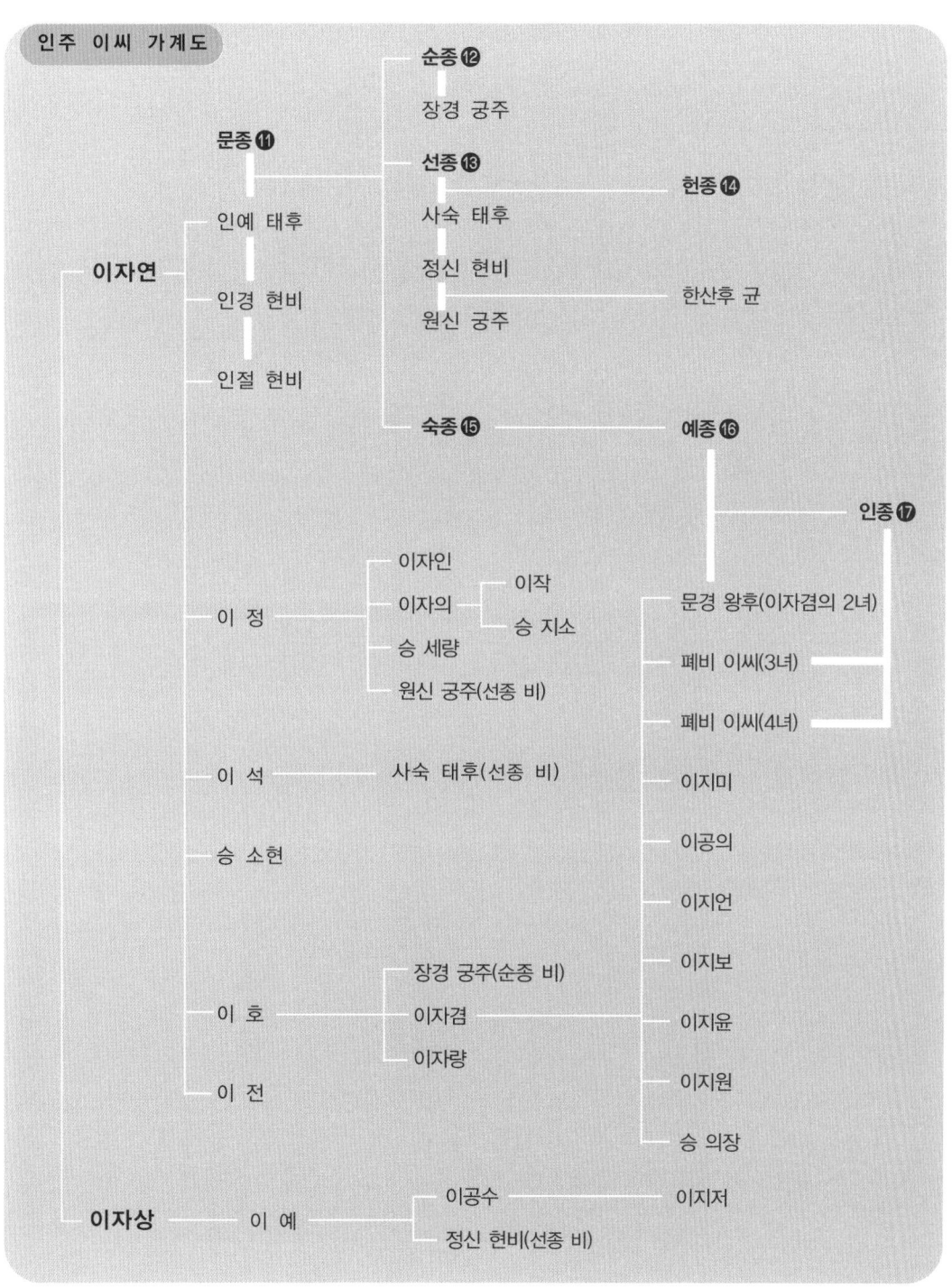

인종의 외할아버지이자 장인이 된 이자겸의 권세는 누구도 건드릴 수 없을 만큼 커졌습니다. 힘으로만 본다면 국왕보다 위에 있었고, 실제로 그 힘을 과시했지요. 예를 들어 황제나 국왕의 생일 정도에만 붙일 수 있는 '절(節:국가적으로 중요한 기념일을 뜻함)'이라는 칭호를 자신의 생일에 붙여 '인수절'이라 불렀습니다. 또한 사사로이 송나라에 사람을 보내 황제에게 글과 선물을 올리며 스스로 '지군국사(知軍國事:임시로 국가의 업무를 맡아보는 사람)'라고 칭했지요. 심지어는 인종에게 자신의 집에 와서 직접 이 칭호를 내려 줄 것을 강요하기도 했습니다. 모두 자신이 국왕과 다름없음을 드러내려는 행동이었지요.

**인종의 옥책**
옥책이란 시호 등을 올릴 때 그 내용을 옥에 새긴 것을 말한다. 국립 중앙 박물관 소장.

처음에는 어린 인종을 보호한다는 명분이 있었습니다. 그러나 인종이 자라면서 사정이 달라졌지요. 이자겸은 권력을 놓으려 하지 않았고, 인종은 국왕으로서 권력을 되찾으려 한 것입니다. 한쪽에서는 이자겸의 횡포를 막으려는 움직임도 나타났고요. 이자겸 세력과 그에 반대하는 세력 사이에 정치적 충돌의 조짐이 보이기 시작합니다.

## 화려한 날은 가고 – 이자겸의 몰락

마치 국왕인 양 권력을 마구 휘두르는 이자겸. 그를 밀어내려는 시도는 물론 일찍부터 있었습니다. 인종은 젊은 관료들을 지원하여 이자겸을 비판하고 견제했으나, 오히려 반격을 받아 유배되고 피살되는 결과를 낳았지요. 또한 몇몇 장수들이 이자겸을 제거하려고 거사를 준비했으나, 이를 눈치챈 이자겸이 먼저 군사를 일으켜 제압했습니다.

이자겸이 이렇게 막강한 권력을 휘두르고 반대파를 누를 수 있었던 것은 척준경이라는 든든한 군사 기반이 있었기 때문입니다. 척준경은 힘있는 가문 출신은 아니었으나 여진 정벌에서 거듭 큰 공을 세워 단숨에 출세한 인물입니다. 군사적 영향력이 커진 그는 이자겸과 손잡고 권세를 누렸지요. 이자겸을 없애려는 장수들의 거사를 무력으로 제압한 데 이어, 궁궐을 불사르고 인종을 위협하는 지경에까지 이르렀습니다.

이자겸과 척준경의 위세는 날이 갈수록 높아져 말 그대로 날아가는 새도 떨어뜨릴 정도가 되었지요. 이제 이자겸은 스스로 왕이 되려는 욕심을 품었습니다. 이씨가 왕이 된다는 이른바 '십팔자(十八子) 설'(128쪽 참고)을 내세우며 속뜻을 드러냈지요. 마침내 인종을 독살하려고 약에 독을 타서 보냈으나, 이 사실을 미리 안 왕비가 일부러 사발을 엎질러 무사할 수 있었다고 합니다.

위협을 느낀 인종은 이자겸을 제거하기로 마음먹습니다. 힘으로는 불가능하다고 판단한 인종은 사람을 시켜 척준경을 설득합니다. 그가 나서서 이자겸을 제거하면 왕조에 큰 공을 세우는 것이니, 앞서 궁궐을 불태우고 임금을 위협한 죄까지 용서하겠다고요. 척준경은 이 말에 넘어가 이자겸에게 등을 돌립니다. 척준경이 없는 이자겸은 종이 호랑이에 불과했지요. 결국 그는 정계에서 숙청되었고, 그를 따르던 무리들도 처형되거나 유배되었습니다. 인종의 비로 들어왔던 이자겸의 두 딸도 모두 폐위되어 쫓겨나는 신세가 되었지요.

거칠 것 없던 이자겸의 권력도 심복의 배반으로 한꺼번에 무너졌습니다. 혹시 《삼국지》를 읽어 보았다면, 동탁과 여포 이야기와 비슷하다고 느꼈을 것입니다. 중국 한나라 말기에 모든 권력을 쥐고 흔들던 동탁은 자신의 심복이었던 여포가 반기를 들면서 한순간에 몰락하고 말았지요.

왕궁에 불을 지른 척준경과 그의 군사들

### 아! 그렇구나 십팔자 설

십팔자(十八子)란 성씨인 '이(李)'를 파자(破字 : 글자를 여러 조각으로 나누어 해석하는 것)한 것이다. 그리고 십팔자의 설이란 이씨 성을 가진 사람이 새로운 왕조를 세운다는 예언을 말한다. 고려 말에는 '목자(木子)'의 설이 유행했는데, 이 역시 파자 원리를 이용한 것이다. 이성계는 이 설을 이용하여 조선 건국을 합리화하기도 했다.

이씨를 둘러싼 예언은 앞서 중국에서 유행했다. 고구려 원정에 실패한 수나라가 혼란기로 빠져들었을 때, "이씨가 천자가 될 것이다"라는 예언이 유행하면서 각지에서 이씨 성을 가진 군웅들이 반란을 일으키기도 했다. 당나라를 세운 이연-이세민 부자도 이 설을 이용하여 자신이 천명을 받았음을 내세웠다고 한다.

제아무리 거칠 것 없는 권력자라 해도 욕심이 지나치면 한순간에 몰락하고 만다는 교훈을 역사가 보여 줍니다.

이자겸을 제거한 척준경은 잠시 부귀영화를 누립니다. 그러나 이자겸이라는 장애물이 없어진 이상 그를 그냥 놓아 둘 리 없었지요. 궁궐을 불태우고 인종을 위협했던 일을 다시 문제 삼아 공격이 빗발치듯 쏟아집니다. 결국 그는 섬으로 귀양 가 그 곳에서 생을 마칩니다.

이렇게 이자겸의 난은 마무리되었지만, 고려의 왕실과 문벌 사회는 크게 흔들릴 수밖에 없었지요. 이를 수습하려는 노력 속에 또 한 번 커다란 정치적 소용돌이가 일어납니다.

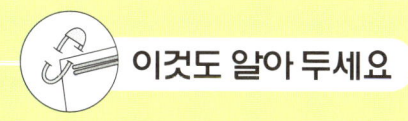 이것도 알아 두세요

## 《고려도경》에 보이는 이자겸

《고려도경》은 1123년(인종 1) 고려에 사신으로 온 남송의 서긍이라는 사람이 개경에 도달하는 여정과 개경에 머무르며 보고 들은 것을 그림과 함께 설명한 책입니다. 모두 40권으로 본디 명칭은 《선화봉사고려도경》이지요. 본문은 300여 항목을 28개 주제로 분류해 다루었어요. 다만 아쉽게도 그림은 전하지 않고 설명 부분만 남아 있지요. 중국 사람의 편견이 깔려 있긴 해도 고려 전성기의 문물을 엿볼 수 있는 귀중한 자료랍니다.

서긍은 이 책에서 당시 재상들에 대한 인상도 적었는데, 이자겸도 당연히 포함되었지요. 내용을 간추려 볼까요?

이자겸은 풍채가 의젓하고 거동이 온화하며 어진 이를 좋아하고 선(善)을 즐겁게 여겼다. 비록 정권을 장악하고는 있지만 자못 왕실을 높일 줄 알고 있으니 어진 신하라 할 만하다. 그러나 참소를 믿고 이득을 즐기며 땅과 집을 치장하였다. 전답이 연달아 있고 집도 크고 사치스러웠다. 사방에서 선물이 들어와 썩는 고기가 늘 수만 근이었는데, 다른 것도 모두 이와 같았다. 나라 사람들이 이 때문에 좋게 보지 않았으니 애석한 일이다.

이자겸의 영화와 몰락을 미리 보는 듯하군요.

《고려도경》에서 이자겸을 기록한 부분

# 개경과 서경의 충돌 – 묘청의 난

## 급변하는 12세기의 동북 아시아 정세

윤관의 동북 9성 개척이 실패로 끝난 뒤 여진족은 더욱 강성해집니다. 여진족 추장 아구타(阿骨打:아골타)는 여러 부족을 통합하여 1115년 금나라를 세웁니다. 금나라는 세력을 넓히면서 고려에게 형제의 관계를 요구합니다. 1125년에는 송나라와 연합하여 거란을 멸망시키고, 여세를 몰아 송나라까지 공격하여 수도를 함락합니다. 이에 송나라 왕족은 양쯔 강 남쪽으로 옮겨 나라를 이어 갔는데, 이를 보통 '남송'이라고 부릅니다.

송나라를 밀어내고 중원을 차지한 금나라는 다시 고려에게 사대를 요구합니다. 얼마 전까지만 해도 고려를 부모처럼 섬기던 여진족이 거꾸로 자신을 섬기라고 요구하니, 고려는 크게 반발했지요. 하지만 당시 실권자 이자겸은 세력이 막강한 금나라와 전쟁을 벌인다면 권력을 유지하기가 어렵다고 생각하여 사대를 받아들입니다. 이로써 고려는 전쟁 부담을 비켜 갈 수 있었지요.

실상 금나라에 대한 사대는 앞서 거란에 사대했던 것과는 사정이 사뭇 달랐습니다. 고려는 거란과 여러 차례의 전쟁을 승리로 장식한 뒤, 강동 6주를 차지하는 대가로 거란에 대한 사대를 받아들였지요. 따라서 사대를 큰 문제로 여기지 않았습니다.

그런데 여진족은 처음부터 고려의 영향을 받던 무리였습니다. 그런 여진족에게 전쟁도 해 보지 않고 사대를 한다니, 고려 사람들은 선뜻 받아들일 수 없었겠지요. 그래서 금나라에 대한 감정이 좋지 않았고, 한편에서는 힘으로 맞서야 한다는 강경론도 나왔습니다. 사대를 결정한 이자겸이 몰락하자 이 문제가 다시 정계의 현안으로 떠올라 강경론이 힘을 얻습니다. 그 과정에서 고려 정계는 반란을 겪는데, 바로 묘청의 난입니다.

## 서경의 정치적 지위는 줄어들고

'묘청의 난'이란 서경 출신 묘청 등이 서경 천도와 금나라 정벌 등을 주장하다 실패하자 서경에서 반란을 일으킨 사건을 말합니다. 이 사건의 원인으로 서경의 지위 변화를 빼놓을 수 없으니 그 사정을 살펴보기로 하지요.

고려 태조 왕건은 즉위한 해에 바로 평양을 복구하여 북방 개척의 중심지로 삼고 서경이라 불렀습니다. 고구려 계승을 표방한 만큼 고구려의 수도였던 평양을 적극 높여 줄 필요가 있었지요. 태조는 〈훈요십조〉에서 서경의 땅 기운이 왕성하여 왕업을 이어 가는 데 꼭 필요하다고 지적하며, 후손에게 서경을 중시할 것을 당부했습니다.

그 뒤로 고려 국왕은 해마다 일정 기간 동안 서경에 행차하여 그곳에서 나랏일을 보았습니다. 이를 뒷받침하기 위해 개경에 있는 관청들을 서경에 그대로 설치했는데, 이를 '분사(分司)'라고 합니다. 곧 서경은 개경 외에 또 하나의 수도였던 셈이지요. 거란과 1차 전쟁을 벌일 때 서희가 소손녕에게 서경은 고려의 도읍이라고 주장한 것도 이러한 배경에서 나온 것입니다.

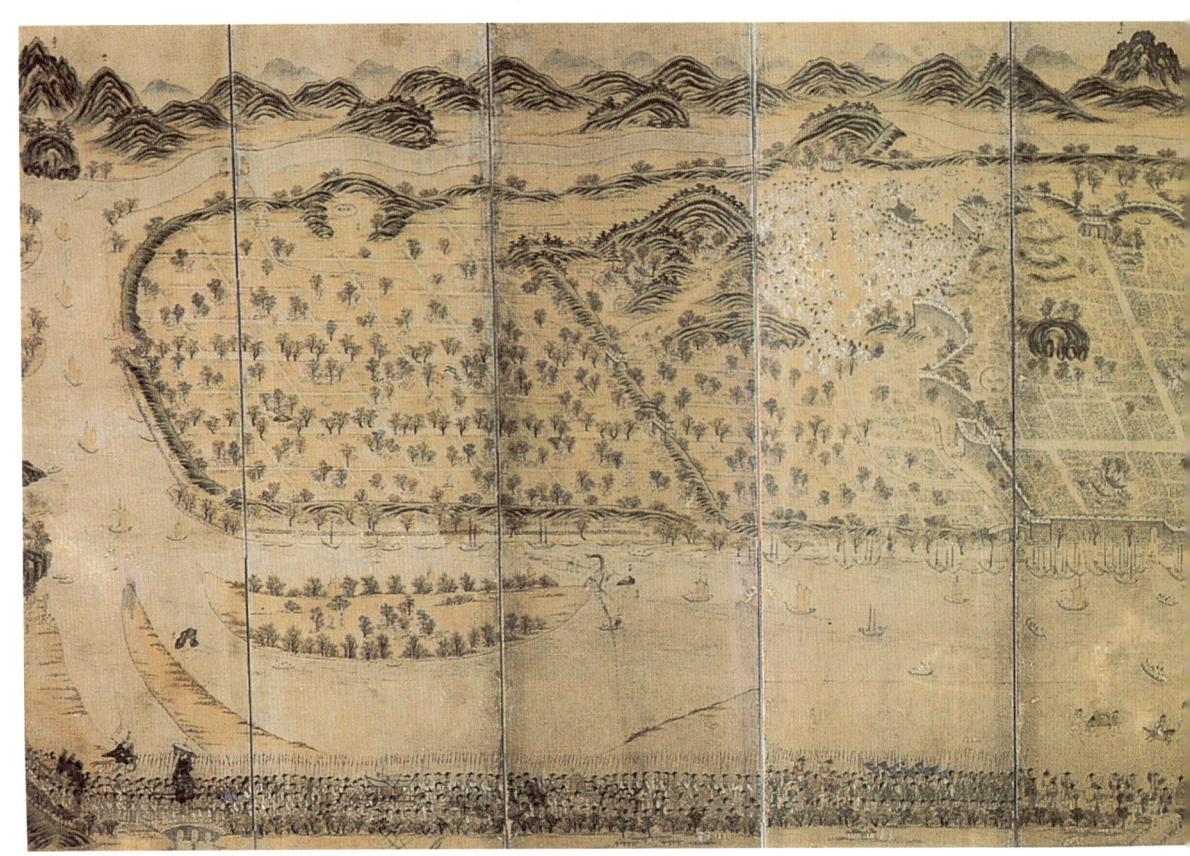

**평양도**
평양의 전경을 담은 지도. 기성은 기자의 유적이 남은 곳이라는 의미에서 붙여진 평양의 별칭이다. 서울대학교 규장각 소장.

 서경을 중시한 만큼 중앙 정계에도 서경 출신 인물들이 많이 진출해 있었습니다. 그런데 고려의 북방 개척이 사실상 마무리된 뒤 서경의 지위도 점차 약화되었지요. 개경의 문벌들이 자리를 잡으면서 서경 출신들은 권력에서 점차 멀어집니다. 침체된 상황에서 벗어나기 위해 서경 세력이 들고 나온 것이 바로 서경 천도 운동입니다. 묘청은 그 운동의 구심점이 된 인물이고요.

## 서경 천도 운동과 좌절

인종 때 활동한 대표적인 서경 출신 인물로는 정지상을 꼽습니다. 척준경을 숙청하는 데 공을 세운 그는 뛰어난 문장가로도 명성을 떨

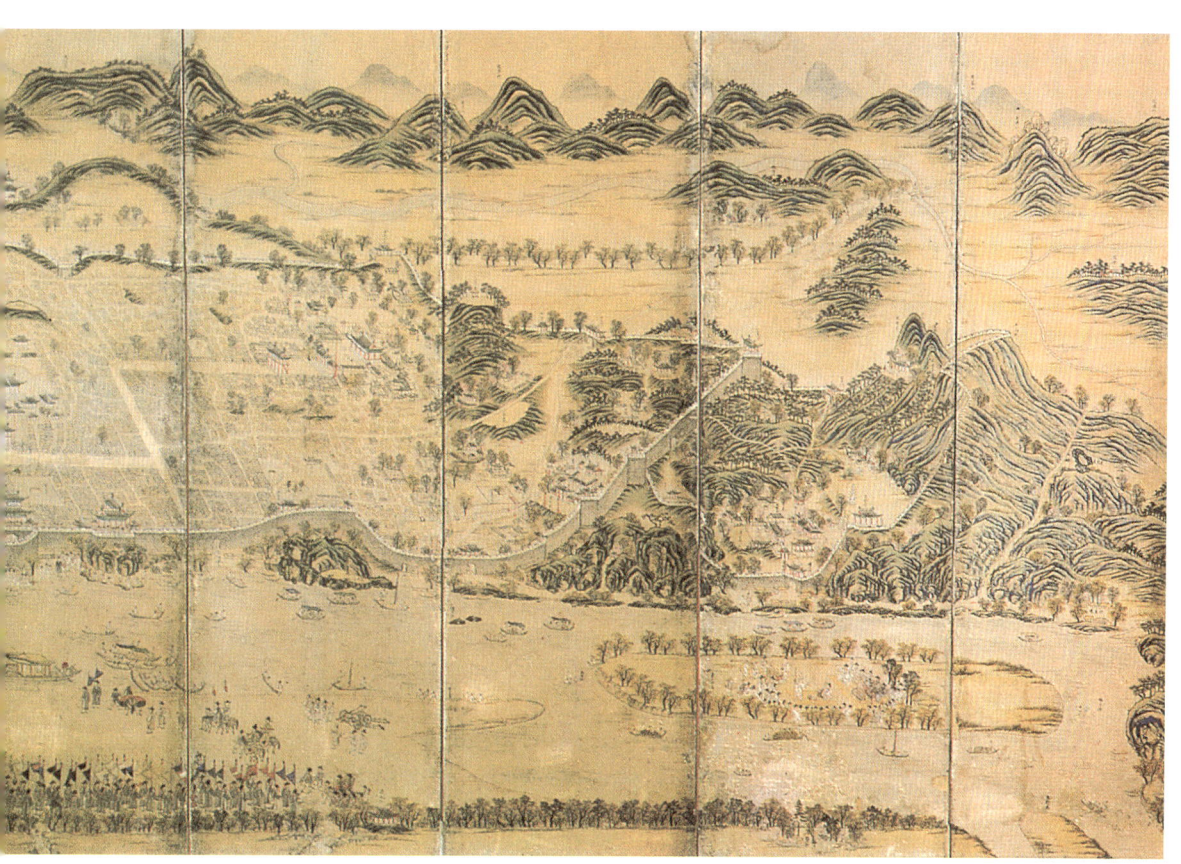

쳤지요. 이자겸의 난을 겪고 난 뒤 의기소침해 있던 인종에게 정지상은 묘청을 추천합니다. 서경 세력은 그가 세속에 구애받지 않는 성인이라고 치켜세웠고, 인종도 그런 묘청을 크게 신임했습니다.

묘청은 정치 혁신을 위해 도읍을 서경으로 옮길 것을 건의합니다. 풍수지리설을 내세워 서경 천도의 필요성을 설명했지요. 고려의 왕업을 받쳐 주던 개경의 땅 기운이 쇠약해졌으므로 기운이 왕성한 서경으로 천도해야 한다고요. 그러면 주변의 36국(사방의 모든 나라라는 뜻)에서 조공을 바치러 올 것이라고도 했습니다.

새로운 시대를 열고 싶었던 인종은 마음이 끌렸어요. 묘청의 청에 따라 서경에 직접 행차하여 새로운 정치를 선언하는 글을 반포했습니다. 1128년(인종 6)에는 서경의 명당에 궁궐을 지으라는 청을 받아들여 대화궁(大華宮 : 꽃이 활짝 피는 형세의 명당에 지은 궁궐이라는 뜻) 건립을 명했습니다. 이듬해 2월 대화궁이 완공되자 인종은 다시 서경에 행차하여 낙성식에 참여했는데, 이 자리에서 묘청 일파는 칭제건원*과 금나라 정벌을 주장합니다. 서경에 도읍을 정하면 이런 모든 일이 순조롭게 이루어질 거라고 했지요.

그러나 김부식 등 개경 세력은 묘청 일파의 주장이 현실성 없다고 격렬히 비판했습니다. 반발이 만만치 않자 묘청은 인종에게 더 확실한 믿음을 주기 위해 술책을 썼습니다. 미리 떡 안에 기름을 넣은 뒤

**칭제건원(稱帝建元)**
황제를 칭하고 연호를 사용하는 것을 말한다. 당시 고려가 칭제건원한다는 것은 금나라에 대한 사대를 폐지함을 뜻한다.

대동강의 용에 대해 설명하는 묘청

인종이 행차할 때에 맞춰 대동강에 빠뜨려 놓았지요. 그러자 떡에서 흘러나온 기름이 물 위로 떠오르면서 햇빛을 받아 영롱한 광채를 내었습니다. 묘청 일파는 대동강에 사는 용이 침을 토하는 광경이라고 설명했지요.

그러나 이 술책은 곧 탄로났고, 인종도 묘청을 의심하기 시작했습니다. 실제로 묘청이 이런 술책을 부렸는지, 아니면 나중에 묘청을 모함하기 위해 꾸며 낸 이야기인지는 알 수 없습니다. 다만 그 때 묘청 일파의 주장이 강력한 반대에 부딪혀 더 이상 나아가지 못한 사

정을 엿볼 수 있습니다.

　천도가 무산될 지경에 놓이자 묘청은 서경의 관리 조광 등과 반란을 일으킵니다. 이것이 바로 묘청의 난입니다.

### 서경의 반란과 진압

서경에서 반란을 일으킨 묘청은 주변 고을의 군사력을 모아 나라를 세우고 이름을 '대위(大爲)'라 했습니다. 그리고 연호를 '천개(天開 : 새로운 세계를 연다는 뜻)'로 정했으며, 군대를 '천견충의군(天遣忠義軍 : 하늘이 보낸 충성스럽고 의로운 군대라는 뜻)'이라 불렀지요.

　서경의 반란 소식을 들은 고려 정부는 김부식을 원수로 임명하여 토벌군을 보냅니다. 김부식은 토벌에 나서기 전, 국왕의 허락을 받지도 않고 정지상·백수한 등 묘청과 가까웠던 서경 출신 인물들을 처형합니다. 이를 두고 김부식이 정지상의 문장을 질투하여 죽였다는 이야기가 생겼지요. 정말 그런 감정이 있었는지는 알 수 없지만, 토벌군이 떠나는 비상 시국에 개경에 남아 있는 서경 세력이 문제를 일으킬 수도 있다고 판단했을 것입니다. 왕의 허락을 받아 처리하려면 시간이 늦어지니 반격의 빌미를 줄 수 있다고 생각한 것은 아닐까요? 인종도 그 점을 인정하여 문제 삼지 않은 것이라 이해됩니다.

　개경에 있던 서경 세력을 제거한 김부식은 군대를 이끌고 서경으로 향합니다. 방비가 튼튼하고 식량과 군사도 넉넉한 서경을 짧은 기간에 함락하기 어렵다고 판단한 김부식은 성을 포위한 채 지구전을 펴면서 항복을 설득하는 작전을 폈습니다. 다른 곳에서 지원할 수 없도

**평양성 대동문**
평양성 내성의 동문으로 대동강을 건너 남쪽으로 내려가는 길목이다.

록 차단한 채 식량이 바닥나고 사기가 떨어지기를 기다렸지요.

　김부식의 계산대로 시간이 흐르면서 서경의 방비가 흔들리기 시작했습니다. 항복 여부를 둘러싸고 서경 내부에서 찬반 갈등이 생겼고, 일부 세력이 묘청을 암살한 뒤 투항하고자 했지요. 그러나 정부는 이들마저 감옥에 가두었고, 이 소식을 들은 일부 무리가 다시 저항했으나 결국 모두 진압됩니다.

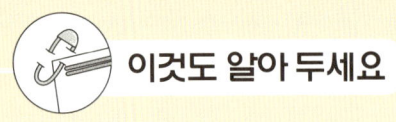 이것도 알아 두세요

## 대동강을 소재로 한 두 편의 시

### 송인(送人)

- 정지상

비 그친 긴 둑에 풀빛 짙은데　雨歇長堤草色多
남포로 임 보내는 슬픈 노래 들리네　送君南浦動悲歌
대동강 물은 언제 마를 것인가　大同江水何時盡
이별 눈물 해마다 푸른 물에 더하는 것을.　別淚年年添綠波

### 부벽루

- 이색

어제 영명사를 지나다가　昨過永明寺
잠깐 부벽루에 올랐다네　暫登浮碧樓
성은 비었는데 한 조각 달만 떠 있고　城空月一片
돌은 늙었는데 구름은 아득하구나　石老雲千秋
기린마는 가서 돌아오지 않으니　麟馬去不返
천손(=동명왕)은 어느 곳에 노닐고 있는가　天孫何處游
휘파람 길게 불며 바람 부는 언덕에 기대어 서니　長嘯倚風磴
산은 푸르고 강은 제 뜻대로 흐르는구나.　山青江自流

부벽루 전경

### 어떻게 볼 것인가

## 묘청의 난

묘청의 난은 그 평가를 둘러싸고 논란이 많다. 한말의 역사가이자 독립 운동가였던 신채호는 〈조선역사상 일천년래 제일대사건〉이라는 논설에서 이 사건을 매우 높게 평가했다. 그는 우리 나라 역사 전개를 전통적인 낭가(郎家) 사상과 중국에서 들어온 유가(儒家=유교) 사상의 대립으로 설명했다. 그는 낭가 사상이란 단군에서 시작하여 화랑도로 이어져 내려온 우리 나라 고유의 사상이며, 유가 사상은 중국을 떠받드는 사대적 사상이라고 보았다. 덧붙여서 묘청은 낭가 사상을 대변하는 인물로, 김부식은 유가 사상을 신봉하는 인물로 각각 평가했다. 그러니 묘청의 난에서 김부식 일파가 승리하여 우리 나라 역사가 자주에서 사대로 전환되었다고 이해한 것이다. 논설 제목은 이러한 평가에서 나왔다.

그런데 지금 이 평가를 그대로 받아들이는 것이 과연 바람직할까? 신채호의 평가는 그가 살았던 현실 속에서 나온 것이다. 이 논설이 발표된 것은 1925년으로, 조선이 일제에게 강점된 지 15년이 지난 때이다. 당시 지식인들과 마찬가지로 그 또한 조선이 망한 이유가 무엇인지 고민했는데, 사대주의에 물든 유교 사상이 나라를 지배했기 때문이라는 결론을 얻었다. 그리고 그 출발점을 묘청의 난에서 찾았다.

망국의 한을 품고 독립 운동을 모색하던 그의 눈에는 칭제건원과 금나라 정벌을 주장한 묘청이 매우 자주적이고 진취적인 인물로 비쳤을 것이다. 반대편에 있던 김부식은 사대적 유교에 물든 부정적 인물로 여겨졌을 테고. 신채호의 이런 평가는 독립 운동이라는 눈앞의 과제와 뗄 수 없는 관계에 있었던 것이다.

역사에 대한 해석은 시대가 바뀌면서 함께 달라진다. 그렇다면 지금 우리는 신채호의 시각에서 한 걸음 벗어나 이 사건을 바라볼 수 있어야 하지 않을까?

언뜻 묘청의 주장이 자주적이고 진취적인 것처럼 느껴지기는 한다. 그러나 묘청은 당시 동북 아시아의 최강자였던 금나라를 상대로 전쟁을 벌이자면서 그 준비에 대해서는 어떤 주장도 하지 않았다. 단지 서경 천도만으로 모든 것이 실현될 거라고 말했을 뿐이다. 지금 우리의 상식과 가치관으로는 받아들이기 어려운 태도가 아닐까?

실제로 서경 천도의 목적은 서경 세력이 정치적 주도권을 잡으려는 데 있었고, 칭제건원과 금나라 정벌은 서경 천도를 관철하기 위해 내세운 명분에 불과했다. 김부식 등 개경 세력은 이 문제를 알고 묘청 일파의 주장이 현실성 없다고 비판한 것이다. 묘청의 주장이 타성에 빠져 있던 고려 지배층에 대한 비판의 목소리를 담은 것은 분명하지만, 그렇다고 그를 자주적이고 진취적인 인물로 이해하는 것은 바람직하지 않다고 본다.

역사를 현실의 필요에 맞춰 이해한다면, 역사는 한낱 자신의 주장을 정당화하기 위한 도구로 전락할 뿐이다. 좋고 나쁜 것, 또는 옳고 그른 것으로 나누어 평가하는 태도는 자신이 어느 한쪽 편을 드는 데서 나오기 때문이다. 거듭 말하지만 역사 공부를 할 때에는 저마다 제시한 주장이 어떤 배경에서 나왔는지, 또 당시 사회에서 그것이 어떤 의미를 지니는지를 충실히 이해하려는 태도가 무엇보다 중요하다.

# 4

## 다양성 속에 통합을 이루다
### 고려의 사회 구조

## 사회의 출발 – 가족

### 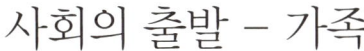 장가가기와 시집가기 – 결혼의 두 모습

우리는 결혼을 두고 '장가간다'와 '시집간다'라는 두 가지 표현을 씁니다. '장가간다'는 말은 남성이 결혼하는 것을, '시집간다'는 말은 여성이 결혼하는 것을 일컬을 때 쓰지요. 모두 너무나 잘 알고 있는 말입니다.

그런데 실상 두 표현은 의미가 아주 다릅니다. '장가간다'는 것은 남자가 장인, 곧 부인 집으로 들어가서 산다는 뜻이고, '시집간다'는 것은 여자가 시댁, 곧 남편 집으로 들어가서 산다는 뜻이지요. 결혼

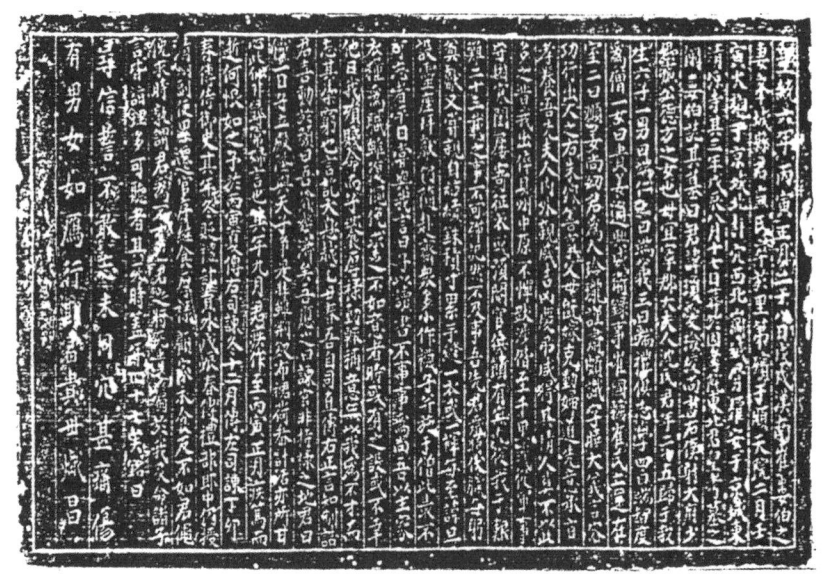

**염경애 묘지명**
고려 시대 여성의 이름을 직접 확인할 수 있는 자료이다. 국립 중앙 박물관 소장.

뒤에 살림을 차리는 곳이 정반대가 되는 셈이지요.

물론 우리는 시집간다는 말에 더 익숙합니다. 여자가 남편 집으로 들어가 시부모를 모시고 사는 것을 당연하게 여기기 때문이지요. '출가외인(出嫁外人)'이라는 말 들어 보았나요? 여자가 시집가면 시댁 식구의 한 사람이 되므로 친정에서 볼 때는 남이 된다는 의미입니다.

이런 사정에서 남자가 여자 집에 들어가서 사는 것은 별로 바람직하지 않은 일로 여겨지곤 합니다. '처가살이'란 말도 들어 보았지요? 통상 이 말은 남자가 경제적 능력이 없어 처가에 얹혀 산다는 의미로 풀이하곤 하지요. 오죽하면 "겉보리 세 말만 있어도 처가살이는 안 한다"는 속담이 있겠어요?

하지만 이런 결혼 관습이 우리 사회에 일반화된 것은 조선 후기의 일입니다. 불과 수백 년 정도밖에 되지 않은 것이지요. 물론 그 이전에도 시집가서 사는 결혼이 없지는 않았지만, 흔한 일은 아니었습니다. 고려 시대는 물론 조선 전기까지도 우리의 결혼 형식은 장가가는 것이 더 보편적이었습니다. 이러한 결혼을 남귀여가혼(男歸女家婚: 남자가 여자 집으로 가서 사는 결혼이라는 뜻), 또는 솔서혼(率壻婚: 장인이 사위를 데리고 사는 결혼이라는 뜻)이라고 부르지요.

솔서혼에서 아이는 자연히 외가에서 태어나 자라납니다. 그에게 고향은 곧 어머니가 살던 곳이 되지요. 그럼 고려 시대에 개경에 올라와 관직 생활을 하던 사람이 은퇴하면 어디로 갈까요? 고향이라고요? 물론입니다. 그런데 그 고향은 자신이 태어나 살던 곳, 곧 어머니의 고향이거나 결혼해서 살던 아내의 고향입니다.

예를 들어 볼까요? 12세기에 활동한 백임지란 인물은 대흥군(지금의 충청 남도 예산군 대흥면) 사람인데, 외조향(外祖鄕: 외할아버지가 살던 곳)인 남포현(지금의 충청 남도 보령시 남포면)에서 살았습니다. 외조향은 곧 어머니의 고향이 되겠지요. 백임지의 아버지는 대흥군 출신이지만 남포현의 부인 집으로 가서 살았던 것입니다. 아버지의 고향에서 대를 물려 사는 조선 후기와는 사뭇 다른 모습이지요?

## 재혼과 이혼 – 여자도 할 수 있다

조선 시대 여성들은 일부종사*할 것을 강요받았습니다. 여자는 한 남편만을 섬겨야 하니 곧 재혼을 하면 안 된다는 의미를 담고 있지요. 남편이 죽은 뒤에도 여성은 시댁 식구의 한 사람이었지요. 따라서 남

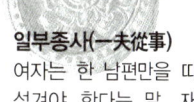

**일부종사(一夫從事)**
여자는 한 남편만을 따르고 섬겨야 한다는 말. 재혼을 하면 안 된다는 의미를 담은 이 말은 결국 남존여비(男尊女卑), 곧 남자가 존귀하고 여자는 비천하다는 관념과도 연결된다.

편을 대신하여 시부모를 모시며 자식을 키워야 했습니다.

남편이 죽은 뒤에도 재혼하지 않는 것을 '수절(守節:남편에 대한 절의를 지킴)'이라 합니다. 지금이야 여성의 재혼을 금지하지 않지만, 여전히 수절을 좋은 일로 생각하는 듯합니다. 그러나 이것은 여성의 일방적인 희생을 강요하는 것으로 달리 생각해야 할 부분입니다.

그렇다면 고려 시대의 여성들은 어떠했을까요? 조선 시대와 마찬가지로 재혼하지 않는 것을 미덕으로 여겼을까요? 결론부터 말하면 그렇지 않았습니다. 여성의 재혼을 금지하는 것은 결혼의 중심이 남성에게 있기 때문입니다. 고려 시대의 결혼 관습에서는 남성과 여성의 비중이 대등했기 때문에 재혼을 금지할 이유가 없었지요.

부모에게서 분가하여 살던 딸이 아이가 어릴 때 남편이 죽었다면 어떻게 할까요? 친정으로 돌아와 살거나 다른 남성과 재혼하곤 했습니다. 권세 있는 집안에서도 딸의 재혼을 떳떳하게 밝혔습니다.

예를 들어 볼까요? 역시 12세기에 활동한 김영부라는 인물이 있습니다. 그는 딸 셋을 낳았는데, 큰딸은 처음에 시집갔다가 남편이 일찍 죽자 재혼을 했습니다. 그런데 그의 묘지명에 이 사실이 그대로 적혀 있답니다. 큰딸에 사위 두 사람이 기록된 것이지요. 조선 시대였다면 가문의 수치로 여겨 빼 버렸을 텐데 말입니다. 그러니 고려 시대 여성들에게 일부종사라는 관념은 나오기 어려웠겠죠?

한편 이혼은 어느 사회에서나 바람직하지 않은 일입니다. 다만 부득이 이혼할 경우 이를 어떻게 받아들일지는 사회에 따라 차이가 있지요. 조선 시대에는 이혼할 경우 대부분 부인이 남편한테 일방적으로 쫓겨났습니다. 흔히 '소박맞는다'고 표현하지요. 이것은 시댁에서

며느리를 가족으로 받아들이지 않는다는 의미입니다.

그런데 출가외인이라는 관념 때문에 친정으로 돌아갈 엄두도 못 내는 경우가 많았지요. 그러니 소박맞은 여성이 얼마나 고단한 삶을 살았을지 상상이 가지요? 그래서 조선 시대 여성들은 남편이나 시부모에게 부당한 대우를 받아도 항의조차 못한 채 눌려 살아야 했습니다.

그런데 고려 시대에는 이혼을 했다고 해서 특별히 차별받지 않았습니다. 이혼하더라도 친정으로 돌아가서 부모의 보호를 받다가 재혼할 수 있었기 때문에 큰 문제가 되지 않은 거지요.

하지만 한 가지 주의할 점이 있답니다. 결혼 관습이 이러했다고 해서 남녀가 평등하지는 않았다는 사실입니다. 고려 사회도 어디까지나 남성 중심의 사회입니다. 다만 딸은 결혼을 해도 친정 가문의 일원으로서 자격을 유지했을 따름입니다. 가족을 형성하는 데 있어 여성과 남성이 같은 비중을 가졌던 것이지요. 그러니 요즘처럼 개인으로서의 남녀 평등을 연상하는 것은 곤란하겠지요?

## 딸도 자식이고 사위도 자식이다 – 여성의 상속권

고려 시대 여성의 사회적 지위는 상속권과 재산권에 의해 뒷받침되었습니다. 조선 후기에는 재산을 큰아들이 물려받고 대신 다른 가족들을 부양하는 경우가 많았습니다. 이 때문에 여러 세대가 함께 사는 대가족이 흔했고요. 여자가 시집오면서 가져온 재산은 대개 남편 소유가 되었지요.

**자녀들이 모여 재산(노비)을 고르게 나누는 모습**

하지만 고려 시대에는 사정이 달랐습니다. 당시에는 자녀들이 모두 고르게 재산을 나누어 받았고, 결혼한 딸도 같은 권리를 가졌습니다. 또한 상속받은 재산을 자신의 의지에 따라 다른 사람에게 주거나 상속할 수 있었지요.

한편 가족 관계에서 장인과 사위는 각별한 사이였습니다. 함께 사는 정도가 아니라 사위를 자식의 일원으로 생각했지요. 아들이 가업을 계승하는 것이 원칙이기는 했지만, 아들이 없거나 변변치 않을 때에는 사위가 이어 가게 했습니다. 그래서 권세 있는 가문에서 유능한 청년을 사위로 맞아들이는 것은 흔한 일이었지요.

고려 말의 유명한 학자 이제현은 당시 재상이었던 권부의 사위였고, 조선 초기 유명한 재상 맹사성은 최영 장군의 손녀사위였습니다. 이들은 처가의 후광으로 출세했고, 아내가 물려받은 재산으로 부귀를 누렸지요. 이런 모습은 조선 전기에도 이어졌습니다. 유명한 유학자 퇴계 이황도 부유한 처가 덕으로 평생 공부에 전념할 수 있었다고 합니다.

신데렐라 이야기 다들 알고 있지요? 보잘것없는 여성이 훌륭한 남성을 만나 신분이 올라가는 내용으로, 신데렐라 콤플렉스라는 용어까지 만들어 냈지요. 하지만 이것은 실상 우리 나라에서는 생각하기 힘든 일이었어요. 그보다는 가난한 형편에 바보라고 놀림받던 온달이 평강 공주와 결혼하여 장군으로 출세하는 이야기가 훨씬 우리의 옛날 모습에 가깝지요.

이처럼 옛 이야기 하나에도 그 시대의 사회상과 가치관이 녹아들어 있답니다. 그러니 옛 이야기 속에서 선조들의 생활 모습을 떠올려 보는 것도 참 즐거운 일입니다.

### 이것도 알아 두세요

## 맹씨 행단

충청 남도 아산시 배방면에는 맹씨 행단이라는 건물이 있습니다. 조선 세종 때의 청백리로 유명한 재상 맹사성이 살던 집이지요. 현재 남아 있는 일반 민가로는 가장 오래되어 사적 109호로 지정되었습니다.

본디 이 곳에는 최영 장군의 농장이 있었다고 합니다. 그것이 맹사성의 집이 된 이유는 무엇일까요? 바로 맹사성은 최영의 손녀사위이기 때문입니다.

맹사성 집안은 이전부터 이 지역에 살던 가문이 아니었습니다. 그가 다섯 살 때 아버지가 처음 들어와 정착했지요. 그런데 그 곳이 바로 최영 장군의 이웃집이었답니다. 어려서부터 총명하던 맹사성을 눈여겨본 최영은 마침내 그를 손녀사위로 삼고 집까지 물려주었지요. 그 뒤로 맹사성 후손들이 대를 이어 살면서 맹씨 행단이라는 이름이 붙게 되었습니다. '행단(杏壇)'은 선비가 학문을 닦는 곳을 뜻하는 말로, 이 집 마당에는 600년 된 은행나무 두 그루가 서 있습니다.

딸에게 재산을 증여하거나 상속하는 것은 조선 초기까지도 흔한 일이었지요. 조선 태조 이성계는 왕위에서 물러나 있을 때인 1401년(태종 1), 딸 며치(숙신 옹주)에게 땅을 구해 집을 지어 주었습니다. 이것은 국왕으로서가 아니라 개인 자격으로 딸에게 주는 것이었지요. 그리고 친필로 증명 문서를 작성해 주었는데, 그것이 지금도 전합니다.

**맹씨 행단** 맹사성이 살던 옛 집으로, 본디 최영의 농장이 있었으나 손녀사위 맹사성에게 물려주어 그의 후손이 대대로 살았다. 사적 109호.

**태조가옥허여문기** 태조가 딸 며치에게 가옥을 지어 준 사실을 적은 문서. 국립 중앙 박물관 소장. 보물 515호.

유명한 사람은 아니지만 아들과 딸에게 골고루 재산을 나누어 준 사례는 조선 초기의 고문서에서도 자주 찾아볼 수 있습니다. 그 가운데 김무 집안의 문서를 소개할까 합니다.

1429년(세종 11), 전의소감이라는 벼슬을 지낸 김무라는 인물은 자손들에게 노비를 나누어 주고 그 내용을 문서에 소상히 정리했습니다. 305행에 달하는 장문의 문서 내용은 상속의 원칙과 피상속인이 지켜야 할 사항을 적은 본문, 상속인과 피상속인 및 증인 등 작성에 참여한 사람의 서명, 그리고 상속되는 노비 명단으로 구성됩니다. 이에 따르면 아들 네 명, 사위 두 명, 그리고 손자 한 명이 피상속인으로 나옵니다. 아들 가운데 한 명은 일찍 죽어 부인이 서명에 참가했습니다. 사위라고 적은 것은 실제로는 딸을 뜻하지요.

이 때 노비는 아들 딸을 구분하지 않고 균등하게 나누어 주었습니다. 특히 가치가 높은 젊은 노비를 독점하는 일이 없도록 나이에 따라 세 등급으로 나누어 고르게 돌아가도록 했지요. 또한 모든 노비는 본디 누구에게 받은 것인지 기재했는데, 여기에는 아버지뿐만 아니라 어머니와 외할머니도 있습니다. 이를 통해 조선 초기에는 여성도 상속을 하거나 받을 수 있었음을 분명히 확인할 수 있습니다.

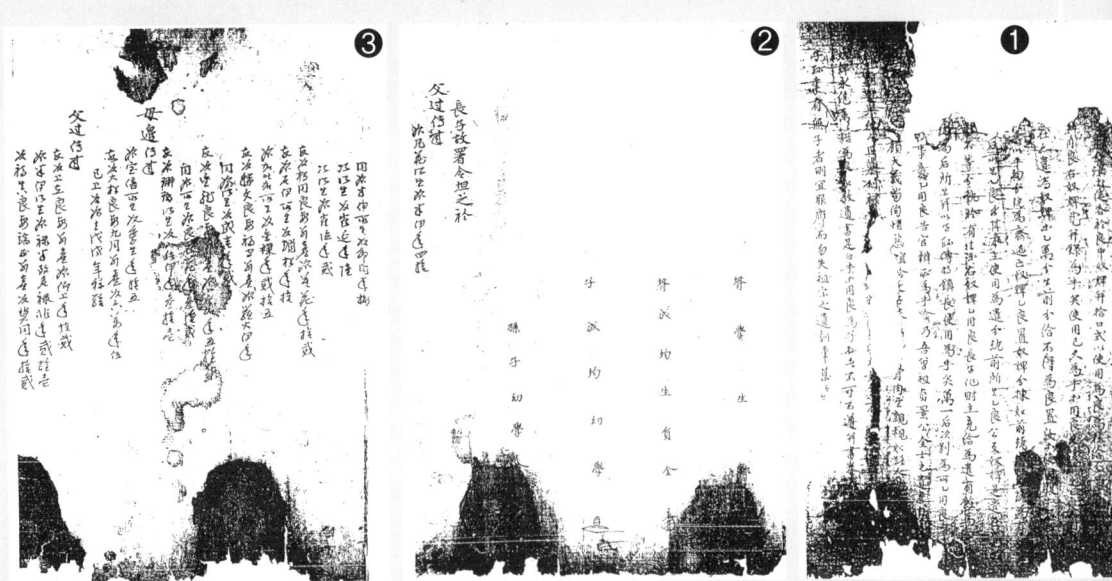

**김무노비도허여문기** 1429년(세종 11) 작성. 예안 김씨 소장 고문서 가운데 분재기(재산을 나누어 주는 문서)의 일부. 딸도 재산권과 상속권을 가지고 있었음을 보여 준다. ❶에는 본문 내용, ❷에는 작성에 참여한 사람, ❸에는 노비 내역이 적혀 있다. 보물 1018호.

# 혈연의 확대 – 친족

## 친족이 만들어지는 원리 1 – '조상'을 기준으로

가족 범위를 넘어 혈연 관계에 있는 사람들을 흔히 '친척'이라고 합니다. 친척이란 친족(親族)과 척족(戚族)을 합친 것인데, 친족은 부모 자식 관계를 통해 형성되고, 척족은 혼인에 의해 형성됩니다. 그럼 여기서 친족에 대해 살펴보기로 하지요.

친족은 어떤 원리로 만들어질까요? 그것은 혈연 관계를 파악하는 기준이 누구이냐에 따라 두 가지로 나뉩니다. 하나는 '조상'을 기준으로 삼고, 다른 하나는 '나'를 기준으로 삼는 것이지요. 여기서는 먼저 조상을 기준으로 만들어지는 친족에 대해 살펴보겠는데요, 그 구성 원리를 그림으로 나타내면 다음 쪽 표와 같습니다.

혈연에 따라 사람들을 이어 놓은 것을 보통 계보라고 합니다. 이 계보는 한 사람을 기준으로 해서 후손으로 이어지는 계통을 나타내지요. 여기에 속한 사람들은 모두 같은 사람의 후손입니다. 이 때 기준이 되는 사람으로부터 몇 대 내려왔는가를 통해 각각의 위치가 표시됩니다. '아무개의 몇 대 손이다'라는 식이지요.

이 계보에서 대수를 표시하는 각 단계를 '항렬(行列 : 이것은 행렬이 아니라 항렬로 읽습니다)'이라고 합니다. 같은 항렬에 속하면 형제 관계에, 한 항렬 위에 있으면 부자 관계에 준하지요. 흔히 '형뻘' 혹은 '아저씨뻘'이 되는 겁니다.

여러분은 이 계보에서 어떤 특징을 찾을 수 있습니까? 바로 계보가 부계(父系: 아버지에서 아들로만 이어지는 계통)로만 연결되어 모두 같은 성씨라는 점이지요. 이 방식에 따르면 한 사람이 두 가지 계보에 동시에 포함될 수 없으며, 계보끼리 서로 명확히 구분됩니다. 물론 다른 계보에 사위로 기록될 수 있지만, 그것은 딸을 나타내는 수단일 뿐이지요. 그리고 딸의 후손은 이 계보에 포함되지 않습니다.

조상을 기준으로 한 계보에서는 보통 5대까지를 친족으로 봅니다. 하지만 5대를 넘어서도 여전히 같은 사람의 후손이라는 혈연 의식을 가질 수 있지요. 어떤 한 인물을 출발점, 곧 시조(始祖: 계보의 출발이 되는 조상)로 삼아 그 후손을 모두 망라하여 하나의 혈연 집단으로 치

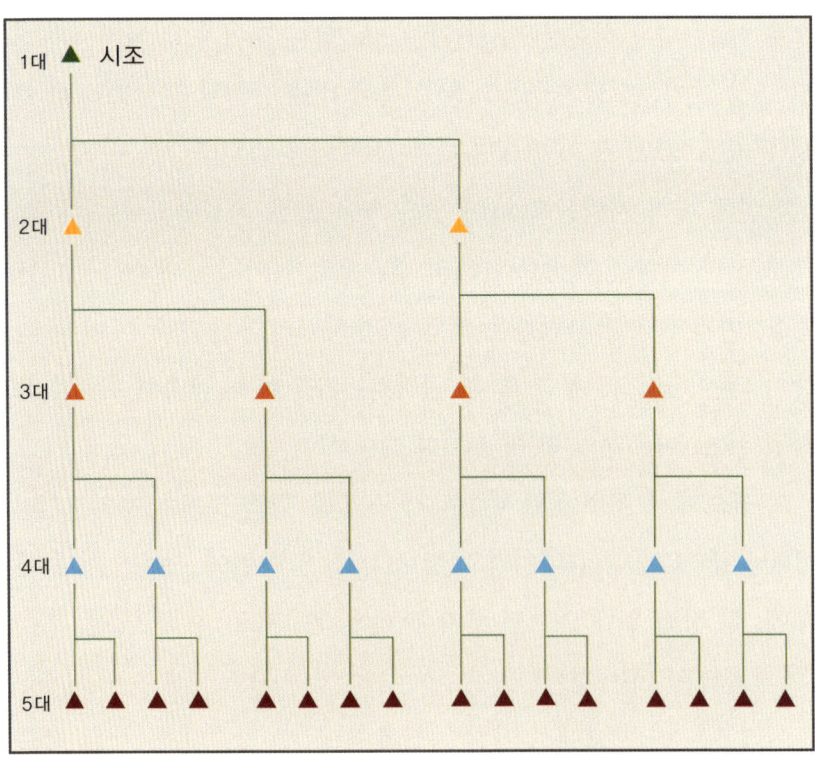

'조상'을 기준으로 한 친족 계보

는 것인데, 이것을 '문중(門中)'이라 합니다. 이 문중을 단위로 계보 전체를 기록한 책이 바로 '족보(族譜)'이지요.

우리 나라에서 문중은 조선 후기에 이르러 처음 만들어집니다. 고려 시대에는 문중이 존재하지 않았고 지금과 같은 족보도 만들지 않았습니다. 현재 남아 있는 족보 가운데 가장 오래된 것은 1476년(조선 성종 7년)에 만들어진 안동 권씨 족보인데, 딸의 후손까지 자세히 적었습니다. 아들로 이어지는 계보만 수록한 조선 후기의 족보와는 다른 형식이지요. 고려 시대의 친족이 조선 후기와 다른 원리를 따른 결과입니다. 이번에는 그것이 어떤 것인지 살펴볼까요?

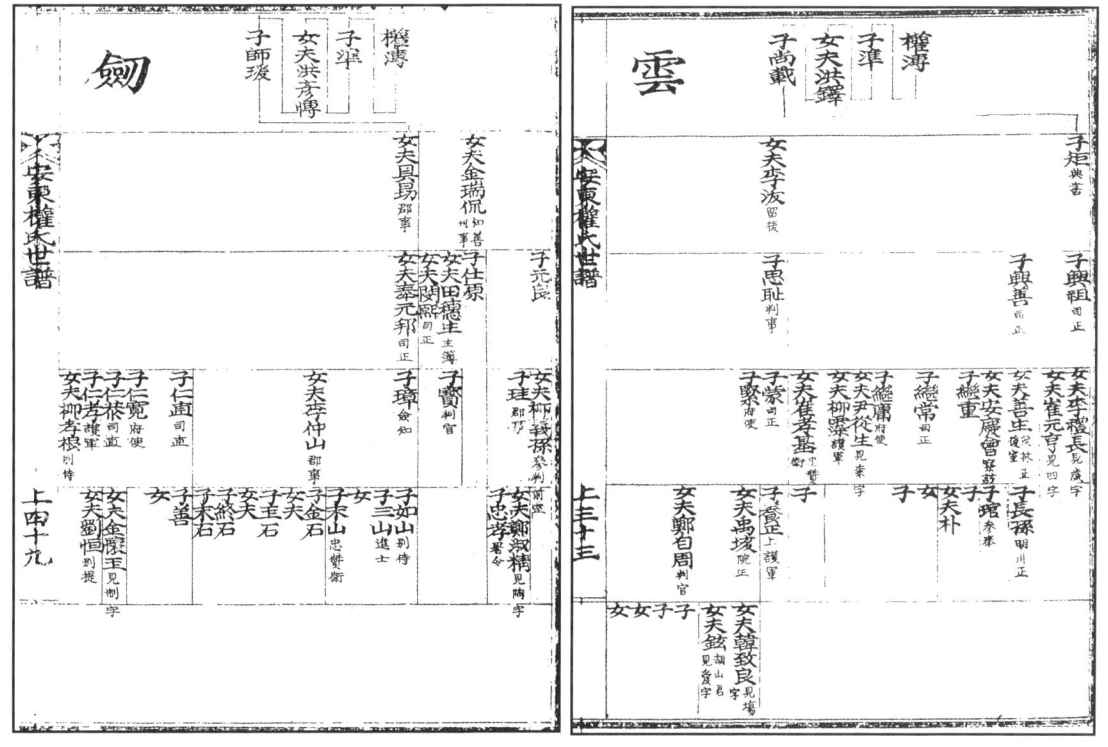

**《안동 권씨 성화보》의 계보도**
1476년에 만들어진 안동 권씨 족보. 안동 권씨 외에 외가로 연결되는 계보까지 기록했다.

고려의 사회 구조

## 친족이 만들어지는 원리 2 – '나'를 기준으로

아래 표를 앞 표와 비교해 보세요. 이 표는 '나'를 기준으로 해서 선조로 올라가는 형식의 계보를 보여 줍니다. 조상을 기준으로 한 계보와 반대 방향으로 연결되고 있지요. 곧 나로부터 아버지와 어머니로 올라가고, 다시 각각의 아버지와 어머니, 곧 나의 할아버지와 할머니로 올라갑니다. 이 때 나의 할아버지는 두 명이 되지요. 할머니도 마찬가지고요. 다시 한 단계 올라가면 네 명의 증조가 나타납니다.

누구나 자신을 기준으로 이러한 계보를 갖게 되는데, 계보상에 나의 조상과 일치하는 조상을 가진 사람이 바로 나의 친족이 됩니다.

'나'를 기준으로 한 친족 계보

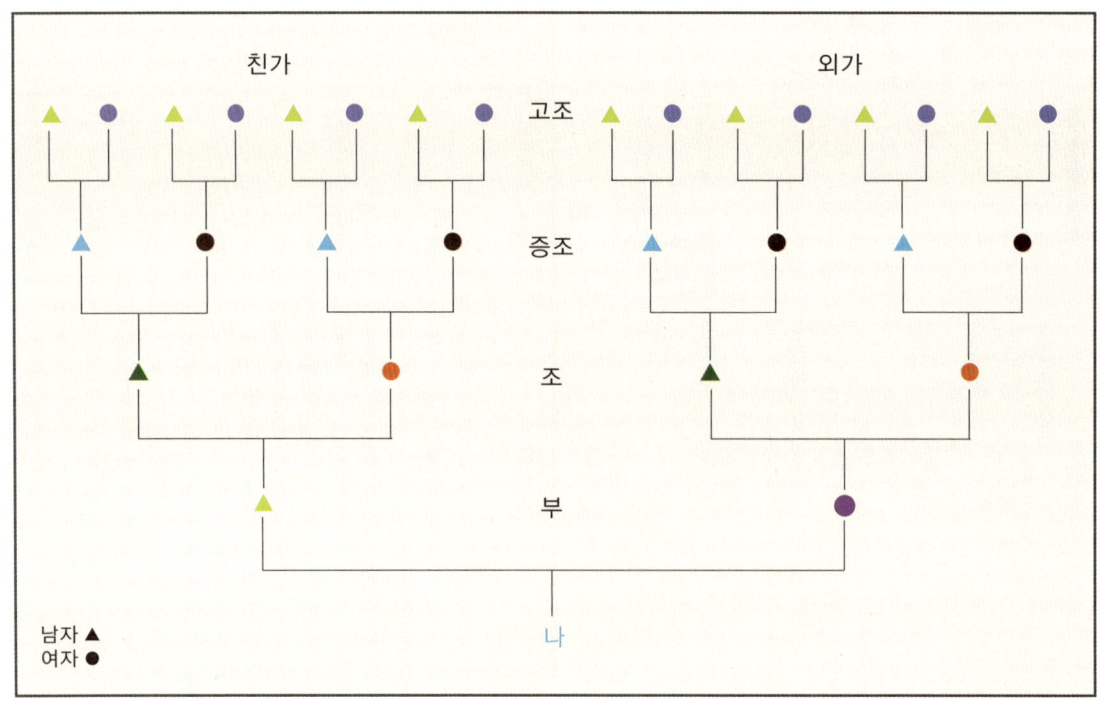

이 때 친족 관계는 나로부터 떨어진 거리를 숫자로 표시해서 나타내는데, 이것이 바로 '촌수'입니다. 삼촌, 사촌처럼 지금도 사용하고 있어서 여러분도 잘 알고 있을 것입니다.

촌수를 계산하는 방법은 아주 간단하지요. 부부 사이는 촌수가 없다고 보고, 부모와 자식 사이가 1촌, 형제 자매는 2촌입니다. 이 계산법에 따라 친족 관계인 두 사람에서 출발하여 같은 조상에 이를 때까지 나오는 촌수를 모두 더하면 두 사람 사이의 촌수가 나오지요.

나와 같은 증조를 가진 사람과 나의 촌수를 따져 볼까요? 먼저 나와 아버지 사이에 1촌, 아버지와 할아버지 사이에 1촌, 할아버지와 증조 사이에 1촌 해서 나부터 증조까지는 3촌입니다. 또 그 친족에서부터 계산해 올라와도 역시 3촌이 됩니다. 둘을 합치면 6촌이 되지요. 바로 나와 증조가 같은 사람은 6촌 관계가 되는 것입니다. 이러한 계보에서 친족은 나와 고조가 같은 사람, 곧 8촌까지로 잡는 것이 보통입니다.

촌수가 작을수록 가까운 친족이고 클수록 먼 친족이 되겠지요. 그런데 2촌까지는 한 가족이므로, 친족에서 가장 가까운 사람은 3촌과 4촌이 됩니다. 3촌은 바로 나의 부모의 형제들이고, 4촌은 그 자식들이지요. 지금도 4촌이라 하면 나와 무척 가까운 친척입니다. 여러분도 어릴 때부터 4촌과 서로 오가며 친하게 지내고 있을 겁니다. 가깝게 지내는 이웃을 가리켜 '이웃사촌'이라고 표현하는 것도 여기서 나온 말이지요. "사촌이 땅을 사면 배가 아프다"는 속담도 나와 가장 가까운 친족이 4촌임을 반영하고요.

## 아! 그렇구나 음서를 받는 방법

'나'를 기준으로 한 친족 관계가 실생활에서 활용되는 대표적인 사례가 음서(蔭敍)이다. 음서란 조상이 공로를 세웠거나 높은 벼슬을 지냈을 때 그 자손이 벼슬을 얻는 것을 말한다. 간단히 말해서 조상님 덕을 보는 것이다.

음서 제도는 조선 시대에도 있었지만 극히 제한적으로 이용되었다. 음서를 주려면 정승 판서 정도는 되어야 했는데, 과거에 급제한 경우가 아니면 원칙적으로 그 자리에 오를 수 없었다. 그러니 음서로 관직을 세습하는 것은 사실상 불가능했다. 그런데 고려 시대에는 음서의 자격 범위가 훨씬 넓었다. 중간급 정도의 벼슬을 하면 음서를 줄 수 있었다. 또 음서로 벼슬을 얻었더라도 승진에 제약이 없었다.

음서에서는 조상의 벼슬이 높을수록 더 먼 후손에게, 그리고 더 높은 벼슬을 줄 수 있었다. 따라서 가능하면 높은 벼슬을 지낸 조상에게서 음서를 받는 것이 유리했다. 이 때 후손은 나를 기준으로 한 계보를 따라 음서를 주는 조상을 선택했다.

156쪽에서 드러나듯이 나에게는 할아버지가 두 분 있고, 증조부는 네 분, 고조부는 모두 여덟 분이다. 수학으로 말하자면 2의 제곱으로 늘어난다. 이렇게 해서 나는 고조부의 범위 안에 아버지를 포함해서 모두 15명(1+2+4+8=15)의 남자 조상을 두게 된다. 이 조상들이 모두 나에게 음서를 줄 수 있다면, 나는 그 가운데 가장 유리한 경우를 선택할 것이다.

문벌들은 서로 혼인 관계를 맺었기 때문에 조상 가운데 높은 벼슬을 한 사람이 상당히 많았다. 그러니 이들이 음서를 통해 손쉽게 고위직을 세습할 수 있었으리라는 것, 쉽게 이해할 수 있을 것이다.

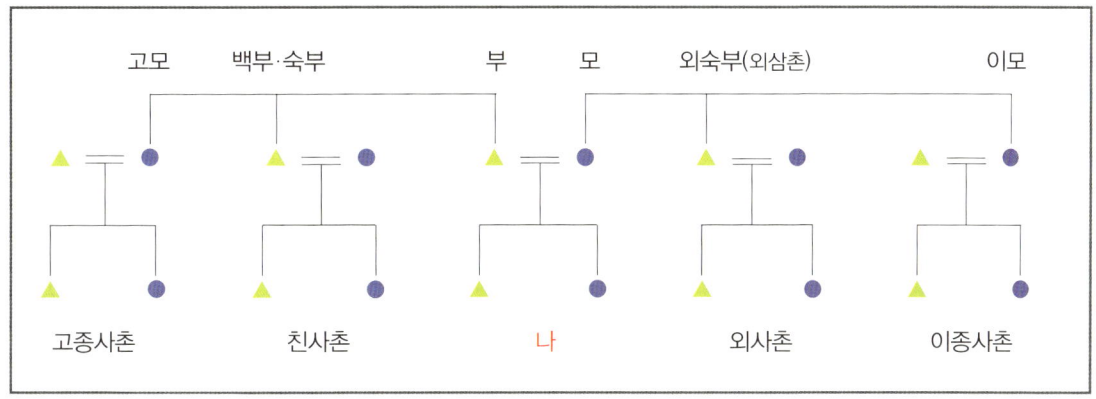

4촌 계보도

　나의 4촌은 친사촌, 고종사촌, 외사촌, 이종사촌의 네 종류가 있습니다. 친사촌은 아버지의 남자 형제, 곧 우리가 큰아버지(백부) 혹은 작은아버지(숙부)라고 부르는 사람의 자녀들입니다. 고종사촌은 아버지의 여자 형제, 곧 고모의 자녀들을 말하고, 외사촌은 어머니의 남자 형제, 곧 외삼촌(외숙부)의 자녀들을 말하며, 이종사촌은 어머니의 여자 형제, 곧 이모의 자녀들을 말하지요.

　이 가운데 조상을 기준으로 한 친족에서도 발견되는 사촌은 친사촌뿐입니다. 나머지 세 종류의 사촌은 나와 성씨가 다르기 때문에 조상을 기준으로 한 친족 계보에서는 나타나지 않지요. 그런데 실생활에서는 똑같이 사촌이라고 하지, 굳이 그 종류를 구분하지는 않습니다. 나를 기준으로 친족을 판단하면서 아버지 쪽과 어머니 쪽에 차등을 두지 않기 때문이지요.

　이것이 바로 우리 나라의 전통적인 친족 관계로, 고려 시대에도 이 방식을 따랐어요. 그 뒤 조선 후기에 이르러 조상을 기준으로 친족을 판단하는 것이 일반화되지만, 나를 기준으로 한 친족은 없어지지 않아 우리 생활 속에 유지되고 있습니다. 다만 조상을 기준으로 한 친족은 그 구성원이 고정되어 있고 계속 계승되면서 다른 친족과 명확히 구분되지만, 나를 기준으로 한 친족은 사람마다 전부 다르기 때문에 겉으로 잘 드러나지 않을 따름입니다.

## 성씨와 본관은 어떻게 시작되었나

이번에는 성씨와 본관에 대해 살펴보기로 하지요. 성씨는 아버지에서 자녀들로 이어지는 혈연 관계를 표시하는 것입니다. 본관은 통상 시조의 고향으로 같은 성씨 안에서 혈연을 구분하는 기능을 합니다. 그래서 성씨와 본관이 같으면 같은 혈족이라고 생각하는데, 이것이 바로 '동성동본(同姓同本)'이지요. 지금은 폐지되었지만, 얼마 전까지만 해도 동성동본은 혈연자라 하여 법적으로 결혼이 허용되지 않았습니다.

　그렇다면 성씨와 본관은 언제 생겨났을까요? 먼저 성씨부터 살펴보지요. 성씨는 본디 중국에서 시작되어 우리 나라에는 삼국 시대에 들어왔습니다. 그 때 성씨는 왕실과 일부 귀족만이 사용했고, 지배층의 상징이었지요.

　고려에 들어와 성씨는 널리 퍼집니다. 처음에는 신라 귀족 출신을 제외하고 지배층 대부분이 성씨가 없었지만, 중국 문화를 적극 수용하면서 너도나도 성씨를 쓰게 됩니다.

　하지만 이 때는 사람마다 필요에 따라 성씨를 썼기 때문에 성씨가 같다고 해서 혈연 관계가 있다고 생각하지는 않았습니다. 성씨는 아버지에서 자식으로 이어져 내려가는 것이어서 자연히 성씨를 통해 조상을 기준으로 하는 친족이 만들어집니다. 실제로 '인주 이씨', '해주 최씨' 같은 식으로 조상을 기준으로 한 계보 관념이 형성되고 있었지요. 그러나 조선 후기의 문중처럼 오랜 세월에 걸쳐 계보를 파악하고 뚜렷한 집단으로 운영되지는 않았어요. 보통 증조 정도까지만 계보를 파악하는 정도였지요. 따라서 실생활에 미치는 영향도 크지 않았습니다. 다만 왕실의 후예라든가, 공신의 후예처럼 대수가 멀어져도 특별

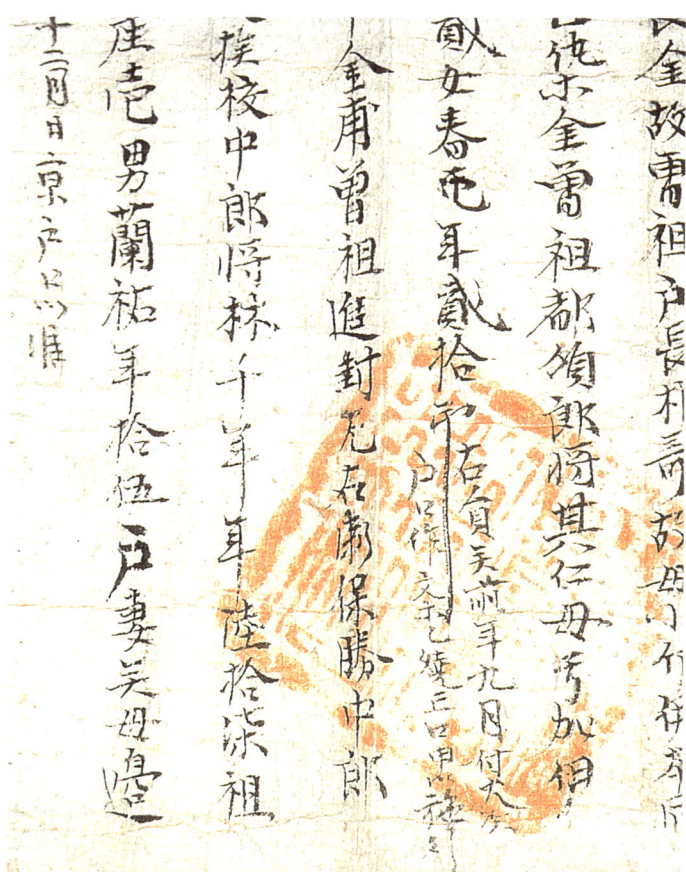

**고려 말 화령부 호적 단편**
1391~1392년 무렵에 작성된 화령부(지금의 함경 남도 영흥) 호적의 일부로 추정된다. '이태조 호적 원본' 또는 '국보 호적'으로 알려져 있다. 국보 131호.

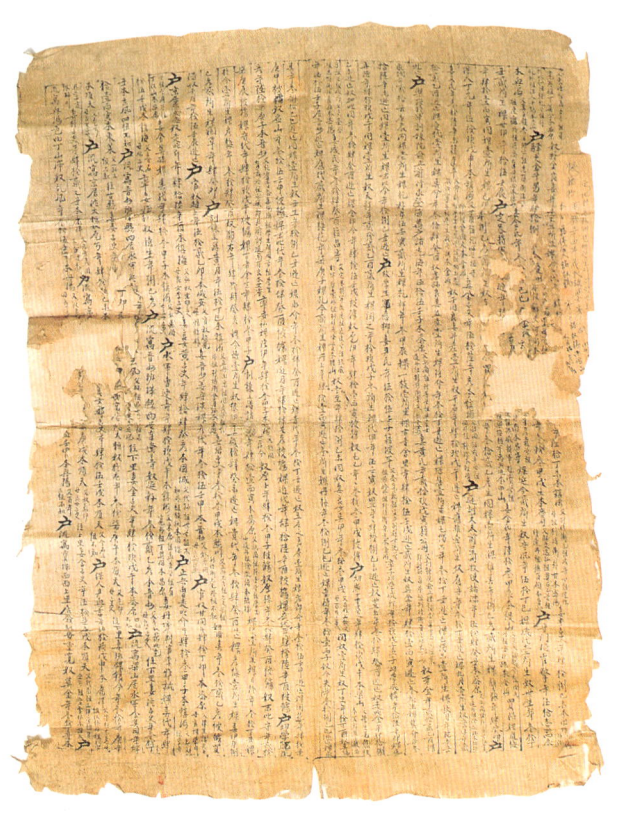

**만력 34년 진해현 호적**
1606년(선조 39)에 작성된 진해현의 호적. 경남 유형 문화재 140호.

음서를 받을 수 있는 경우에는 그 이상의 계보를 추적할 수도 있었지요. 하지만 이것은 어디까지나 개인적으로 계보를 이어 가는 것이었고, 남자 조상말고 여자 조상을 통해서도 이어질 수 있었습니다.

이제 본관에 대해서 알아볼까요? 본관은 본디 호적에 등록된 고을을 나타냅니다. 호적은 모든 주민을 행정 구역 단위로 기록한 장부인데, 각종 세금을 거두고 노동력을 징발하는 자료가 되었지요. 세금을 원활히 거두려면 주민들이 한 지역에 정착해서 사는 것이 바람직합니다. 이에 고려에서는 국가의 허락 없이 호적에 등재된 지역을 떠나지 못하도록 했는데, 이것을 가리켜 본관(本貫:본거지에 고정시킨다는 말뜻이 있음)이라고 했습니다. 본관에서 허락 없이 벗어난다면? 강제로 본관으로 돌려보내도록 했지요. 이것을 '환본(還本)'이라고 합니다.

12세기 들어 사회가 점차 흔들리면서 유민이 많이 생겨났습니다. 무신 집권기에는 전국적으로 농민 저항이 일어나고 몽골과 오랜 전쟁까지 치렀지요. 그러다 보니 본관을 떠난 농민들이 많아졌고, 정부가 이들을 일일이 본관으로 돌려보내는 것이 어려웠습니다. 이에 본관을 떠난 농민들을 현 거주지의 호적에 등록시켜 세금을 거두도

### 아! 그렇구나 귀향과 귀양

나라의 허락을 받아 본관을 벗어나는 경우로는 어떤 것이 있었을까? 대표적인 보기가 개경에 올라가 벼슬하는 경우이다. 그런데 관리가 부정부패 같은 범죄를 저지르면 벼슬을 할 수 있는 자격 자체를 박탈했다. 그러면 그 사람은 고향, 곧 본관으로 돌아가야 했다. 이런 것을 '귀향(歸鄕)'이라고 했다. 요즘 귀향은 명절에 고향으로 돌아가는 즐거운 일이지만, 고려 시대에는 일종의 형벌이었다.

조선 시대에 먼 지방으로 유배 가는 것을 '귀양'이라고 했는데, 귀양은 바로 귀향에서 나온 말이다. 본관으로 돌려보내는 것이 의미가 없어지고 나니 귀향이 유배를 뜻하게 된 것이다.

록 했는데, 이 때 사람들은 자신이 본디 있던 곳, 곧 본관을 밝히게 되었습니다.

한편 고려 후기에는 성리학을 본격 도입하면서 중국의 계보 문화도 함께 들어왔습니다. 이것은 조상을 기준으로 한 남성 위주의 문화였지요. 지배층에서는 특정 인물을 시조로 하는 계보 의식을 가지기 시작했습니다. 이 때 이전에 사용하던 성씨와 함께 그 시조의 본관이 혈연을 구분하는 기능을 하게 되었지요. 우리가 알고 있는 본관은 바로 여기서 비롯했습니다.

# 향촌 사회의 운영과 신앙

## 500년 도읍지, 개경

지금도 다르지 않지만, 예전의 왕조 국가에서 정치·경제·문화 모든 부문에서 중심이 되는 곳은 도읍이었습니다. 도읍은 국왕 중심으로 정치가 이루어지는 공간이면서 전국의 물산이 모이는 경제의 중심지이고, 선진 문화를 누릴 수 있는 곳이지요. 간단히 말해 그 왕조의 능력을 집약적으로 보여 주는 곳이라 할 수 있습니다. 고려의 도읍인 개경도 다르지 않았지만, 우리에게 익숙한 조선의 도읍 한양과 비교할 때 몇 가지 특징이 발견됩니다.

첫째, 성곽이 3중 구조입니다. 한양은 경복궁의 궁성과 한양 도성의 2중 구조로 되어 있지요. 그런데 개경은 국왕이 사는 황궁(皇宮)이 있고 그 둘레에 성을 쌓아 시설을 보호했는데, 이를 궁성이라고 합니다. 황궁 터는 후대에 만월대라고 불리지요. 궁성 외곽에는 다시 황성이 있었는데, 이 성은 도읍이 되기 전 이 곳에 있던 성곽을 그대로 이용한 것입니다. 규모가 그리 크지 않아 황궁과 여러 별궁, 주요 관청들이 들어가 있는 정도였지요.

황성 밖에는 또 하나의 성곽이 있었는데, 이것이 나성입니다. 기억나나요? 예, 바로 거란과 전쟁을 겪은 뒤 도읍을 보호하기 위해 쌓은 성곽입니다. 나성은 궁성과 황성 외에 일반 주민들의 거주지와 시전을 포함한 것으로, 조선의 한양 도성과 같은 것이지요. 한양 도성의 둘레가 18킬로미터, 개경 나성의 둘레가 23킬로미터 정도였으

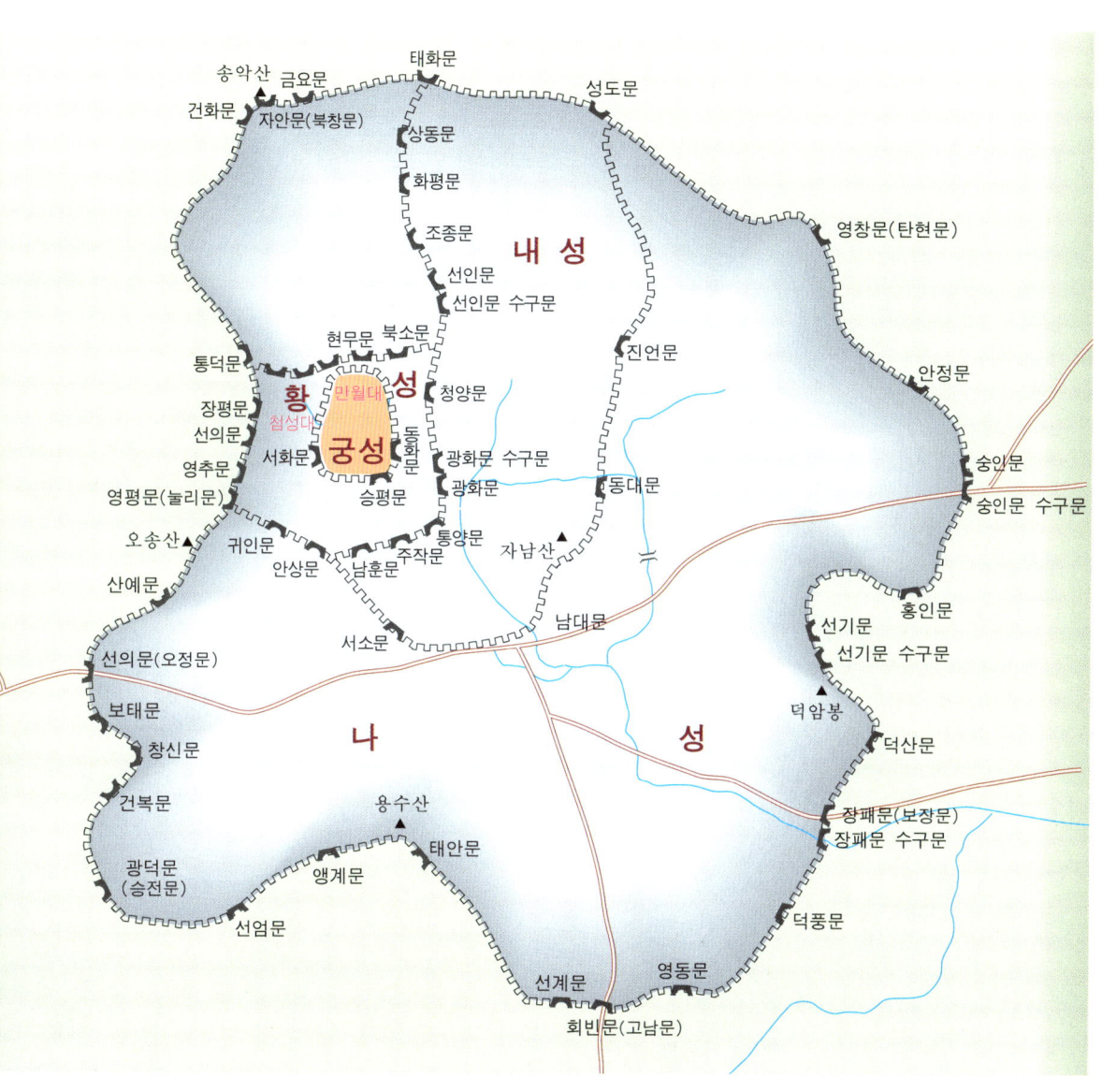

니 개경 나성이 조금 더 넓었군요.

둘째, 개경의 성곽 안에는 많은 사찰이 있었습니다. 조선에서는 유교를 숭상하면서 모든 사찰과 승려를 도성 밖으로 밀어냈지요.

**개성의 성곽과 성문**
내성은 조선 시대에 쌓은 것이다.

성곽으로 둘러싸인 개경의 모습

**송도 지도** 18세기 중반에 만든 지도이다. 서울대학교 규장각 소장.

**개경의 나성**
개경 외곽을 두른 성곽. 1009년 처음 축성을 논의하여 21년 만인 1030년에 완성했다.

　반면 불교를 숭상한 고려에서는 개경 안에도 많은 사찰을 지었습니다. 건국 초기에 태조 왕건이 10개의 사찰을 세웠고, 그 뒤 국왕들도 원찰(願刹:특정 가문에서 복을 빌기 위해 지은 절)을 비롯해 많은 사찰을 개경에 세웠습니다. 951년(광종 2)에는 광종이 봉은사를 창건하여 태조의 영정을 모셨고, 현종은 부모의 명복을 빌기 위해 현화사를 세웠지요. 문종은 원찰로 흥왕사를 두었고, 숙종은 의천을 지원하기 위해 국청사를 창건했습니다. 이렇게 세워진 사찰이 수백 개 있었고, 조선 초기까지도 17개가 남아 있었다고 합니다.

　사찰에서는 여러 가지 불교 행사를 베풀었습니다. 그 가운데 연등회와 팔관회가 대표적입니다. 또한 선대 임금의 기일(제삿날)이 되면 해당 원찰에서 법회를 열곤 했습니다. 현종 기일에는 현화사에서,

**개성 시가도**
강세황의 《송도 기행첩》에 실려 있다. 당시 개성 시가지의 모습을 엿볼 수 있다.

문종 기일에는 흥왕사에서 명복을 비는 행사를 치렀지요.

셋째, 개경은 국제 도시의 면모가 두드러졌습니다. 고려는 요나라, 금나라와 사대 외교를 맺으면서도 송나라와 활발한 교역을 펼쳤습니다. 송나라 상인들은 고려 국왕에게 예물을 바치며 상업 활동을 벌였지요. 팔관회가 열리면 송나라 상인과 북방 여진족도 참여했고, 멀리 아라비아 상인까지 들어왔습니다. 그러니 개경은 국제 무역이 이루어지는 생기 넘치는 공간이었겠지요. 조선의 한양이 명나라 사신 일행을 맞이하는 수준에 머문 것과는 다른 모습입니다.

개경에서 서쪽으로 나아가면 예성강에 이릅니다. 강 어귀에 벽란도가 있는데, 물건을 실어 나르는 조운선을 비롯하여 사신 일행이나

**개성 남대문**
조선 시대에 쌓은 내성의 남쪽 성문이다.

외국 상인들의 배가 들어오는 곳이었습니다. 개경의 관문이자 국제 무역항이었지요. 《고려사》〈악지〉에는 〈예성강곡〉이라는 가요가 만들어진 배경이 소개되어 있습니다. 중국 상인이 예성강에서 아름다운 부인을 보고 그 남편과 내기 바둑을 두어 아내를 데리고 가자, 남편이 예성강을 바라보며 한탄 속에 노래를 지었다는 내용이지요. 이 이야기를 통해 개경에 외국 상인이 빈번히 출입했음을 짐작할 수 있습니다.

개경, 그러니까 지금의 개성은 분단으로 인해 가 볼 수 없는 곳이지만, 머지않아 금강산처럼 길이 열릴 것입니다. 이 곳이 고려 때에는 어떤 모습이었을지 미리 상상해 보기 바랍니다.

## 유적 탐방

## 고려의 궁궐 만월대 터

**만월대 유적(위)**
중심 건물을 향해 올라가는 계단으로 추정된다.
**고려 궁궐 복원도**

만월대는 개성 송악산 기슭에 있는 고려의 궁궐 터를 말합니다. 원래 고려 왕궁은 정전인 회경전을 중심으로 배치되어 있었지요. 정전이란 국왕의 즉위식 등 공식 행사를 치르는 전각을 말하는데, 경복궁의 정전이 근정전이라는 것은 다들 알고 있는지요? 회경전 뒤편으로는 침전(잠을 자는 곳)과 편전(일상적인 업무를 보는 곳)에 해당하는 다양한 전각들이 들어서 있었어요. 전체 공간은 넓지 않았지만, 계단식으로 건물을 배치하여 위용을 자랑했답니다. 지금도 건물 사이를 연결하는 계단이 남아 있어 당시의 규모와 건물 배치 등을 짐작할 수 있습니다.

고려의 궁궐은 1361년 홍건적이 개경을 잠시 점령했을 때 모두 불타고 터만 남았지요. 그리고 30년이 흐른 뒤 고려 왕조가 막을 내렸고요. 조선이 도읍을 한양으로 옮긴 뒤 궁궐 터는 사라진 왕조의 자취로만 남게

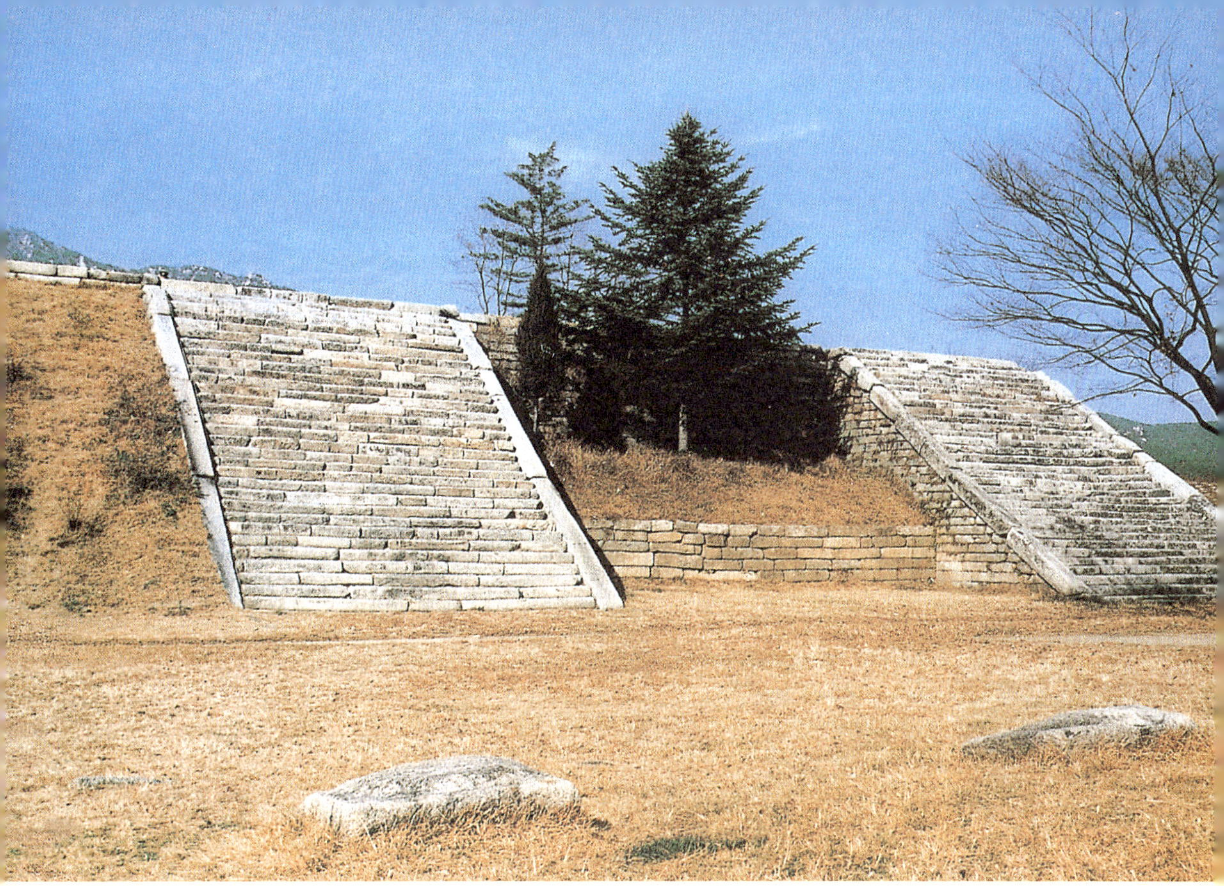

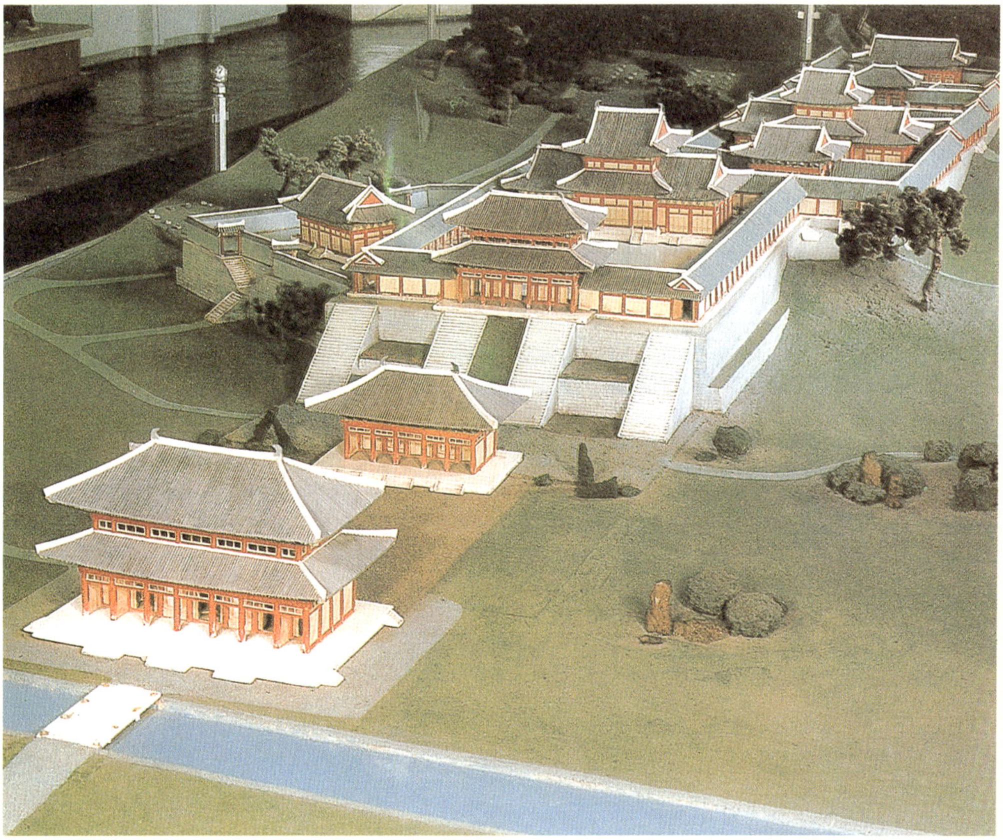

만월대에서 나온 수막새와 그 문양들, 잡상(맨 아래), 수키와(오른쪽)

되었습니다.

언제부터 이 터를 만월대로 불렀는지는 분명하지 않습니다. 궁궐 안에 있던 '망월대'라는 건물 이름이 변하여 만월대가 되었다는 이야기가 있지만 믿기 어렵습니다. 그보다는 터만 남은 궁궐 자리에 달빛이 비치는 모습이 역사에 묻혀 버린 옛 왕조의 쓸쓸한 자취로 느껴져 붙여진 이름이 아닐까 합니다.

고려가 망한 뒤 개성을 찾은 많은 시인 묵객들은 이 곳을 보며 세월의 덧없음을 노래하곤 했습니다. 몇 편 감상해 볼까요? 먼저 태종의 스승으로 끝내 새 왕조에 참여하지 않은 원천석의 시조입니다.

흥망이 유수하니 만월대도 추초로다
오백 년 왕업이 목적에 부쳐시니
석양에 지나는 객이 눈물계워 하노라.

　　　　　　나라의 흥망에는 운수가 있어 영원한 것이 없는 법인데, 고려 왕조도 가을의 풀처럼 시들고 목동의 피리 소리에 묻혀 버리게 되었으니 고려

의 남은 신하들이 슬퍼한다는 뜻입니다. 가을 저녁 노을 아래 풀만 무성한 만월대의 풍경과 이 곳을 바라보며 지나가는 나그네의 뒷모습을 한번 그려 보세요.

이번에는 조선 중기 문장가인 신흠이 만월대를 주제로 지은 시입니다.

오백 년 동안의 일은　五百年間事

지금 아득하기만 한데　如今已漠然

영웅은 오래 번영하지 않고　英雄不長旺

세상 운세 또한 바뀌게 마련이라네　世運亦交遷

아름다운 산하는 그대로이고　秀色山河在

남은 풍속도 동네에 전하는데　遺風市井傳

객은 와서 속절없이 옛날을 슬퍼하다　客來空弔古

석양 속에 밭길을 내려가누나.　斜日下郊田

고려가 망하고 200년 가까이 흘러 개성은 조선의 상업 도시로 발전하고 있었습니다. 하지만 만월대는 여전히 지나간 왕조의 자취로 남아 쓸쓸함만 더해 간 듯합니다. 최근 발굴이 이루어져 만월대에서는 기와와 벽돌을 비롯한 많은 유물이 나왔습니다. 특히 청자 수막새 기와는 당시 화려했던 궁궐의 흔적을 보여 줍니다.

### 원님이 없는 고을

먼저 여러분에게 좀더 친숙한 조선 시대 고을을 살펴본 다음 고려 사회를 들여다볼까 합니다.

조선은 지방 각지에 고을을 설치하고 행정 단위로 삼아 운영했습니다. 이러한 고을은 요즘으로 치면 기초 자치 단체인 군(시, 구)에 해당하지요. 그리고 각 고을에는 중앙 정부에서 관리를 파견해 다스렸는데, 이들을 '수령'이라고 합니다. 여러분에게는 '원님' 또는 '사또'라는 명칭이 더욱 친숙하겠군요. 원님은 지금의 군수(시장, 구청장)라고 보면 되는데, 지금은 주민이 직접 선출한다는 점이 다르지요.

조선 시대 수령은 국왕을 대신해서 고을을 다스리는 최고 책임자였습니다. 세금을 거두는 일부터 범죄를 다스리는 일, 소송을 판결하는 일, 농사를 돌보고 장려하는 일이 모두 수령의 업무였지요. 권력이 큰 만큼 때로는 이를 이용하여 문제를 일으키곤 했습니다. 〈춘향전〉에 나오는 남원의 수령 변학도를 떠올리면 쉽게 이해할 수 있을 겁니다. 수령 밑에는 향리 또는 아전이라는 사람들이 있어 수령의 명령을 받아 실무를 보았습니다. 이들은 중인 신분이어서 양반에게 차별을 받았지요.

자, 그럼 고려 시대의 고을은 어땠을까요? 고려도 조선과 비슷한 형식으로 지방을 다스렸지만, 운영 방식은 아주 달랐습니다. 무엇보다 수령이 파견되지 않은 고을이 많았다는 점이 눈에 띕니다. 그러면 누가 고을을 운영했을까요? 바로 그 지역 출신의 향리들이 담당했습니다. 몇몇 고을에는 수령이 파견되기는 했습니다. 하지만 조선처럼 해당 고을을 다스리는 것이 아니라, 여러 고을을 관할하며 그

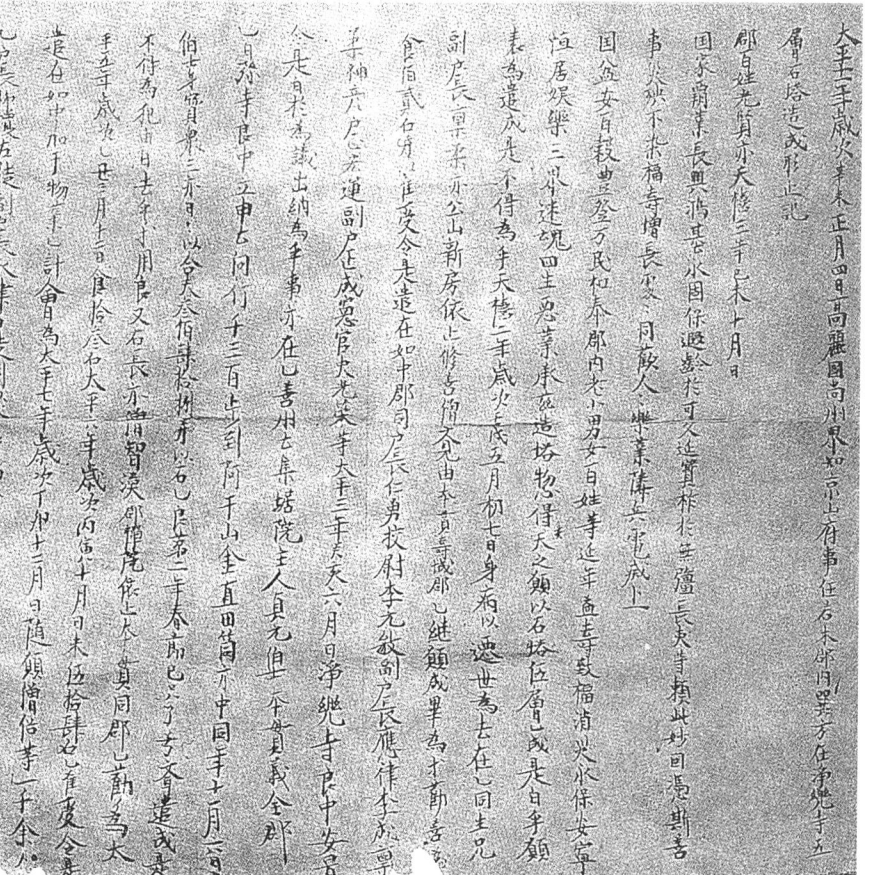

**정도사 5층 석탑 조성 형지기**
1031년(현종 22)에 작성된 문서로, 탑의 건립 과정을 정리한 것이다. 부지 선정을 위한 허가 문서가 인용되어 있다.

監務官貼　長城郡司　當司准僧錄司史椿頴丁巳十一月日貼同郡
監務兼勸農使將仕郎守衣直長宋某丙辰十月日名狀申省　當司准
僧錄司僧史仁叙九月日貼憑是審　啓受使內乎所有事是乙等
聖住寺住持性照禪師中延所志內乙仍于
判付是乎狀內爲乎矣僧矣段別敎無亦焚修祝
聖爲白臥乎次是在亦至今戊申七月分祝
聖觀音尊像願成爲乎彌安邀處所奏請爲乎亦中僧矣元叱乎造排爲
臥乎長城郡地白嚴寺下安令是於爲落點敎等乙仍于下安令是白遣爲
右寺旣殘凶爲在山枝五結分八田處所是如在乙一間置遣無亦改排
爲白乎等以長行祝
聖法席今萬日焚修乙起行爲良於當狀內全當爲造排爲白
在等以法孫傳繼向事乙所司弋只界官良中出納下問令是乎矣事狀
的是在如中更良奏聞除良只法孫案牘施行爲良於爲僧錄司良中下
聖旨敎事白丙辰三月二十日左承宣右散騎常侍上將軍知吏部事詹
事府事文迪奏
判依奏付僧錄司右敎事爲是在等以造非緣由乙
良仔紬亦問備申省爲味了乎等用良依貼爲傳出納下問令是乎矣
任內同郡乃同隅學寮三間副舍一間報狀內爲乎矣法孫案牘施行爲白
二間犯僧廳西俠室二間客樓西俠室二間下隔食堂三間東俠藏堂
間法堂南斜閣五間上房二間廳一間侍奉房一間其餘堂舍等八十五
事斯備矣投告內甲矣段別敎無亦香火祝
聖爲臥乎亦向前寺叚殘爲甚接人不得是如爲去乙禪師中延奏請
造排敎弟中僧矣身乙以主差備敎等用良成造始終次知排置爲遣
火香爲臥乎在亦禪師所志以　判下敎由以法孫安牘施行問事乙並以
城官以申省爲臥乎事是在等以僧矣身乙時亦中火香爲臥乎事是
施行敎味白乎事是去有等以貼內思乙用良村伏公案良中法孫傳
繼施行爲遣由報爲在味出納爲臥乎事右事湏貼
戊午三月二十三日

**장성 감무관 첩**
1198년(신종 1) 전라도 장성의 수령이 장성의 읍사에 보낸 문서. 관내 사찰의 주지직 계승과 관련한 정부의 명령을 전달하는 내용을 담았다. 《조선사찰사료》(상)에 수록되어 전한다.

**양계(兩界)**
지금의 평안도 지방인 북계와 함경도 남부 및 강원도 동해안 지역인 동계를 합쳐 부르는 말.

곳 향리들의 활동을 감독하는 구실을 했지요. 고려 향리의 정식 명칭은 '장리(長吏)'인데, 이 말은 본디 행정 책임자를 뜻합니다. 다만 국방 업무가 중요한 양계 지방에는 고을마다 수령을 파견했습니다.

각 고을의 장리들이 업무를 보는 관청을 보통 '읍사(邑司)'라고 합니다. 요즘의 주민등록등본이나 재산증명서 같은 서류들을 모두 이곳에서 발급했지요. 그러니까 읍사는 지금의 동사무소(주민 자치 센터)나 구청에 해당하는 셈이군요.

여러분도 알다시피 관청에서 발급하는 모든 문서에는 도장이 찍혀 있습니다. 이것은 공문서로서 법적 효력이 있음을 증명하는 것이

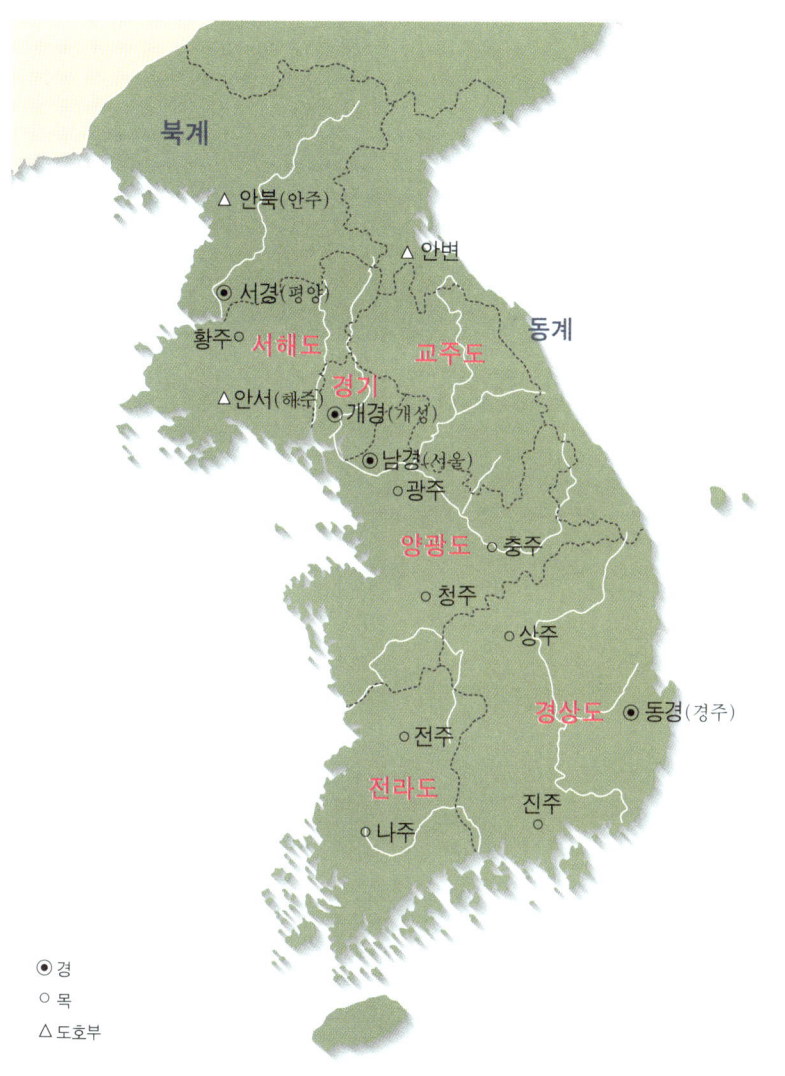

**고려의 5도 양계**

지요. 따라서 모든 관청은 도장을 갖춰야 합니다. 고려의 읍사에도 각종 등본이나 보고서에 찍는 도장이 있었습니다.

관청의 도장은 그 곳의 최고 책임자가 관리합니다. 읍사에서 도장을 관리하는 최고 직책을 '호장(戶長)'이라고 했습니다. 그런데 특이

고려의 사회 구조  179

하게도 호장이 한 사람이 아니라 고을 규모에 따라 4~8명까지 정원이 있었답니다. 왜 그랬을까요? 바로 그 지역 유지들이 서로 협의하여 고을을 운영하도록 했기 때문입니다.

그런데 고려 후기로 접어들면서 사회가 불안해지고 몽골과 전쟁까지 치르자 많은 사람들이 살던 곳을 떠나 이동했습니다. 장리들에게만 맡겨서는 이런 상황을 수습하기 어렵다고 판단한 정부는 필요한 지역부터 수령을 추가로 파견하기 시작했지요. 이러한 흐름을 이어받은 조선 정부는 아예 모든 고을에 수령을 보내 지방 행정을 전담케 했고요. 향리들을 수령 밑에 예속시켜 업무를 보조하게 하고 신분도 중인으로 못박았습니다. 이리하여 〈춘향전〉에서 보듯 막강한 힘을 가진 원님이 나타나게 되었지요.

## 불교 신앙을 통해 지방민을 결속하다 – 향도

고려의 고을들은 그 안에서 일어나는 여러 가지 일들을 주민 스스로 해결해야 했습니다. 그 중에는 개인이 감당하기 어려운 일도 많았기 때문에 조직을 만들어 활동하기도 했지요. 이를테면 혼자 하기 어려운 농사일을 서로 도와주던 두레 같은 거 말입니다. 그것이 바로 '향도(香徒: 향을 피우는 무리라는 뜻)'라는 조직입니다.

**예천 개심사 터 5층 석탑** 1010년(현종 1) 예천 지역의 두 향도가 함께 탑을 건립했다는 명문이 새겨져 있다. 보물 53호.
**예천 개심사 터 5층 석탑 명문(바탕 글자)**
상층 기단 갑석 아랫면에 새겨져 있다.

향도란 불교 신자들이 신앙 활동을 하기 위해 결성한 모임을 가리킵니다. 주된 목적은 사찰이나 탑 건립 같은 것이었지만, 농사나 여러 경조사에 서로 도움을 주는 구실도 했습니다. 향도 조직은 대개 향리들이 이끌었습니다. 이들은 고을에서 가장 부유한 계층으로, 향도의 가장 든든한 후원자였답니다. 게다가 고을 운영을 담당했으니 향도에 관심을 가지는 것이 당연했겠지요? 고을이 안정되려면 향도와 같은 조직을 통해 주민의 단합과 상부 상조를 끌어내는 것이 필요했을 테니까요.

신라의 화랑 김유신을 따르던 무리들을 '용화향도'라 부른 것이 향도의 가장 빠른 사례인데요, 고려에 와서는 지방 각지에서 향도가 만들어집니다. 경상 북도 예천에 가면 길가 논 가운데에 개심사 터 5층 석탑이라는 이름을 가진 탑이 서 있습니다. 이 석탑에는 탑의 건립 경위를 적은 글이 새겨져 있지요. 그에 따르면 1010년 이 지역에 결성된 '미륵향도'와 '추향도'라는 두 모임이 건립을 주도했다고 합니다. 이를 통해 11세기 초반에는 지방 각지에 향도가 결성되어 있었음을 짐작할 수 있습니다.

향도는 조선 시대에 들어와 정부의 억압 정책으로 급격히 쇠퇴합니다. 조선에서는 왜 향도를 억압했을까요? 그 사정은 이렇습니다. 향도 행사는 고을 사람들이 남녀노소 구분 없이 모여 벌이는 축제와 같은 것이었지요. 서열과 구분을 중시하는 유교 윤리에 비추어 보면 바람직하지 않은 모습이지요. 또한 불교 억압을 내세운 조선 정부의 정책도 한몫했고요.

그 결과 조선의 향도는 규모도 작아지고, 기능도 초상이 났을 때 함께 모여 장사를 치러 주는 정도로 그치게 되었지요. 상여를 끄는 사람들을 '상두꾼'이라 하는데, 상두는 바로 향도가 변한 말입니다.

 향도가 밀려난 자리는 향약이 차지했습니다. 고을 사람들이 서로 돕는다는 점에서 다를 게 없지만, 내용을 들여다보면 둘 사이에는 큰 차이가 있습니다. 우선 향도가 불교나 전통 신앙을 바탕으로 한 데 비해 향약은 유교 윤리를 바탕으로 했지요. 향도의 연회가 신분 구별 없이 남녀노소 다 같이 모여 앉아 먹고 마시며 노는 자리였다면, 향약의 연회는 남자 위주로 신분과 나이별로 차례로 앉아 격식과 예절을 따지면서 즐기는 자리였습니다.

## 고을의 수호신 – 성황 신앙

고려 향촌 사회의 신앙으로 또 하나 주목할 것이 성황 신앙입니다. 성황은 원래 중국에서 비롯되었습니다. 중국에서는 외적을 막기 위해 고을 둘레에 성을 쌓고 그 바깥에 못을 파 놓았지요. 이 못을 '성황'이라고 하는데, 당시 사람들은 이 곳에 성황신이 살면서 고을을 지켜 준다고 생각했지요. 성황신은 곧 고을의 수호신이 되는 셈인데요, 이것이 고려에 들어와 민간 신앙의 하나로 굳어졌습니다.

 고려 정부는 신령함이 있다고 생각하는 전국 곳곳의 산과 강 등을 관리하며 신하들과 같은 작위나 관직을 주고 제사를 지내기도 했습니다. 각 고을의 수호신인 성황신도 여기에 포함되었어요. 이 성황신은 대부분 가상으로 만들어졌지만, 유명한 인물 중에는 죽은 뒤에 출신 고을의 성황신이 되었다는 이야기도 전합니다. 대표적인 보기가 고려 태조 때 인물인 신숭겸이지요. 그는 강원도 춘천 출신으로 알려져 있으나 전라도 곡성 출신이라는 설도 있고, 죽은 뒤 곡성의 성황신이 되었다고도 합니다.

어떤 고을이 나라에 공을 세우면 그 곳 성황신의 작위를 높여 주기도 했습니다. 1236년 몽골 군대가 침입하여 온수군(지금의 충청 남도 온양시)을 공격했을 때 고을 사람들이 힘써 싸워 물리쳤습니다. 정부에서는 성황신의 도움이 있었다 하여 그 신의 작위를 높여 주었습니다. 또한 나라에 경사가 있거나 하면 산천과 성황의 작위를 높여 주기도 했지요.

조선에 들어와 향도가 쇠퇴한 데 비해 성황 신앙은 그런대로 모습을 유지합니다. 고려와 마찬가지로 조선에서도 명산대천(名山大川: 유명한 산이나 큰 강 등을 통틀어 일컫는 말)을 사전(祀典: 제사 대상과 격식을 정리한 것)에 등록하여 제사를 지냈습니다. 나라와 왕실의 평안을 빌기 위해서였지요. 각 고을에도 그 수호신을 제사하는 성황단을 설치했습니다. 제사는 그 고을의 수령이 주관했고요. 마을의 무사함을 비는 서낭당은 이 성황단에서 유래한 것입니다.

**순창 성황당 현판**
1281년(충렬왕 7), 왕의 명령에 따라 순창 성황 대왕의 작위를 높여 주도록 한 문서 내용을 현판에 새긴 것이다. 전북 중요 민속 자료 238호.

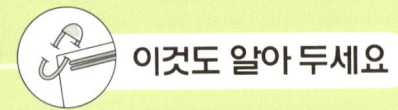 **이것도 알아 두세요**

## 대관령 성황사와 산신각

스키장과 고원 목장으로 잘 알려진 대관령 한 모퉁이에는 성황사와 산신각이 나란히 서 있습니다. 예부터 영동 지방 주민들이 가뭄이나 홍수 같은 재앙을 물리치고 풍어와 풍작을 기원하는 곳이었지요. 여기에는 저마다 일화가 전해 옵니다.

성황사는 신라 말 고승인 범일을 성황신으로 모셨다고 합니다. 이 곳 출신으로 알려진 범일은 중국에 유학하여 선종을 배우고 돌아와 강릉 굴산사에 선문을 열었는데, 그것이 선종 9산문의 하나인 사굴산파입니다. 연고가 있는 인물을 성황신으로 모시는 예는 다른 데서도 종종 찾아볼 수 있습니다. 태조 왕건의 공신인 신숭겸은 전라도 곡성의 성황신이 되었고, 후백제의 인물 김총은 전라도 순천의 성황신이 되었다고 합니다. 또한 신라 말 성주의 한 사람이자 태조의 공신인 김홍술은 그의 출신지 의성의 성황사에 제사했다고 전합니다. 기록이 없어 알 수는 없지만 이 밖에도 비슷한 사례가 많이 있었을 것입니다.

이렇게 현지 출신의 인물을 성황신으로 모시는 이유는 무엇일까요?

대관령 성황사(위)와 산신각

아마 고을을 지켜 준다는 성황신의 의미와 잘 맞기 때문이겠지요. 남다른 행적을 남긴 그들이 죽은 뒤에도 신이 되어 고을을 지켜 줄 것이라고 믿었기 때문이지요. 나아가 성황 신앙을 통해 고을 사람들의 단합을 꾀할 때, 현지 출신 인물을 신으로 모신다면 훨씬 효과적이겠지요?

한편 산신각에는 신라 말 고려 초에 활동한 명주(강릉)의 장군 순식이라는 인물에 얽힌 이야기가 있습니다. 영동 지방을 장악하고 있던 순식은 922년(태조 5) 왕건에게 귀순했지요. 이 지역은 고려나 후백제의 힘이 모두 미치지 않던 곳이라 그의 귀순은 고려에 큰 힘이 되었습니다. 그는 왕건이 신검과 일전을 벌일 때에도 직접 군대를 끌고 왔습니다.

당시 왕건은 그가 오기 전날 밤 이상한 승려가 군대 3000명을 이끌고 오는 꿈을 꿉니다. 이튿날 찾아온 순식에게 꿈 이야기를 했지요. 그랬더니 순식 또한 군대를 이끌고 대관령을 넘어올 때 이상한 승려의 사당을 보고 제사를 올렸다고 하면서 태조가 꿈에 본 것이 그것일 거라고 말했습니다. 후대 사람들은 그것이 바로 대관령의 산신이라고 생각하게 되었고, 산신각을 지어 제사를 지낸 것으로 보입니다. 이 산신이 김유신 장군이라는 이야기도 전합니다.

그리고 언제부터인가 강릉 지방에서는 성황신과 산신의 노여움을 풀고 재앙을 막기 위해 해마다 제사를 지내게 되었습니다. 이 때에는 신들을 위한 굿판과 함께 풍성한 놀이 마당이 벌어졌는데, 지금 잘 알려진 강릉 단오제는 여기서 유래한 것이라고 합니다. 늦어도 고려 말부터는 시작되었을 것으로 추정합니다.

강릉 단오제 가운데 단오굿 장면

🔖 **이것도 알아 두세요**

## 매향이란 무엇인가

향도의 활동과 관련하여 눈길을 끄는 것이 '매향(埋香)'입니다. 매향이란 좋은 품질의 향나무를 땅에 묻는 의식을 말하지요. 이 의식에는 많은 사람들이 참여했는데, 이것 역시 향도 활동의 하나였습니다.

매향은 미륵 신앙에 바탕을 두고 있습니다. 미륵은 세상이 어지러울 때 내려와 중생을 구원한다는 부처이지요. 향을 묻는 행위는 미륵에게 공양하는 의식으로 이를 통해 구원받기를 기원한 것입니다.

매향을 하고 나면 돌이나 비석에 그 과정을 새겨 두었는데, 현재 10여 개가 발견되었습니다. 대부분 해안 지역이며 14~15세기에 행해졌다는 특징을 보이지요. 당시 왜구로 인해 큰 피해를 입던 해안 고을 사람들이 미륵을 통해 구원받으려 했기 때문이라고 이해됩니다.

**사천 매향비와 탁본** 1387년(우왕 13)에 세운 것으로 4100명이 모임을 결성하여 매향을 행하며, 나라의 평안과 미륵의 구원을 염원하는 내용의 글을 새겨 놓았다. 보물 614호.
**영암 엄길리 암각 매향명아래)** 1344년(충혜왕 5)에 작성되었다. 보물 1309호.

매향을 하며 마을의 안녕을 비는 모습

# 사회 경제의 이모저모

## 보이는 벽, 보이지 않는 벽 – 신분 제도

고려의 신분 제도는 '양천제(良賤制)'를 바탕으로 합니다. 양천제란 백성을 양인(良人)과 천인(賤人)으로 나누어 다스리는 제도를 말하지요. 양인은 국가의 관리가 될 수 있는 권리와 국가에 세금을 낼 의무가 있는 부류를 말하고, 천인은 원칙적으로 국가에 대한 권리와 의무 없이 특정한 일에 평생 종사하는 부류를 말합니다.

대표적인 천인이 바로 노비입니다. 노비는 개인 또는 관청에 매여 정해진 노역을 대가 없이 부담했지요. 가장 중요한 재산의 하나로 사고팔 수 있고 다른 사람에게 증여하거나 상속할 수 있었습니다. 그래서 노비는 토지보다 더 중요한 재산으로 여겨졌지요.

노비말고 도살업자인 화척, 광대에 해당하는 재인, 그리고 악공이나 무당 등도 천인에 속했습니다. 그리고 일정한 거주지 없이 떠돌아다니며 버들잎으로 그릇을 만들어 팔아 생계를 유지하던 양수척이라는 무리도 천인의 하나였지요. 서양의 집시와 비슷한 부류라고나 할까요?

천인은 신분적으로 차별받기는 했지만 하나의 인격체로 여겨졌습니다. 이 점에서 인간으로 취급받지 못한 서양 고대의 노예와 구별됩니다. 이를테면 서양의 노예는 주인이 죽여도 별 문제가 없었지만, 고려에서는 노비를 함부로 죽이면 처벌받았습니다. 노비가 재산을 소유할 수 있었다는 점도 노예와 다른 점이지요.

천인은 천인끼리 혼인하는 것이 원칙이었지만, 때로는 양인과 혼인하는 경우도 있었습니다. 이럴 때 그 자식의 신분은 어떻게 결정되었을까요? 원칙상 천인에 속했지만, 시기에 따라 어머니의 신분을 따르도록 한 경우도 있었답니다.

현재 신분은 양인이라 하더라도 조상 가운데 천인이 있으면 벼슬길에 오르는 데 차별을 받았습니다. 또한 천인이 특별한 공을 세워 벼슬을 얻더라도 승진에 제한이 따랐지요. 하지만 무신 정권이 세워

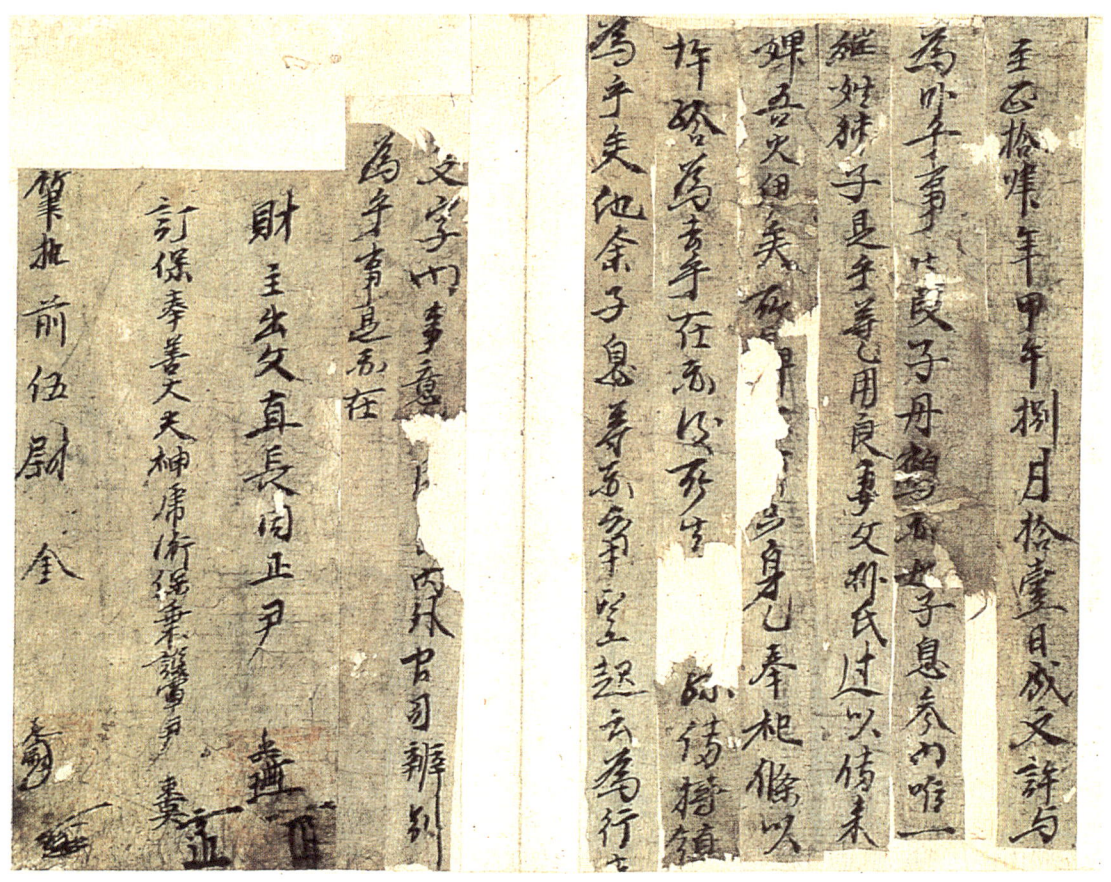

**윤광전 노비별급 점련문서**
해남 윤씨 가문에 내려오는 고문서. 1354년(공민왕 3) 아들에게 노비를 특별히 증여한 내용과 관청의 확인을 기록하고 있다. 문화재 지정 명칭은 '지정 14년 노비 문서'이다. 보물 483호.

## 아! 그렇구나 양반과 백정의 말뜻

양반과 백정의 뜻을 어떻게 알고 있을까? 많은 사람들이 양반은 중인이나 일반 양민과 구별되는 지배 신분을 가리키고, 백정은 소나 돼지를 잡는 도살업자라고 알고 있다. 그러나 이는 모두 조선 시대의 의미일 뿐, 고려 시대에는 그 의미가 사뭇 달랐다.

고려의 양반은 문반과 무반을 합쳐 부르는, 곧 관리들을 한꺼번에 일컫는 호칭이었다. 그 호칭이 조선에 들어와 점차 관리를 배출할 수 있는 신분을 의미하게 되었고, 조선 후기에는 더욱 굳어졌다. 이 때 양반의 반대말로 '상놈'이라는 말이 생겼다.

또 고려의 백정은 도살업자가 아니라 토지가 없는 일반 농민을 가리킨다. 여기서 '백(白)'은 '없다'는 뜻으로 요즘 '백수건달'이나 '백지' 같은 말에 쓰인다. '정(丁)'은 보통 남자 어른, 곧 장정을 가리키지만, 여기서는 토지를 구획하는 단위이다. 곧 백정은 '토지가 없다'는 뜻이다.

그럼 고려 시대에 도살업자를 가리킨 말은 무엇일까? 바로 '화척'이다. 그런데 조선 초기에 화척 무리가 생업에 안주하지 못하고 범죄의 온상이 되자, 이들을 일반 백성으로 만들기 위해 일정 지역에 모여 살게 하고 이름도 백정으로 바꾸었다. 이 때부터 백정이란 말이 도살업자를 뜻하게 되었다.

진 뒤로는 이러한 제한이 많이 약화되어 이의민처럼 출신이 천하면서도 크게 출세하는 사람들이 나오게 됩니다.

한편 양인은 법적인 측면에서 보면 하나의 신분이지만, 그 안에는 보이지 않는 벽이 존재했습니다. 그것은 정치 권력에 다가갈 수 있는 여건과 경제적 능력의 차이에서 비롯했지요. 이를테면 문벌과 농민은 똑같이 양인으로 국가에 대한 권리와 의무가 있었지만, 현실에서는 그야말로 하늘과 땅 차이가 있었습니다.

문벌은 고위 관직과 권력을 독점하면서 왕실이나 비슷한 가문끼리 혼인했습니다. 많은 토지와 노비를 가지고 농장을 경영하며 호화로운 삶을 누렸지요. 반면 농민들이 교육을 받거나 과거에 응시하여 벼슬에 나아가기란 하늘의 별 따기와도 같았습니다. 토지를 경작하며 세금을 내고 군역을 부담하느라 먹고 살기에도 빠듯했으니, 언제 공부할 틈이나 있었겠어요? 이 차이는 신분만큼이나 뛰어넘기 힘든 벽이었습니다.

지방의 향리들도 지배층에 속했습니다. 이들은 중앙의 문벌처럼 비슷한 부류끼리 혼인하며 향촌 사회의 상류층으로 군림했지요. 과거 등을 통해 중앙 관리로 진출하기도 했고, 그 가운데에는 문벌로 성장하는 부류도 있었습니다.

이러한 고려의 신분 제도는 양천제를 따르면서도 양인 안에서 양반과 중인, 그리고 일반 양민의 차이가 신분으로 굳어진 조선과는 구별됩니다. 하지만 조선 시대에는 지방 농민의 자식들도 서당에서 공부할 기회가 있었으니, 고려 시대 문벌과 농민 사이에 놓인 벽은 조선 시대 신분의 벽보다 더 높았으리라 생각되네요.

## 농민의 부담은 감당하기 어렵고

고려의 백성들은 대부분 농업에 종사하는 농민이었습니다. 이들은 농사를 짓고 살면서 국가에 여러 가지 부담을 져야 했지요. 세금과

**조선 시대의 조운선**

군역이 그 예입니다. 세금에는 조세, 공물, 요역 등 기본적인 세금 세 가지와 여러 가지 잡세가 있었지요. 자세히 알아볼까요?

먼저 조세는 토지에서 생산한 곡식에 부과하는 세금입니다. 고려 태조는 농민의 조세 부담이 너무 많다고 여겨 세율을 10분의 1로 낮췄습니다. 하지만 이것은 토지를 가진 사람이 나라에 바치는 것이고요, 토지가 없어 다른 사람의 토지를 빌려 경작하는 사람은 어떠했을까요? 조세를 내지 않는 대신 땅 임자에게 대개 생산물의 반을 내야 했기 때문에 생활이 넉넉지 않았습니다.

조세로 거두어들인 곡식은 개경으로 운반되었습니다. 산지가 많아 도로와 교통 수단이 발달하지 못한 까닭에 주로 바다와 강을 이용했지요. 이렇게 물길을 이용해 곡식을 운반하는 것을 '조운(漕運)'이라 하고, 조운을 위해 포구에 설치한 창고를 '조창(漕倉)'이라 합니다. 내륙 지방에 있는 고을에서는 해안이나 강가의 포구로 곡식을 운반하고, 여기서 배에 실어 개경으로 운반했지요. 물론 곡식을 포구로 나르는 일도 농민의 몫이었어요. 이렇게 세금으로 거둔 곡식을 실어 나르는 '조운선'은 예성강 어귀의 벽란도에 모두 모였는데, 조운선이 들어올 때면 많은 배들로 장관을 이루었답니다.

둘째, 공물은 일정한 지역 단위로 토산물을 정해진 관청에 바치는 것입니다. 여기에는 농산물·해산물처럼 자연물을 채취하는 것도

고려 시대 교통로와 조운로

있고, 도자기나 종이처럼 원료를 이용해서 제품을 생산하는 것도 포함됩니다.

고려에서는 공물을 원활히 거두기 위해 '소(所:어떤 일을 하는 곳이라는 뜻)'라는 구역을 두었습니다. 소는 원료 생산지나 입지가 좋은 곳에 설치되어 특정 농수산물이나 광산물 또는 수공업 제품을 전담하여 생산했지요.

이러한 소는 생산물에 따라 이름을 붙였습니다. 몇 가지 예를 들면, 금소·은소·동소·철소 등은 광산물을 생산하는 곳이고, 어량소·염소·곽소는 각기 생선과 소금, 미역 등 해산물을 생산하는 곳입니다. 지소는 종이, 자기소는 도자기를 만드는 곳이었지요.

셋째, 요역은 나라에서 필요한 일에 노동력을 제공하는 것을 말합니다. 모든 남자를 대상으로 16~60세까지 부과했지요. 해마다 동원 기간을 법으로 제한했으나 잘 지켜지지는 않았습니다. 요역 때문에 농사일에 지장을 받는 일이 자주 생기곤 했지요.

군역은 요즘으로 치면 국방의 의무를 지는 것입니다. 군인으로 편성된 사람은 정해진 기간 동안 교대로 중앙이나 국경 지대에 가서 복무했지요. 그 동안에는 농사를 지을 수 없어 생계에 지장을 받을 수 있었겠지요. 그래서 복무하지 않는 사람을 배정하여 생계를 돕도록 했어요. 그러나 필요한 장비와 식량, 여비를 군인 스스로 마련해야 했기 때문에 군역은 매우 고된 일이었습니다. 특히 북쪽 지방의 추위는 무척 견디기 힘들었고요.

고려의 농민이 지는 세금과 군역은 감당하기 어려운 부담이었습니다. 풍년이 들면 그나마 형편이 나았지만, 흉년이 들면 당장 입에 풀칠하기조차 힘들었어요. 나라에서는 이에 대비하여 의창과 상평창 제도를 마련했습니다. 의창이란 흉년이 들었을 때 봄에 종자(씨)에 쓸 곡식을 빌려 주고 가을에 받는 제도이지요. 상평창은 풍년이 들어 쌀값이 쌀 때 사들였다가 값이 비싸지면 방출하여 쌀값 폭등을 막는 제도입니다만, 실제는 의창과 비슷한 기능을 했습니다.

　이 제도는 농업 생산을 유지하는 데 초점을 맞춘 것이라 당장 먹고 살기 힘든 농민을 돕는 데에는 턱없이 모자랐습니다. 더구나 어지간한 흉년으로는 세금을 감면해 주지 않았기 때문에 밀린 세금은 쌓여만 갔지요. 할 수 없이 곡식이 많은 사람에게서 비싼 이자를 주고 빌려야 했는데, 이것을 '고리대'라고 합니다.

　대다수 농민들은 고리대의 이율을 감당하기 어려웠어요. 흉년이 계속되면 그나마 있는 토지와 재산까지 모두 팔아야 했습니다. 이렇게 파산한 농민들은 고향을 떠나 떠돌아다녔고, 때로는 도적이 되거나 무력 저항을 시도하기도 했지요. 무신 집권기부터 이런 일들이 자주 일어나는데, 이에 대해서는 고려 2권에서 살펴보겠습니다.

## 관리들의 생활은 나라가 보장하고

동서고금을 막론하고 관리가 되어 복무하면 나라에서는 그 대가를 지불합니다. 지금은 월급이나 연봉처럼 정해진 기간을 단위로 돈을 지급하지만, 고려 시대에는 토지와 녹봉 두 가지를 주었습니다.

　고려에서 관리들에게 토지를 나누어 준 제도를 '전시과 제도'라고 합니다. 5대 경종 때 처음 만들어져 몇 차례 수정을 거친 뒤 11대 문종 때 완성되었지요. 이 제도는 문무 관리를 비롯하여 국가에 각종 직역*을 부담하는 사람들에게 등급에 따라 차등을 두어 전지*와 시지*를 나누어 주는 제도를 말합니다.

　그런데 여기서 한 가지 혼동하지 말아야 할 것이 있습니다. 전시

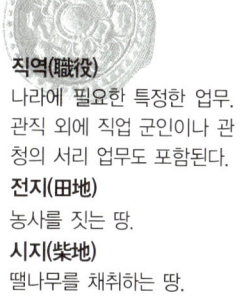

**직역(職役)**
나라에 필요한 특정한 업무. 관직 외에 직업 군인이나 관청의 서리 업무도 포함된다.
**전지(田地)**
농사를 짓는 땅.
**시지(柴地)**
땔나무를 채취하는 땅.

**〈미륵하생경 변상도〉에 실린 농민들의 모습**
당시 농민의 생활 모습을 추측할 수 있는 자료이다.

과 제도에서 토지를 나누어 준다는 것은 땅 자체를 그 사람 소유로 준다는 의미가 아니라는 사실입니다. 실은 그 토지에서 나온 생산물의 일부를 거두어 가질 수 있는 권리를 주는 것입니다. 본디 국가에서 거두어야 할 권리를 관리들에게 넘겨주는 것이지요. 지금의 상식으로 본다면, 나라에서 직접 세금을 거두고 그 가운데 일부를 다시 관리들에게 나누어 주는 것이 합리적일 텐데, 고려에서는 왜 이런 제도를 운영했을까요?

국가에서 세금을 거두고 또 나누어 주려면 절차가 번거롭고 비용이 많이 들겠지요? 또 해마다 곡식을 수확하는 양이 다르므로 재정에 많은 변동이 생기기도 했을 테고요. 수리 시설이나 농법이 제대로 갖춰지지 않은 탓에 농업 생산은 매우 불안정했습니다. 그래서 관리들이 직접 조세를 거두게 하여 운영비와 흉년으로 인한 재정 부담을 줄이려 한 것입니다.

　이 토지는 매매, 증여 또는 상속할 수 없었습니다. 관직에서 물러나면 나라에 다시 돌려주어야 했고요. 다만 나라에 특별한 공을 세워 토지를 내린 경우에는 대물림을 허락했습니다.

　한편 녹봉은 곡식을 받는 것으로, 현직에 근무하는 사람과 왕실 사람들에게 지급했습니다. 국가에 일정 기간 복무하는 공장(工匠: 수공업에 종사하는 사람)에게도 녹봉처럼 곡식을 주었지요. 1년에 두 차례, 정월과 7월에 나누어 주었는데, 관직에 따라 모두 47등급으로 차등을 두었습니다. 1급이 400석, 47급이 10석으로 차이가 무척 컸지요. 나중에는 포(布)를 지급하여 시장에서 쌀을 구입하도록 했습니다.

　여기서 이런 의문이 생길 수 있습니다. 결과적으로는 곡식을 주는 것인데, 왜 전시과와 녹봉 두 가지로 운영했을까? 그것은 지급하는 목적이 달랐기 때문입니다. 전시과는 직역을 부담하는 사람들의 신분을 보장해 주기 위한 것이지요. 일종의 자격에 대한 보상이라고나 할까요? 이에 비해 녹봉은 실제 활동에 대한 수당 또는 생활 경비라는 의미로 이해하면 됩니다.

## 사고파는 경제 생활 엿보기

나라가 처음 설 때부터 개경에는 시전*이 설치되어 상업 활동이 활발히 이루어졌습니다. 12세기 기록인 《고려도경》에 따르면, 개경에는 많은 시전들이 긴 회랑으로 설치되어 아주 번창했다고 합니다.

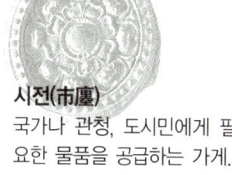

**시전(市廛)**
국가나 관청, 도시민에게 필요한 물품을 공급하는 가게.

긴 회랑으로 된 고려의 시전 풍경

**송나라의 해운 선박**

생활 필수품인 곡식을 비롯해 옷감, 종이, 도자기, 약재는 물론 목가구와 금속 제품 등 다양한 가게가 있었을 것으로 짐작됩니다. 비단을 비롯한 수입품을 취급하는 가게도 있었겠지요.

이 밖에 주민의 먹을거리 등 잡화를 공급하는 가게도 있었지요. 고려 후기의 예이지만, 쌍화점이라는 만두 가게도 있었습니다. '쌍화점'은 만두 가게를 배경으로 사랑을 노래한 고려 속요의 제목이기도 합니다.

지방에도 생활 용품을 사고파는 시장이 있었을 텐데, 자료가 없어 자세한 내용은 알 수 없군요. 다만 경제 면에서 사찰의 비중이 컸던 만큼 지방 사찰들이 경제 활동의 창구 구실을 했으리라 추정할 따름입니다(220쪽 '원찰과 사찰 경제' 참고).

고려에서는 국제 무역도 활발했습니다. 사대 관계를 맺은 요나라·금나라와 조공 무역을 전개했지만, 고려 쪽에서는 수입할 만한 것이 많지 않아 비중이 그리 크지 않았습니다. 오히려 송나라와 활발히 교역했지요. 정식 국교는 수립하지 못했지만, 송나라 상인은 무역과 함께 외교 문서를 전달하는 등 민간 사절 구실도 담당했습니다. 무역로는 거란, 여진에 의해 육로가 막혀 있었기 때문에 주로 바닷길을 이용했습니다.

송나라에 수출한 주요 품목은 금·은과 인삼 등이었고, 수입한 것은 비단과 서적·도자기·약재 들이었습니다. 특히 중국 도자기 수

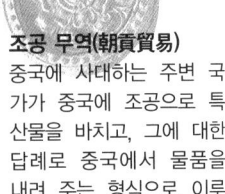

**조공 무역(朝貢貿易)**
중국에 사대하는 주변 국가가 중국에 조공으로 특산물을 바치고, 그에 대한 답례로 중국에서 물품을 내려 주는 형식으로 이루어지는 무역을 말한다.

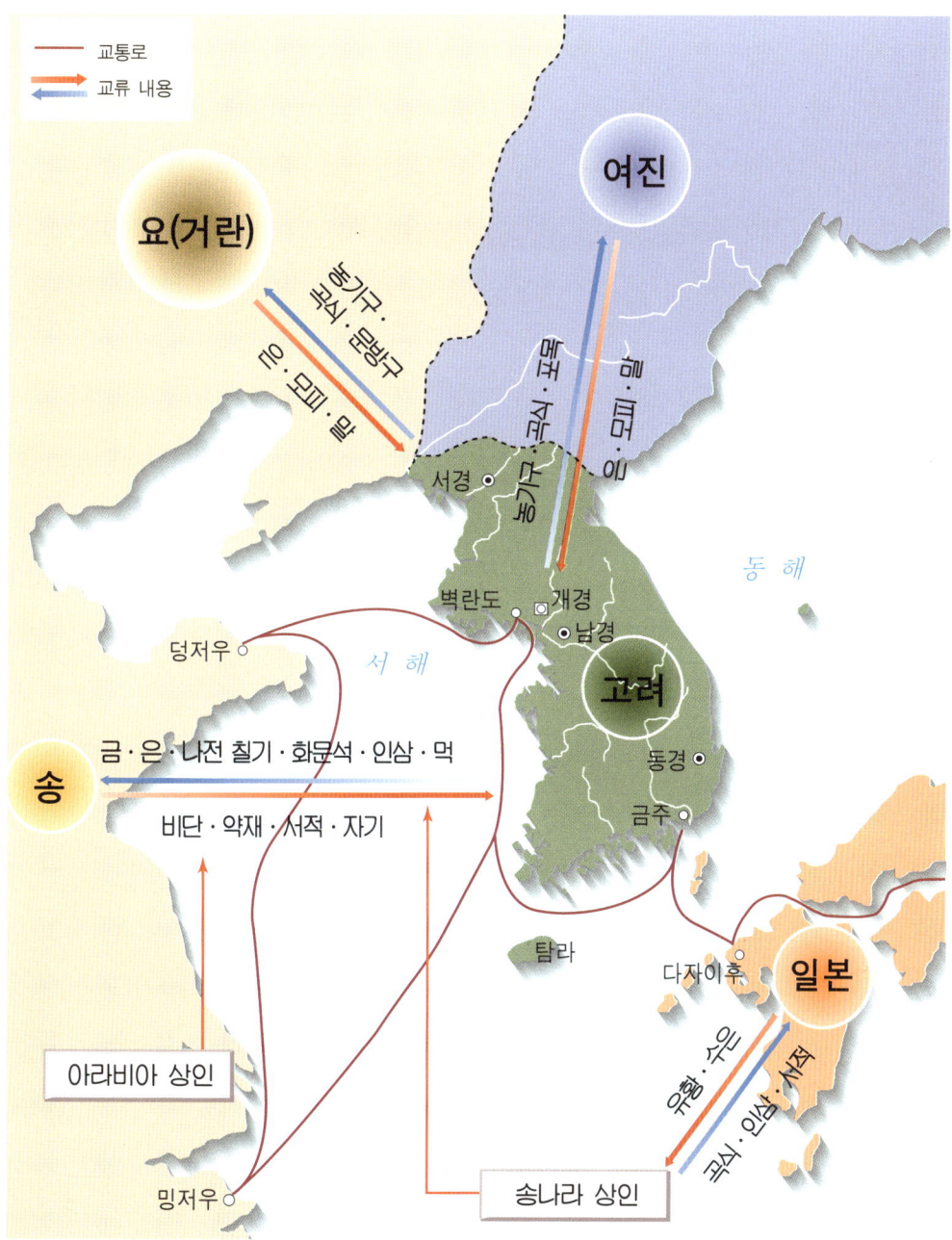

고려 전기의 대외 교역

벽란도에서 외국 상인들과 물건을 흥정하는 고려 사람들

입은 고려 청자가 발전하는 데 밑거름이 되었지요(고려 2권 240쪽 '고려청자와 나전' 참고).

한편 일본은 공식 외교를 맺지 않아 무역도 거의 이루어지지 않았습니다. 다만 송나라 상인들이 일본에 오가며 활동했고, 이들을 통해 일본과 간접적으로 접촉하는 정도였지요. 고려 후기에는 유구(琉球:지금의 일본 오키나와 일대)와 교류가 이루어져 후추 등을 수입하기도 했지요. 언제 것인지는 알 수 없지만, 유구에서 고려 장인이 만들었다는 내용이 새겨진 기와가 나와 두 나라 사이에 교역이 있었음을 짐작케 합니다. 그 밖에 아라비아 상인들도 고려에 왕래했는데, 고려와 직접 교역을 벌인 것이 아니라 송나라에 오는 길에 함께 들르는 형태였지요.

수공업은 관영 수공업과 민간 수공업으로 나눌 수 있습니다. 각 관청에는 여러 종류의 공장이 딸려 있어 해당 관청에 필요한 각종 물품을 제작했지요. 1년에 300일 이상 복무하는 대신 쌀 20석을 받아 생활했습니다.

민간에도 공장이 많이 있었는데, 대표적인 곳이 사찰과 소입니다. 사찰 중에는 종이나 기와 등 사찰 운영에 필요한 물품을 직접 제작하는 곳도 있었습니다. 소는 앞서 설명한 대로 국가에 필요한 제품을 생산해서 바치는 곳이었으니 당연히 공장이 있었겠지요. 그 밖에 농촌의 가내 수공업도 있었지만, 이에 대한 자료가 거의 없어 내용을 알기 어렵습니다.

상공업이 발달한 데 비하면 화폐는 활발히 유통되지 않았습니다. 국제 무역에서는 은을 사용했지만, 국내에서는 쌀과 베가 화폐 기능을 대신했습니다. 필요하면 먹거나 옷을 만들 수 있다는 이점이 있지만, 운반과 보관이 어렵고 오래되면 가치가 떨어지는 문제도 있었지요. 이를 보완하기 위해 금속 화폐를 만들어 보급하려는 노력이 나타납니다.

중국에서는 춘추전국 시대부터 화폐를 만들었지만, 우리 나라에서는 996년(성종 15)에 철전을 만든 것이 처음이며, 숙종 때에 이르러 해동통보를 비롯한 여러 화폐를 만들게 됩니다. 또한 대각국사 의천은 송나라에 유학할 때 화폐 유통의 이점을 경험하고 고려에 돌아와, 숙종에게 화폐 주조를 적극 권했습니다. 숙종은 의천의 건의에 따라 은병을 만들기도 했지만, 널리 쓰이지는 못했습니다. 고려 말에는 중국 영향으로 지폐인 저화((楮貨:닥종이로 만든 지폐)를 제작했으나, 얼마 뒤 고려가 멸망하는 바람에 효과를 거두지는 못했지요.

이처럼 고려에서 화폐 유통이 활발히 이루어지지 않은 이유는 무엇일까요? 고려는 고을 단위로 저마다 자율적으로 운영되었다는 설명, 기억나지요? 상거래 또한 대부분 그 안에서 이루어졌고, 이 거래는 쌀과 베로도 어렵지 않았습니다. 때문에 일반 백성들에게 화폐 유통은 그렇게 절실하지 않았던 것이지요.

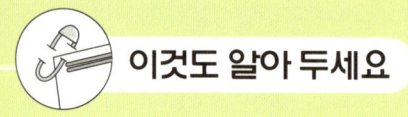 이것도 알아 두세요

## 고려 시대의 금속 화폐

고려 시대 무덤을 발굴하다 보면, 여러 부장품 속에서 중국 동전이 나오는 경우가 종종 있습니다. 이 동전은 왜 여기에서 나오는 것일까요?

크게 두 가지로 생각해 볼 수 있습니다. 하나는 실제로 고려에서 중국 동전이 통용되었을 가능성입니다. 고려가 처음부터 동전 주조를 시도한 것을 보면, 중국 동전이 영향을 끼쳤음을 알 수 있습니다. 중국과 교역하는 과정에서 중국 동전이 들어와 유통되었을 만합니다. 하지만 관련 기록이 전혀 없어 쉽게 단정하기 어렵네요.

다른 하나는 화폐로 통용된 것이 아니라 단지 상징적인 부장품이었을 거라는 짐작입니다. 다음 세상에서 부자 되라는 의미를 담았겠지요. 이 경우는 화폐가 아니라 하나의 상품인 셈이지요. 요즘 실제 거래에는 쓰지 않는 기념 주화 비슷하다고 보면 됩니다.

신안 앞바다에서 나온 중국 무역선에는 도자기와 함께 중국 동전도 많이 실

**건원중보(성종 15년, 996)** 우리 나라 최초의 금속 화폐. 앞면에는 '건원중보', 뒷면에는 '동국'이라는 한자가 새겨져 있다.

**동국통보와 동국중보(목종 원년, 998)**

천안 남산리 1호 무덤에서 출토된 중국 동전들

려 있었습니다. 여기에는 고대부터 침몰 당시까지 다양한 종류의 동전이 있었지요. 이것이 거래를 위한 화폐였는지, 아니면 도자기처럼 그 자체가 하나의 상품이었는지는 아직 분명하지 않습니다. 앞으로 연구해야 할 과제입니다.

한편 고려 시대의 금속 화폐로는 해동통보말고도 삼한통보·해동중보·삼한중보·동국통보·동국중보 등이 기록에 보입니다. 여기서 해동이나 삼한, 동국은 모두 중국에 견주어 우리 나라를 가리킨 말이지요. 대개 숙종 때 만들어져 은병의 보조 화폐로 통용되었지만 오래 유통되지는 못했습니다. 이 가운데 일부는 무덤에서 출토되어 그 존재가 확인되기도 했지요.

은병은 은 한 근으로 병을 만들어 표준 화폐로 삼은 것입니다. 은병 한 개의 가격은 쌀 열 섬에 해당했기 때문에 일반 백성들 사이에서는 거래되지 않았고, 주로 큰 거래에 사용되었습니다. 대신 소액 거래에는 '쇄은'이라 하여 부서진 은 조각을 이용했습니다.

**은병**(숙종 6년, 1101, 추정)
은 한 근으로 우리 나라 지형을 본떠 만든 화폐인데, 입이 넓어 활구(闊口)라고도 했다. 주로 큰 거래 때 사용했다. 현재 실물은 전하지 않는다.

**해동통보**(숙종 7년, 1102)와
**해동중보**(숙종 8년, 1103)

**무문전** 개성 부근의 고려 시대 무덤에서 나온 동전. 앞뒤에 아무런 글씨가 없다. 주로 무덤 속에 넣는 부장품으로 사용된 것으로 보인다.

# 5

## 모든 사상은 나라를 위하여
고려 전기의 학문과 사상

## 불교, 나라와 백성을 밝히는 등불

### 고려 불교의 두 갈래 – 교종과 선종

고려를 이끌어 간 사상과 종교가 불교라는 사실, 다 알고 있지요? 태조 왕건은 후손에게 남긴 〈훈요십조〉 1조에서 고려 건국과 후삼국 통일은 부처님 덕택이라고 인식하고, 전국 곳곳에 사찰을 세워 불법을 닦도록 했습니다. 이에 따라 전국에 많은 사찰이 건립되고 불교가 번창하게 됩니다.

고려 불교는 교종과 선종으로 나뉘어 발전합니다. 교종은 불경의 내용을 연구하여 깨달음을 얻으려는 종파를 말합니다. 화엄종과 법상종이 대표적인 종파이지요. 고려 왕실은 특히 화엄종을 적극 후원했고, 법상종은 인주 이씨 가문의 후원을 받았습니다.

이에 비해 선종은 경전에 의존하지 않고 참선과 수행을 통해 깨달음을 얻으려는 종파입니다. 신라가 삼국을 통일할 무렵에 들어왔지만, 실제 번창한 것은 신라 말에 이르러서입니다. 큰 세력을 가진 성주 중에는 중국에서 유학하고 돌아온 선종 승려들을 적극 후원하는 이도 있었습니다. 세력을 키우면서 주민을 단합시키는 정신적 지주로 삼기 위해서였지요.

교종 불교는 경전 내용을 이해하기 위해 많은 공부를 해야 하는데다 경주의 귀족들과 밀착되어 있었습니다. 때문에 지방의 성주들은 교종에 큰 매력을 느끼지 못했지요. 반면 선종은 높은 학식이 없어도 깨달음에 이를 수 있다고 이야기했습니다. 그만큼 민심을 모으기가 쉬웠겠지요. 이에 성주들은 유명한 승려를 앞다투어 모셔 와서 후원하고 사찰을 창건합니다.

선종은 경전에 의존하지 않는 대신 가르침을 전하는 스승과의 관계를 중히 여깁니다. 그래서 선종 종파는 유명한 고승을 중심으로 제자들이 모여 가르침을 이어받는 형식으로 만들어졌지요. 이렇게 만들어진 종파를 '산문(山門)'이라고 합니다. 선종 교단이 대개 산 속에 자리 잡고 있어 붙여진 이름이지요. 신라 말 고려 초에는 대표적인 산문이 아홉 개 있었다 하여 흔히 '선종 9산문'이라고 부릅니다.

이처럼 고려 불교계는 처음부터 여러 종파로 나뉘어 발전했습니다. 분파가 많아지다 보면 서로 대립하는 일도 생기게 마련이지요. 정부에서도 교단의 분열이 나라의 안정을 해칠 수 있다고 생각했습

선종 9산문의 분포

니다. 불교 내부에서도 분열과 갈등을 극복하고 교단을 통합해야 한다는 주장이 나타나는데, 대표적인 사람이 바로 대각국사 의천입니다.

## 아! 그렇구나 화두와 선문답

선종은 글을 통하지 않고 깨달음을 추구한다. 이것을 두고 흔히 불립문자(不立文字: 문자로 표현하지 않음), 교외별전(教外別傳: 경전 외에 따로 가르침을 전함)이라고 표현한다. 그렇다면 어떻게 깨달음을 얻을까? 바로 직지인심(直指人心: 사람의 마음을 곧바로 성찰함)하여 견성성불(見性成佛: 본성을 찾아 깨달음을 얻음)하는 것이다. 그래서 선종을 수행하는 교단에서 스승과 제자는 마음에서 마음으로 가르침을 전한다. 이것이 바로 이심전심(以心傳心)이다.

하지만 정말 아무 말 없이 침묵으로 가르침을 전할 수는 없는 노릇이다. 단지 구구절절 문자를 나열한다고 해서 깨달음을 찾을 수 있는 것이 아니니, 다른 것에 구애되지 말고 곧바로 자신의 본성을 찾아가야 한다는 말이다.

스승은 제자가 깨달음을 향해 길을 찾아갈 수 있도록 일종의 단서를 주는데, 이것을 '화두'라고 한다. 요즘도 어떤 문제를 풀기 위한 실마리를 화두라는 말로 표현하곤 한다. 제자는 이 화두를 가지고 그 대답을 찾아 수행하고, 스승은 제자의 대답을 통해 깨달음을 인정하는데, 이 대화가 바로 '선문답'이다. 화두를 둘러싼 대화는 대부분 보통 사람들이 이해하기 어려운 비유로 전개된다. 그래서 지금도 남이 알아듣기 어려운 대화를 가리켜 '선문답'이라고 한다.

## 의천, 해동 천태종을 창립하고 속장경을 간행하다

의천은 11대 문종의 넷째 아들로 11세에 출가하여 승려가 되었습니다. 원래 화엄종 승려였으나 분열된 불교계를 통합하기 위해 중국에서 천태종을 들여와 이른바 '해동 천태종'을 열었습니다. 천태종에는 경전 탐구와 참선을 통한 수행을 두루 갖춘다는 취지가 있는데, 의천은 이 점에 주목하여 교종과 선종을 통합하는 바탕으로 해동 천태종을 연 것이지요.

의천의 통합 운동은 숙종의 전폭적인 지원을 받았습니다. 숙종은 인주 이씨 세력을 누르고 왕위를 차지한 인물이지요. 그는 체제 안정을 위해 불교계 통합에도 많은 관심을 가졌습니다. 의천은 숙종의

**영통사 대각국사비(왼쪽)**
개성 소재. 북한 보물급 문화재 36호.
**선봉사 대각국사비**
경상 북도 칠곡군 소재. 보물 251호.

후원으로 창건한 국청사의 주지가 되어 천태종 교리를 강의하며 여러 종파의 승려들을 천태종에 끌어들이려고 했습니다.

**대각국사 묘지석**

그 결과 불교계는 의천을 중심으로 통합되는 듯했지만 한계가 있었습니다. 승려들은 의천의 권위에 눌려 마지못해 합치기는 했지만 각기 딴 생각을 했거든요. 1101년(숙종 6)에 의천이 죽고, 4년 뒤 숙종마저 세상을 떠나자 각 종파들은 다시 흩어지고 말았습니다. 현재 대각국사비는 영통사와 선봉사 두 곳에 있습니다. 영통사는 화엄종, 선봉사는 천태종 사찰이었지요. 제각기 대각국사의 계승자임을 내세우며 비를 건립한 것입니다. 이는 의천이 죽은 뒤 고려 불교계가 다시 분열 대립하는 사정을 보여 줍니다.

의천의 업적으로 꼽는 일 또 하나는 속장경 간행입니다. 앞서 현종 때 거란의 침입으로 나라가 어려움을 겪자, 부처의 힘으로 외적을 물리치려는 염원에서 대장경을 판각했습니다. 이 사업은 1010년 무렵에 시작되어 80년 가까운 시간이 흐른 1087년(선종 4)에 완성을 보았지요.

대장경이 완성된 뒤 의천은 대장경에 포함되지 않은 불경 연구서들을 수집, 정리하여 추가로 펴냅니다. 이것을 보통 '속장경'이라고 하지요. 당시 의천이 작성한 목록에 따르면 정리된 책이 무려 4700여 권에 달했다고 합니다. 신라 고승들의 저술까지 수집해 학술적 가치가

**대각국사 영정** 조선 후기 작품으로 전남 순천시 선암사에 보관되어 있다. 보물 1044호.

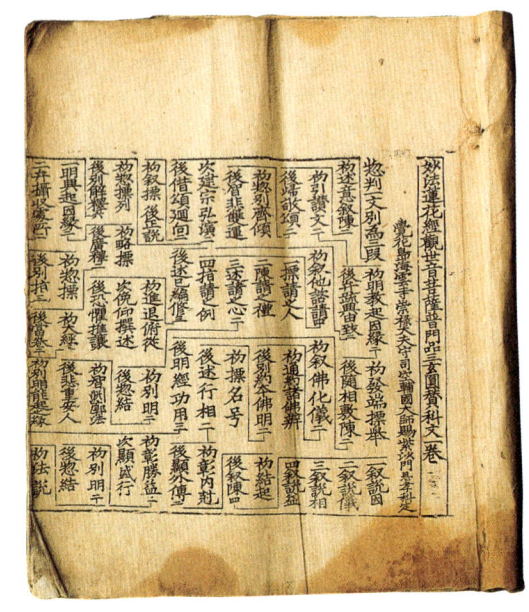

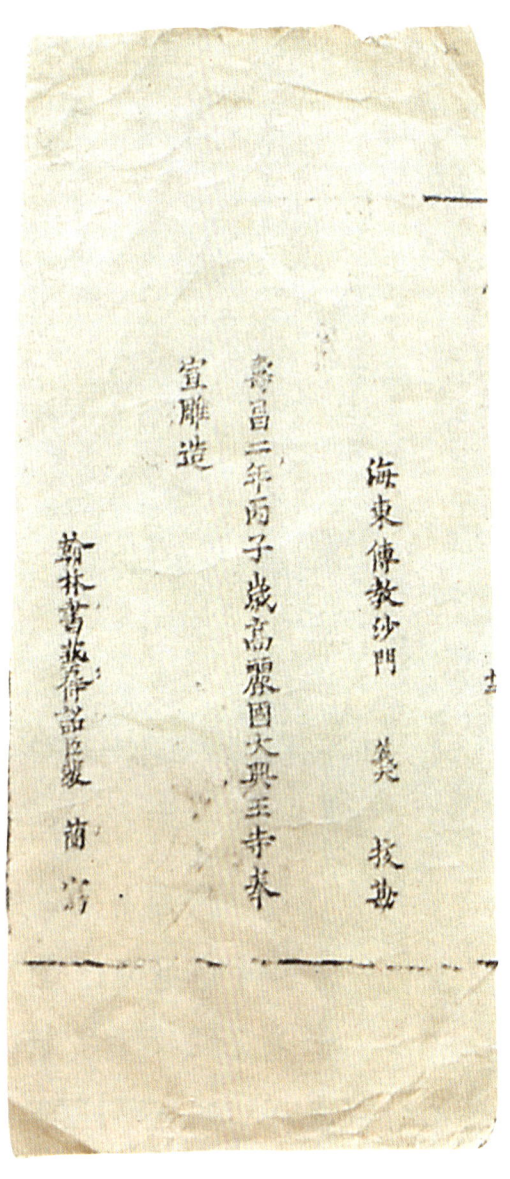

**속장경 인기(왼쪽)**
속장경을 만든 시기와 교정한 사람을 표시한 부분.
**송광사 묘법연화경 관세음보살 보문품 삼현원찬과문**
1099년(숙종 4)에 간행된 속장경의 하나로, 1461년(조선 세조 7)에 간경도감에서 다시 펴낸 것이다. 보물 204호.

높았습니다.

 특히 원효의 저술을 실은 점이 중요합니다. 여러분은 원효에 대해서 얼마나 알고 있나요? 아마 유학을 가다가 해골에 든 물을 마시고 깨달은 바가 있어 유학을 포기하고 돌아왔다는 일화 정도가 아닐까요? 아니면 과부였던 요석 공주와 결혼하여 파계하고 설총을 낳았다는 정도일지 모르겠군요.

 그러나 원효는 우리 나라 불교의 학문 분야에서 커다란 역할을 한 인물입니다. 그의 연구는 오랜 세월 동안 서로 나뉘어 대립하던

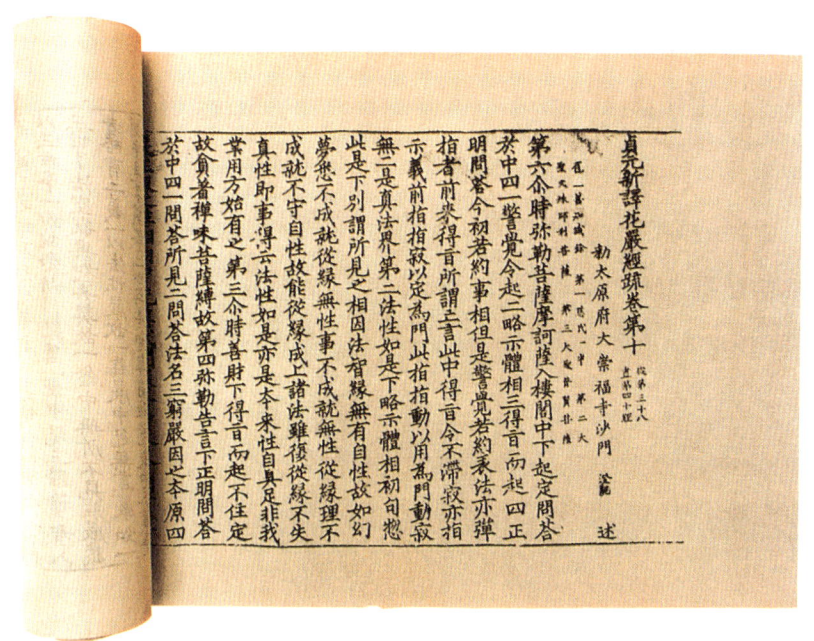

**정원신역화엄경소**
속장경 인쇄본. 일본 소재.

불교계의 이론을 통합하는 발판이 되었지요. 그 성과가 중국까지 전해져 큰 영향을 주었지만, 정작 나라 안에서는 제대로 이어지지 않았습니다. 원효가 대중 교화에 힘쓰며 제자를 키우지 않았기 때문이지요. 그런 원효의 학문적 성과를 재발견하고 높이 평가한 사람이 바로 의천입니다.

그러나 초조 대장경과 마찬가지로 속장경 경판도 전쟁의 불길 속에 사라지고 말았습니다. 개경의 흥왕사에 보관하던 중 몽골 침입 때 불타 없어졌지요. 지금은 이 경판을 가지고 인쇄한 불경 일부와 목록만 전합니다. 그나마 대부분 일본에 건너가 있고 우리 나라에 남은 것은 많지 않습니다.

고려 전기의 학문과 사상 217

### 나라를 위한 성대한 불교 행사

고려 시대에는 불교를 널리 믿은 만큼 불교 행사도 참 많았습니다. 특히 고려의 불교는 나라와 왕실을 위한 종교로 기능했기 때문에 이를 위한 여러 불교 행사가 열렸지요. 대표적인 행사로 여러분도 잘 알고 있는 연등회와 팔관회가 있습니다. 물론 여기에는 일반 백성도 참여하여 나라의 번영과 임금의 만수무강을 빌었답니다.

연등회(燃燈會)는 중생*을 구원하는 부처의 공덕을 등불에 비유한 데서 비롯되었습니다. 등불을 밝혀 부처의 가르침이 어두운 세계에까지 미치기를 기원하는 것이지요. 태조는 〈훈요십조〉에서 연등회의 중요성을 강조했고, 실제로 성대한 국가 행사로 치렀습니다.

연등회는 지금도 매년 불교에서 열리는 큰 행사입니다. 석가 탄신일 즈음이면 절이며 길거리에 많은 연등을 걸어 어둠을 밝히곤 하지요. 그 화려한 모습, 여러분도 본 적 있지요? 고려에서도 석가 탄신일에 연등회를 열었지만, 매년 정월 15일, 곧 대보름에 여는 '상원 연등회'를 가장 큰 행사로 꼽았습니다. 불교 의식을 빌린 이 연등회는 나라의 번영을 비는 의미가 더욱 컸습니다. 이 날 국왕이 태조의 영정을 모신 봉은사에 가서 참배한 것이 그 예이지요.

팔관회(八關會)는 본디 속세의 신자들이 만 하루 동안 불교 수행자가 지켜야 하는 여덟 가지 계율, 곧 팔관*을 실천하는 의식이었습니다. 하지만 고려에서 팔관회는 처음부터 다양한 토속신에게 제사하며, 나라의 평안을 비는 행사였지요. 태조는 〈훈요십조〉에서 팔관회를 하늘과 산천의 여러 신을 섬기는 행사라고 설명한 적 있습니다.

팔관회는 특히 국제 행사라고 부를 만했습니다. 팔관회가 열리면

**중생**
부처의 구제 대상이 되는 이 세상의 모든 생물.

**팔관(八關)**
여덟 가지 금지 사항이라는 뜻.
① 살생하지 말 것
② 도둑질하지 말 것
③ 음탕한 행동을 하지 말 것
④ 거짓말하지 말 것
⑤ 술을 마시지 말 것
⑥ 몸을 치장하거나 노래하고 춤추지 말 것
⑦ 편한 자리에 앉지 말 것
⑧ 제때 아니면 먹지 말 것

나라의 번영을 비는 의미가 더욱 컸던 고려 시대의 연등회

송나라는 물론 멀리 아라비아를 비롯해 주변 나라의 사절과 상인들이 와서 특산물을 바쳤거든요. 자연히 행사를 매개로 국제 무역이 이루어졌지요. 지금 우리 나라를 뜻하는 Korea*는 바로 이 때 왕래한 서역 상인들이 '고려'라는 명칭을 전한 데서 비롯했다고 합니다.

그 밖에 중요하게 꼽을 수 있는 행사가 '인왕도량(仁王道場)'입니다. 도량이란 불교에서 여는 법회를 말하는 것으로, 인왕도량은 인왕경을 설법하는 법회를 말하지요. 인왕은 불교를 수호하는 신이고, 인왕경은 불교가 나라를 지켜 주는 종교임을 설명한 대표적인 경전입니다. 결국 인왕도량은 불교를 통해 나라를 지키고자 하는 마음을 드러내는 행사인 셈이지요.

이처럼 고려의 성대한 불교 행사는 나라를 위해 베푼다는 공통점이 있었습니다. 조선 시대에 들어 이전과 같은 위세를 누리지는 못했지만, 호국 불교의 전통은 그대로 유지되어 현재에 이릅니다.

## 원찰과 사찰 경제

고려 시대 사찰은 신앙 공간이면서 경제적으로도 중요한 곳이었습니다. 왕실과 귀족들은 자기 부모의 명복을 빌거나 가문의 번영을 기원하기 위해 사찰을 세우고 많은 토지나 재물을 기부했어요. 이렇게 건립된 사찰을 '원찰(願刹)'이라고 합니다.

왕실은 물론 문벌 가문들도 저마다 크고 작은 원찰을 가지고 있었습니다. 사찰에 기부한 재산은 세금이 면제되었기 때문에 가문의 재산을 숨기는 데 악용되기도 했지요. 이런 원찰은 대개 그 가문 출신

**Korea**
Korea는 Corea로도 쓰며, 불어로는 Corée(꼬레)라고 한다.

의 승려가 주지가 되어 관리했습니다.

사찰이 펼친 경제 활동 가운데 대표적인 것은 '보(寶)'입니다. 보는 요즘으로 치면 기금에 해당하는데, 일정한 재물을 적립해 놓고 대출 사업을 통해 벌어들인 이자로 여러 경비를 충당하는 것이지요. 보는 꼭 사찰에만 설치된 건 아닙니다. 국립 학교인 국자감에 설치된 학보(學寶)는 학생들의 서적 구입이나 식사비를 마련하기 위한 기금이었습니다. 하지만 보가 가장 활발히 운영된 곳은 역시 사찰이었지요.

사찰에서 운영한 보 가운데 가장 일반적인 것으로는 '기신보(忌辰寶)'를 들 수 있습니다. 기신이란 부모님이 돌아가신 날, 곧 제삿날을 말하는데, 이 날 대개 사찰에서 명복을 비는 행사를 열었습니다. 기신보는 이 때 쓰이는 비용을 대기 위해 설치한 보이지요.

큰 사찰 중에는 토지를 많이 가지고 농장을 운영하는 곳도 있었습니다. 이런 곳은 사방에 '장생표'라는 표지판을 세워 사찰의 영역을 표시했지요. 장생표는 비석이나 돌무더기 혹은 나무 등으로 만들었습니다. 중요한 사찰에는 나라에서 직접 장생표를 세워 영역을

**통도사 국장생 석표(위)** 1085년(선종 2) 국가의 명령으로 통도사의 경계를 확인해 준다는 내용을 새긴 것이다. 보물 74호.
**상천리 국장생 석표** 통도사 국장생 석표와 같은 내용을 담고 있다. 경남 유형문화재 16호.

**현화사에 있는 당간 지주와 7층 석탑**
현종이 세운 원찰인 현화사의 유물들로, 각각 북한 보물급 문화재 38호와 41호로 지정되어 있다. 현화사 석등은 현재 용산에 있는 국립중앙박물관으로 이전되어 있다.

인정했는데, 이를 '국장생'이라고 합니다. 1085년(선종 2)에 세운 경상 남도 양산의 통도사 국장생이 지금까지 전합니다. 뒷날 마을 어귀 같은 곳에 세워진 장승은 이 장생표에서 비롯되었다는 이야기도 있습니다.

또한 사찰은 상업과 수공업에 직접 관여했습니다. 대표적인 것이 이 양조업, 곧 술을 만들어 파는 것이었지요. 승려가 지켜야 하는 계율 가운데 술을 마시지 말라는 조항이 있는데, 사찰에서 술을 만들

**흥천사 종(위쪽)** 조선 태조 이성계가 부인 신덕 왕후 강씨의 명복을 빌기 위해 창건한 사찰이다. 고려 왕실에서 원찰을 건립한 전통을 따랐는데, 종은 현재 덕수궁에 보관되어 있다. 보물 1460호.

**봉선 홍경사비갈 탁본** 홍경사는 1021년(현종 12) 인적이 드물고 도적이 출몰하던 곳에 세운 절로, 뒤에 홍경원이 되었다. 이 비는 홍경사의 건립 경위를 새긴 것이다. 국보 7호.

어 팔다니, 이게 무슨 말일까요? 사정은 이렇습니다.

큰 사찰은 농장을 경영하고 보를 운영했으니 무척 많은 곡식을 가졌겠지요? 그런데 곡식은 오래 두면 썩기 때문에 이를 보완하는 방안이 필요했어요. 그 가운데 하나가 식품으로 가공하는 것인데, 술로 만들어 놓으면 부가 가치가 높으면서 오래 보존할 수 있었습니다. 이 때문에 양조업이 발달했지요.

이 밖에 사찰에서 제작한 대표적인 물품으로는 종이를 들 수 있습니다. 지금이야 흔한 게 종이지만 당시에는 제법 귀하고 비싼 제품이었지요. 사찰은 불경을 만들거나 연등을 제작할 때 종이가 많이 필요했습니다. 그래서 직접 시설을 갖추고 종이를 생산하는 사찰도 있었습니다. 조선 시대에는 여러 사찰들로 하여금 종이를 만들어 나라에 바치게 했는데, 그 덕에 전통 한지의 명맥이 유지되었지요.

종이말고도 건물을 지을 때 필요한 기와, 승려들이 마시는 차 등을 생산했고, 소속 염분(소금 생산 시설)에서는 소금을 공급했습니다. 이러한 물품을 바탕으로 사찰은 경제 활동이 이루어지는 중요한 창구가 되었지요.

사찰은 또한 사람들의 왕래를 도와주는 교통 시설로도 중요한 구실을 했습니다. 곧 마을에서 멀리 떨어진 길에서 사람들에게 식사나 잠자리를 제공하도록 '원(院)'이라는 시설을 두었는데, 이 원은 승려가 관리하는 일종의 사찰이었지요. 조선 시대에는 사찰의 의미가 퇴색하고 교통 시설 기능만 남게 됩니다.

이처럼 고려 사회에서 사찰의 비중은 무척 컸습니다. 그런데 여기서 한 가지 주의할 점! 사찰의 경제 활동은 승려들의 수행과는 다른 차원의 문제라는 것입니다. 왜냐 하면 경제 활동을 하는 사찰들은 대개 왕실과 문벌 가문의 원찰이었고, 이런 원찰은 종교 수행 시설이라기보다는 그 가문의 경제 활동 창구였으니까요. 따라서 사찰에서 술을 만들어 판다고 해서 당시 승려들에게 문제가 있다고 볼 필요는 없답니다.

# 정치 이념과 천하관

## 정치 운영 원칙은 유교에서

고려 사람들의 신앙과 사회 습속은 불교가 주도했지만, 정치 부문에서는 유교도 한몫했습니다. 불교가 인간의 근본적인 번뇌에서 벗어나기 위한 종교로 탄생했다면, 유교는 처음부터 정치 운영을 위한 이념으로 출발했습니다. 정치의 중심인 임금이 지켜야 할 도리를 강조하면서도 그 권위를 인정해 주었지요. 그리고 군주 중심의 정치 운영을 뒷받침하는 논리와 제도를 제공했고요. 이를테면 '충(忠)'이라는 이념은 임금의 권위에 복종하라는 의미를 담았고, 학교와 과거 제도는 나라를 짜임새 있게 운영할 수 있도록 해 주었지요.

신라는 진골 귀족들의 벽에 막혀 임금이 권위를 세우지 못했습니다. 유교가 들어왔지만 한문을 이해하고 활용하는 단계에서 머물렀지요. 곧 정치 이념으로서 제 구실을 못한 것입니다.

그러나 고려는 유교를 통해 임금의 권위를 높이고 효율적인 국가 운영을 꾀했습니다. 신라 말 당나라에서 공부하고 돌아온 유학자들의 영향으로 초기부터 유교 정치 이념을 내세웠지만, 자리를 잡은 것은 6대 성종에 와서입니다. 그 계기가 바로 최승로의 〈시무 28조〉이지요. 2장에서 설명했는데, 기억나요?

여기에서 최승로는 당시의 정치와 사회가 지나치게 불교 쪽으로 흐르는 것을 비판하면서 유교가 병존해야 한다고 주장했습니다. 한편으로 《논어》나 《예기》, 《춘추》 같은 유교 경전을 인용하며 군주와 신하의 도리를 강조하고, 유교 이념에 따른 제도를 시행하라고 요청했습니다. 성종이 그의 건의를 대부분 받아들임으로써 유교 정치 이념이 뿌리내리지요. 그 결과 고려는 불교를 받들면서도 정치는 유교 이념이 주도하는 모습을 띠게 됩니다.

유교 정치 이념이 세워지면서 유교적 의례와 제도가 시행됩니다. 유교는 특히 의례를 중시하는데, 그 이유는 무엇일까요? 유교는 모든 사람이 자기 분수를 지켜 조화를 이룰 때 가장 바람직한 사회가 된다고 봅니다. 이러한 분수를 크고 작은 각종 의례로 표현하기 때문에 의례를 중시하지요.

유교 의례의 중심은 역시 국왕입니다. 모든 가르침은 물 흐르듯 위에서 아래로 내려가게 마련이라고 보았으니까요. 한 나라의 정점인 국왕 및 왕실의 의례가 자리를 잡으면, 신하와 백성들도 그에 따른다는 것이지요. 그러니 국왕의 의례를 모범으로 강조할 수밖에요.

고려 역시 국가와 왕실 차원의 의례를 정비해 나갔는데, 이것이 '오례'입니다. 유교 이념을 받아들인 왕조는 저마다 오례를 정비하게 마련인데, 우리 나라에서는 고려 때부터 시행했습니다. 이에 비해 일반 가정의 의례는 고려 말에 성리학을 도입하면서 서서히 유교식으로 바뀌어 나갑니다.

국왕의 통치를 비판하고 조언하는 데에도 유교 논리가 널리 이용되었습니다. 유교에서는 하늘과 사람이 서로 연결되어 있다고 보고, 천재지변은 곧 인간 사회의 문제점이 드러나는 것이라고 이해했습니다. 그래서 천재지변이 생기면 국왕과 신하들이 반성하는 계기로 삼았지요. 고려에서도 이런 모습을 찾아볼 수 있는데, 가뭄이

**오례(五禮)**
국가나 왕실의 각종 행사에 사용되는 의례를 다섯 가지로 분류하여 정리한 것. 오례는 각종 제사 의례인 길례(吉禮), 상례인 흉례(凶禮), 군대 의례인 군례(軍禮), 사신을 접대하는 의례인 빈례(賓禮), 결혼과 책봉 등의 의례인 가례(嘉禮)로 구성되어 있다.

## 아! 그렇구나 종묘와 사직

오례 가운데 길례에는 나라에서 행하는 여러 제사가 포함되는데, 이 가운데 종묘(宗廟)와 사직(社稷)의 제사가 가장 대표적이다. 종묘는 왕실의 선조를 제사하는 곳이고, 사직은 농경의 신을 제사하는 곳이다. 이 두 시설은 왕궁을 기준으로 동서 양편에 자리한다. 조선의 경우, 경복궁의 동쪽인 종로 4가에 종묘가 있고, 서쪽인 사직 터널 앞에 사직이 있다.

종묘와 사직은 그 자체가 왕조를 상징한다. 이 때문에 흔히 나라의 운명을 말할 때 '종묘 사직', 또는 줄여서 '종사'라는 표현을 쓰곤 한다. 아마 여러분은 역사 드라마 같은 데서 정확한 뜻을 이해하지 못한 채 들었을 텐데, 이 기회에 정확히 알아 두길 바란다.

들거나 할 때 국왕이 덕이 모자란 탓이라고 자책하는 것이 그 보기입니다.

또한 국왕과 신하들의 잘못을 비판하는 언관(言官:언론 활동을 담당하는 관원)을 두었습니다. 조선에서는 홍문관·사헌부·사간원 등 이른바 삼사의 관원들이 언론 활동을 했지요. 고려에서는 중서문하성에 속한 낭사들과 뒷날 사헌부로 바뀌는 어사대 관원들이 정치 비판 기능을 수행했습니다.

## 나라를 이끌 인재를 키우자 – 학교와 과거 제도

유교는 관직에 나아가 이상을 실현하는 것을 목표로 삼았고, 공부 역시 관직을 수행할 수 있는 능력을 키우는 과정이었습니다. 마땅히 정치 이념의 근거가 되는 경전과 역사서의 내용을 이해하고, 더불어 그것을 이용하여 문장을 지을 수 있은 능력이 필요했지요. 따라서 유교 정치 이념을 내세운 데 발맞춰 유교를 익히기 위한 학교 제도와 관리를 선발하는 과거 제도가 정비되어 나갑니다.

태조는 즉위한 뒤 곧 서경에 학교를 설치하는 등 일찍부터 학교 제도를 정비하고자 노력했습니다. 성종 때에는 국립 학교인 국자감을 완성하고 지방 교육에도 신경 쓰는 등 각별한 노력을 기울였지요. 하지만 고려는 공립 학교보다는 사립 학교 쪽이 더 발전합니다. 이 사립 학교는 당대의 유명한 학자를 스승으로 모시고 학문을 배우는 형식으로 운영되었지요.

고려의 사립 학교는 문벌이 자리 잡는 문종 때 전성기를 맞이합니다. 당시 대표적인 사학이 12개 있었는데, 이를 흔히 '사학 12도'라고 불렀지요. 여기서 '도(徒)'는 누군가를 따르는 무리를 가리킵니다. 이들 가운데 '해동 공자'라는 칭송을 들을 만큼 학문이 뛰어났던 최충을 스승으로 모신 무리가 가장 유명했습니다. 이 사학은 뒤에 최충의 시호를 따서 '문헌 공도'라고 불립니다

요즘 사교육이 심각한 사회 문제라는 사실 잘 알지요? 사교육이 널리 퍼지고 인기를 얻으면 공교육은 설 자리를 잃게 마련입니다. 이로 인해 교육비가 늘어나고 관청의 여러 업무가 학연에 따라 움직이는 문제를 낳기도 하지요. 국가 입장에서 사교육 번성은 바람직하지

**개성의 성균관**
고려의 국립 학교인 국자감은 원 간섭기에 성균관으로 이름이 바뀌었다.

않은 일이니 자연히 공교육을 활성화하기 위해 노력하게 되지요. 옛날에도 그랬나 봅니다. 16대 예종은 국자감 안에 '7재'라고 하는 전문 과정을 두고 학문을 장려하여 공교육을 일으키려고 했습니다. 그러나 별 효과를 거두지 못했지요.

무신 정권기와 원 간섭기를 거치면서 공교육은 이름만 남게 됩니다. 공민왕 때 성균관을 중건하고 학자를 키우면서 비로소 공교육이 되살아나지만, 얼마 뒤 고려 왕조가 막을 내리게 되지요. 결국 고려 시대는 사교육 시대라고 말해도 지나치지 않은데, 이는 고려 사회가 문벌 중심으로 운영된 것과 관계가 깊습니다.

학교는 인재를 키워 관료로 활용하기 위해 세운 만큼 과거 제도와 뗄 수 없는 관계였습니다. 과거는 국가에서 일정한 교과목을 시험하여 그 성적에 따라 관리를 뽑는 제도를 말합니다. 이 제도가 시행되기 전에는 관리를 특정 가문에서 대물림하거나 국왕 또는 귀족 회의

고려 전기의 학문과 사상

에서 적절히 임명했지요. 그러니 아무래도 능력보다 출신을 더 중요하게 여겼겠지요? 물론 과거 제도라고 해서 출신을 따지지 않은 것은 아니지만, 전에 비해 능력을 중요하게 여긴 것은 분명합니다.

고려의 과거는 전공 시험의 내용에 따라 구분했습니다. 곧 문장을 짓는 능력을 시험하는 제술업, 경전 이해를 시험하는 명경업, 그리고 전문 분야를 시험하는 잡업 등 크게 세 가지로 나뉩니다. 잡업에는 지리, 수학, 의학, 법률 등 여러 전공이 들어 있었고요.

그런데 고려의 과거 제도는 조선 시대와 비교할 때 몇 가지 특징이 있습니다. 첫째, 시험관의 재량이 컸다는 점입니다. 고려의 과거는 '지공거'라고 부르는 시험관을 임명하여 그의 재량에 따라 합격자를 뽑는 방식이었지요. 이 때 시험관을 '좌주(座主)', 합격자를 '문생(門生)'이라고 했어요. 문생 입장에서 보면 좌주는 자신을 뽑아 준 은인인 셈이어서 둘 사이에는 스승과 제자, 또는 부모와 자식에 버금가는 친분이 생겼지요. 이 관계는 정치적으로 서로 끌어 주고 밀어 주는 관계로 발전하곤 했습니다. 때문에 조선 초기에 서로 파당을 만드는 행위라 하여 폐지되기에 이릅니다.

둘째, 무과 시험이 없었다는 점입니다. 고려에서 무과는 망하기 직전인 공양왕 때 처음 설치됩니다. 이는 고려 사회가 문신 중심이었음을 잘 보여 주지요. 고려에서 무신은 군인 가운데 자질이 뛰어난 사람을 뽑거나 무반 가문에서 대를 이어 담당했습니다. 따라서 무신은 문신과 함께 양반을 구성하면서도 문신에 비해 지위가 낮게 여겨졌는데, 이것이 뒷날 무신 정변이 일어나는 하나의 원인이 됩니다.

셋째, 관리 선발에서 음서가 큰 비중을 차지했다는 점입니다(158쪽

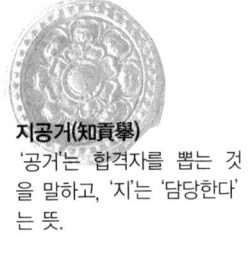

**지공거(知貢擧)**
'공거'는 합격자를 뽑는 것을 말하고, '지'는 '담당한다'는 뜻.

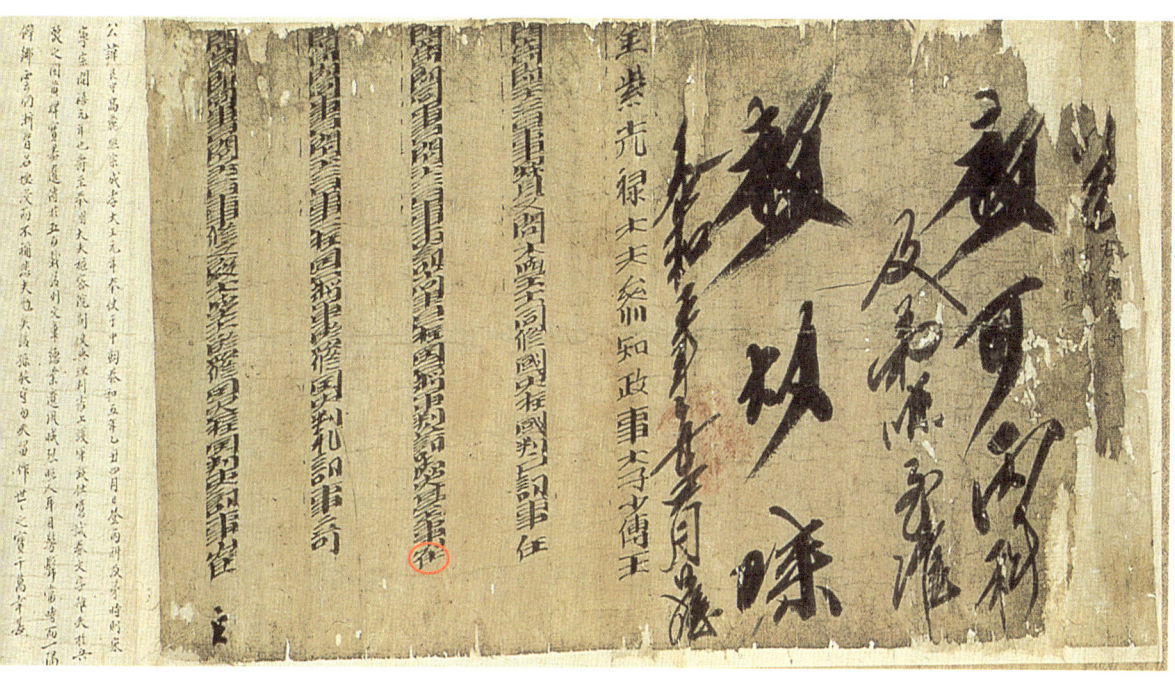

**장양수 급제 패지**
1205년(희종 1)에 진사시에 급제한 장양수에게 내린 증명서이다. 발급자 명단에 당시 집권자인 최충헌의 서명이 보인다. 국보 181호.

'음서를 받는 방법' 참고). 고려의 경우 1품에서 9품까지의 관직 가운데 5품 이상을 지내면 자신과 혈연 관계에 있는 사람에게 관직을 줄 수 있었습니다.

물론 음서보다는 과거 시험 성적을 높이 쳐 주었지요. 그러나 음서 출신이라고 해서 승진하는 데 특별히 제약을 두지는 않았습니다. 음서로 관직에 나아가 재상에 이르는 경우도 많았고, 아예 가문에서 시간이 걸리는 과거보다는 일찍 관직에 나갈 수 있는 음서를 강요하는 예도 있었지요. 문벌은 굳이 과거 시험을 치르지 않고도 음서를 이용하여 가문의 위세를 유지할 수 있었던 것입니다.

과거 제도에서도 문벌 중심이라는 고려 사회의 특징이 잘 나타난다고 할 수 있겠군요.

##  고려 시대의 과거 제도

예나 지금이나 시험은 절차도 복잡하고 까다로운 규정도 많다. 고려의 과거는 어떠했을까? 다 소개하면 무척 복잡하니 여기서는 제술업과 명경업을 중심으로 대체적인 내용만 알아보기로 하자.

- **시험 단계** : 과거 시험은 3차에 걸쳐 시행했다. 먼저 일정한 지방 단위로 시험을 치른다. 합격자들은 국자감에서 2차 시험을 치른다(이를 '국자감시'라고 한다). 여기서 합격한 사람과 국자감에서 3년 이상 공부한 사람, 이미 관직에 나가 일정 기간을 지낸 사람을 대상으로 최종 시험을 치른다(이를 '예부시'라고 한다).

- **시험 과목** : 제술업은 경의(經義 : 경전의 뜻)와 시(詩)·부(賦)를 시험했는데, 앞 과목을 통과해야 다음 과목을 볼 수 있도록 했다. 명경업은 유교의 기본 경전인 오경(五經 : 시경, 서경, 주역, 예기, 춘추)을 대상으로 파문(破文 : 문장 완성)과 의리(義理 : 내용 이해)를 시험했다.

- **응시 자격** : 원칙적으로 천인 신분이 아니면 누구나 응시할 수 있었지만, 오랜 기간 학습해야 했으니 지배층이 아니면 응시하기 어려웠을 것이다. 다만 부모가 돌아가신 경우에는 탈상 때까지 응시를 제한했고, 6품 이상의 관원은 응시할 수 없도록 했다.

- **응시 절차** : 시험에 응시한 사람은 행권(行卷)과 가장(家狀)을 제출한다. 행권에는 성명과 본관, 사조(四祖 : 부, 조, 증조, 외조)를 적는다. 기본적인 응시 원서인 셈이다. 가장은 응시자의 혈연 관계에 문제가 없음을 증명하는 것인데, 요즘으로 치자면 주민등록이나 호적 등본에 해당한다. 이 때 인적 사항은 행

권의 첫머리에 쓰고 풀로 붙여 시험관이 볼 수 없도록 했다. 친분이나 청탁에 따른 부정 행위를 막기 위해서다. 요즘도 시험지를 채점할 때 보통 이름 부분을 가린다.

- **문제 출제와 합격자 발표** : 시험 문제는 국왕의 결재를 받아 출제한다. 시험이 끝나면 지공거가 채점하여 합격자의 답안지 뒷면에 등수를 적어 보고한 뒤 이를 발표한다.

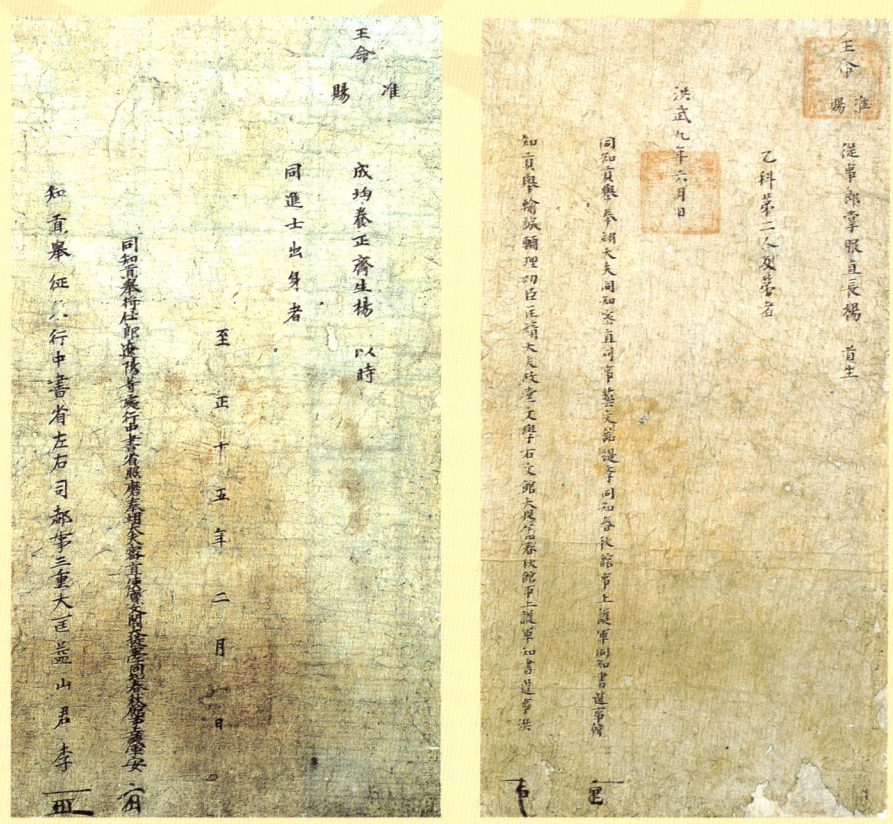

**양이시(왼쪽), 양수생 홍패** 1355년(공민왕 4) 및 1376년(우왕 2)에 각각 과거에 급제한 양이시와 양수생에게 발급한 증명서이다. 보물 725-1·2.

## 사대하면서도 황제국을 자처하다 – 다원적인 천하관

유교 정치 이념은 국제 관계에도 반영되었습니다. 그 예로 천하관을 들 수 있지요. 여러분에게는 천하관이란 말부터 생소할 텐데, 간단히 말해 자기 나라와 다른 나라를 포함하는 세계, 곧 천하의 질서에 대한 생각을 가리킵니다. 요즘으로 치면 '국제 질서에 대한 이해'에 해당한다고 할까요?

중국은 전통적으로 자신이 천하의 중심이라고 생각해 왔고, 유교는 이것을 이념적으로 뒷받침했지요. 중국과 교류하면서 유교 이념을 받아들인 나라는 대개 중국이 천하의 중심임을 인정하고 자신은 그 영향을 받는 주변 나라로 여겼습니다.

이러한 관계를 표현하는 것이 바로 사대 외교입니다. 사대 외교란 중국 주변의 작은 나라들이 큰 나라인 중국을 섬긴다는 뜻으로, 중국 중심의 천하관에 따른 국제 질서를 가리킵니다. 이 때 중국과 주변 국가는 천자(황제)와 그를 받드는 제후의 관계로 여겨집니다. 둘 사이에는 그 관계에 걸맞은 각종 의례와 격식이 적용되지요.

먼저 제후는 천자가 행하는 의례를 따라할 수 없습니다. 천자나 황제라는 칭호를 사용할 수 없고, 하늘에 대한 제사도 지낼 수 없지요. 독자적인 연호를 제정할 수 없기 때문에 중국의 연호를 가져다 연도를 표시해야 합니다. 국왕에 적용되는 모든 용어와 격식, 의례는 천자의 것과 구별되지요.

또한 천자에게는 제후를 책봉할 권리가 있습니다. 중국에 사대하는 주변 나라에서 새 국왕이 즉위하면 반드시 천자에게 보고해야 했습니다. 그리고 책봉 문서를 받아야 국왕으로 행세할 수 있었지요.

# 아! 그렇구나 천자와 제후에 관계된 용어

천자와 제후는 의례와 격식 등 여러 면에서 차이가 있었는데, 사용되는 용어도 뚜렷이 달랐다. 그 가운데 여러분도 역사 드라마 등에서 익히 들었을 만한 것도 많은데, 이번에 그 의미도 알아 둘 겸 서로 비교 정리해 보자.

| 구 분 | 천 자 | 제 후 |
|---|---|---|
| 천자/제후의 명령 | 조(詔), 선(宣), 칙(勅) | 교(敎) |
| 천자/제후의 부인 | 황후(皇后) | 왕후(王后) |
| 천자/제후의 아들 | 태자(太子) | 세자(世子) |
| 천자/제후에게 올리는 글 | 표(表) | 전(箋) |
| 천자/제후가 자신을 가리키는 말 | 짐(朕) | 고(孤), 과인(寡人) |
| 신하가 천자/제후를 부르는 말 | 폐하(陛下) | 전하(殿下) |
| 천자/제후의 장수를 기원하는 말 | 만세(萬歲) | 천세(千歲) |
| 천자/제후가 사는 곳 | 황궁(皇宮) | 왕궁(王宮) |

고려에서는 대체로 천자에 해당하는 용어를 썼고, 조선은 모두 제후의 격에 맞춰 사용했다. 앞으로 역사 드라마나 책을 볼 때 한번 확인해 보길 바란다.

물론 천자가 주변 나라의 국왕을 실제로 임명할 수 있다는 의미는 아닙니다. 단지 상징적이고 의례적인 행위였을 따름이지요. 하지만 주변 나라 국왕에게 천자의 책봉은 자신의 왕위를 안팎으로 공인하는 것이었습니다. 당연히 명분상 중요한 의미가 있었겠지요.

고려는 중국 왕조, 또는 중국을 차지한 북방 민족의 왕조와 사대 외교를 했습니다. 그런데 대외적으로는 사대 형식을 따랐지만 나라 안 의례는 황제의 의례에 맞추었지요. 몇 가지 예를 들어 볼까요?

먼저 고려의 백성은 국왕을 '천자' 또는 '황제'라고 불렀습니다. 정치 제도는 중국과 동일한 3성 6부제를 시행했고요. 국왕은 천자의 옷인 황색 옷을 입었고, 천자만이 지내는 하늘에 대한 제사도 지냈습니다. 국왕에 관련된 여러 용어들도 모두 천자의 용어와 같았어요. 이는 나라 안에서도 사대의 격식을 지킨 조선과 다른 모습입니다.

결국 고려의 천하관은 대외적인 것과 대내적인 것이 달랐다고 할 수 있습니다. 대외적으로는 중국과 사대 관계를 맺고 그 격식을 따르면서도, 대내적으로는 자신을 천하의 중심이라고 생각한 것이지요. 이러한 관념을 '외왕내제(外王內帝)'라고 표현합니다. 겉으로는 왕, 곧 천자 밑에 있는 제후이면서 안으로는 황제, 곧 천자의 격식을 갖춘다는 의미이지요.

고려가 이와 같은 천하관을 가졌다는 것은 그만큼 외부의 영향을 덜 받았음을 뜻합니다. 그 이유는 무엇일까요? 가장 먼저 국제 정세를 들 수 있습니다. 당시 중국은 한족의 왕조인 송나라가 줄곧 북방 민족인 요나라, 금나라와 맞서는 상황이었습니다. 이들은 서로 천자라고 하면서 때로는 대립하고 때로는 화해하면서 공존하고 있었지요.

## 아! 그렇구나 〈풍입송〉과 해동 천자

〈풍입송(風入松)〉은 고려 가요의 하나이다. '소나무 숲에 바람이 분다'는 뜻인데, 고려 국왕의 덕을 노래한 것이다. 그런데 노랫말 앞부분에 이런 내용이 보인다.

> 해동 천자(海東天子), 지금의 제불(帝佛: 부처처럼 섬기는 황제)께서
> 하늘의 도움을 입어 가르침을 베푸시니
> 세상을 다스리는 깊은 은혜
> 세상 고금에 드물도다
> 외국이 달려와 모두 기대고
> 사방이 평안하여 무기를 버리니
> 그 성스러운 덕
> 요탕(堯蕩: 요 임금과 탕 임금)으로도 견주기 어렵도다.

여기서 특히 '해동 천자'라는 표현이 눈길을 끈다. 해동은 중국의 바다 건너 동쪽이라는 의미로 우리 나라를 가리킨다. 해동 천자는 중국의 천자말고 해동, 곧 고려에도 천자가 있음을 나타낸다. 이 노랫말은 고려 국왕이 나라 안에서는 천자로 숭배되었음을 보여 주는 것으로, 다원적 천하관의 대표적인 사례이다. 중국에서 가장 이상적인 군주인 요 임금과 탕 임금(은나라를 세운 임금)보다 고려의 국왕이 낫다고 내세운 것도 그러한 생각에서 나왔다.

이 노래는 무척 아름다워 조선에서도 연주되었다. 다만 가사 내용이 명나라에 대한 사대에 어긋난다 하여 '해동 천자'를 '성명 천자(聖明天子)', 곧 '성스럽고 명철한 천자'라고 바꾸어 연주했다. 느닷없이 중국 천자의 덕을 찬미하는 노래가 된 것이다. 고려와 조선의 천하관이 어떻게 다른지 잘 보여 주는 대목이다.

**최함 묘지명**
금나라에 사대하는 용어를 사용하면서도 칸을 띄어 격을 높이는 격식을 적용하지는 않았다. 국립 중앙 박물관 소장.

　이러한 정세 때문에 요나라와 금나라는 고려를 적극적으로 압박할 수 없었습니다. 이에 고려가 자신에게 사대하면서 송나라로 기울지 않도록 하는 선에서 외교 관계를 정리했지요. 고려가 송나라와 비공식적으로 교류할 수 있었던 것도 이러한 여건 때문입니다. 나라 안 정치에도 외부 간섭을 별로 받지 않았기 때문에 스스로 황제라는 관념을 가질 수 있었던 것이고요. 나아가 고려는 주변에 있는 여진이나 탐라를 대상으로 황제의 나라로서 권위를 과시하기도 했습니다.
　하지만 이러한 천하관은 원나라의 간섭을 받게 되면서 사라집니다. 황제의 격에 맞추었던 모든 제도와 의례가 제후의 격에 맞추어 바뀝니다. 그리고 조선에서도 명나라에 대한 사대를 중요한 가치로 받아들이게 되지요.
　우리에게 익숙한 사대의 내용은 조선 시대의 것입니다. 그러니 고려라는 나라를 이해하기 위해서는 무엇보다 사대 외교를 펴면서도 독특한 천하관을 유지했다는 점을 기억해야겠습니다.

# 인간과 우주에 대한 생각

### 또 하나의 사상 체계 – 음양 오행론과 풍수 도참설

지금부터는 음양 오행론과 풍수 도참설에 관한 이야기를 하려 합니다. 이것은 옛날 우주의 본질과 변화, 인간의 삶과 역사 전개를 설명하기 위한 이론으로 만들어졌습니다. 유교나 불교와 함께 고려 역사에 큰 영향을 미친 사상이라 꼭 살펴볼 필요가 있지요.

여기에서 풀어 나갈 내용은 여러분이 이해하기 좀 어렵게 느껴질 수도 있습니다. 하지만 내용을 차근차근 읽어 나가면 '아! 그렇구나' 할 때가 있을 것입니다. 왜냐 하면 이 사상은 알게 모르게 우리 생활에 깊이 스며들어 있으니까요. 조금 어렵더라도 한번 팔을 걷어붙이고 끝까지 가 봅시다.

음양 오행론은 음양론과 오행론을 합쳐 부르는 말입니다. 둘 다 고대 중국에서 우주의 본질과 변화를 설명하기 위해 만들어진 이론이지요. 처음에는 따로 출발했지만 나중에 하나의 이론으로 합쳐졌습니다.

한편 풍수 도참설은 풍수지리설과 도참설을 합쳐 부르는 말입니다. 풍수지리설은 땅의 기운에 따라 인간의 길흉과 화복이 정해진다는 이론이고, 도참설은 미래에 대한 예언을 말합니다.

자! 그럼 하나하나 살펴볼까요?

## 두 가지 요소가 맞물린 세계 - 음양론

음양론에서는 우주가 양(陽)과 음(陰) 두 가지로 구성되어 있다고 봅니다. 만물이 양과 음의 결합 상태로 존재한다는 뜻이지요. 양과 음은 서로 반대되는 성질을 띠는데, 서로 섞일 수도 없고 서로 떨어질 수도 없습니다. 도대체 무슨 뜻이냐고요?

예를 들어 설명해 보지요. 우리가 흔히 쓰는 표현 중에 '빛과 그림자'라는 말이 있습니다. 빛이 없다면 그림자도 생길 수 없겠지요? 곧 한쪽에 빛이 있으면 다른 쪽에는 그림자가 생기게 마련입니다. 이 말은 대개 좋은 일이 있으면 나쁜 일도 있게 마련이라는 의미로 사용합니다.

비슷한 표현으로 '동전의 앞뒷면'이라는 말도 있지요. 앞면과 뒷면은 반대잖아요. 하지만 동전은 하나입니다. 앞면과 뒷면은 서로 섞이지도 않지만 나누어질 수도 없는 성질이 있지요. 음양론은 바로 이러한 원리를 논리적으로 정리한 것이라고 생각하면 됩니다.

양과 음은 고정된 것이 아니라 각기 자라나거나 줄어드는 과정을 밟습니다. 그런데 전체 양에는 변화가 없어 음이 자라나면 반대로 양은 줄어들고, 반대로 음이 줄어들면 양은 자라나게 됩니다. 이러한 작용에 따라 우주의 변화가 나타난다고 보는데, 좀 어렵게 느껴지나요?

그럼 계절의 변화를 예로 들어 보겠습니다. 음이 가득한 계절은 겨울입니다. 여기서 양이 자라나면 점점 따뜻해져 봄이 되고, 양이 더욱 자라 가득하면 여름이 되지요. 여기서부터 다시 음이 자라기 시작하는데, 날씨가 점점 차가워져서 가을이 됩니다. 그리고 음이

## 아! 그렇구나 음양론과 태극기

누구나 태극기를 그려 본 적이 있을 것이다. 이 태극기가 바로 음양론이 사용된 가장 대표적인 보기이다. 태극기 중앙에 있는 것이 태극(太極)이고, 네 귀퉁이에 있는 것이 팔괘(八卦) 가운데 건(乾)·곤(坤)·감(坎)·이(離) 4괘이다. 태극이란 음양이 나누어지기 전의 근원적인 단계를 말하는 것으로, 태극기의 태극 모양은 각기 양(붉은색)과 음(푸른색)을 상징하여 둘이 융합된 모습을 표현한다.

팔괘란 음양이 분화되어 나타나는 다양한 모습을 표현한 것이다. 음양이 한 번 분화하면 4개 요소가 되는데, 이것을 사상(四象)이라 한다. 그 네 가지는 노양(老陽), 소양(少陽), 노음(老陰), 소음(少陰)이다. 한의학에서 '사상 의학'이란 말을 들어 보았을 텐데, 사람의 체질을 사상에 따라 나누는 것이다. 다만 표현이 노양·노음 대신 태양·태음이라 하는 차이가 있다.

여기서 다시 한 번 분화하면 8개의 요소가 만들어지는데, 이것이 팔괘이다. 팔괘는 3개의 선으로 표시하는데, 이를 '효(爻)'라고 한다. 실선이 양을 나타내는 양효(陽爻), 중간이 끊어진 선이 음을 나타내는 음효(陰爻)이다. 건괘는 양효가 3개, 곤괘는 음효가 3개이고, 감괘는 음효 사이에 양효가 끼인 것, 이괘는 양효 사이에 음효가 끼인 것이다. 태극기가 처음 만들어질 때에는 팔괘를 모두 그렸는데, 나중에 모양이 좌우 대칭인 네 가지만 남겨 놓아 지금의 태극기 모습이 되었다.

팔괘가 있는 옛 태극기(왼쪽)와 오늘날의 태극기

더욱 자라 가득하면 다시 겨울이 되지요.

하루의 시간도 음양으로 설명됩니다. 여러분도 한번 해석해 보세요. 밤은 음이 가득한 것이고, 양이 자라면서 아침이 됩니다. 양이 더욱 자라 가득하면 낮이 되고, 이로부터 다시 음이 자라면 저녁이 됩니다. 그리고 음이 가득하여 다시 밤이 되지요.

음과 양은 서로 반대되는 성질이 있습니다. 양은 밝고 따뜻하며, 음은 어둡고 차갑습니다. 양은 강건하고 음은 유연합니다. 만물 중에는 각기 양과 음을 상징하는 것들이 따로 있지요. 하늘은 양이고 땅은 음입니다. 남성은 양이고 여성은 음이고요. 해는 양이고 달은 음입니다.

자, 이 정도면 음양론이 조금은 이해되나요? 여러분은 이만큼만 알고 있어도 될 것 같네요. 다음에는 오행론으로 넘어가겠습니다.

### 다섯 가지 요소가 순환하는 세계 – 오행론

오행론은 우주의 본질을 다섯 요소로 규정합니다. 이 다섯 요소는 수(水:물)·목(木:나무)·화(火:불)·토(土:흙)·금(金:쇠)이지요. 낯설지 않은 이름이지요? 요일에도 보이고, 태양계 명칭에도 보입니다.

오행론은 이 다섯 요소의 순환 작용을 통해 우주의 변화를 설명합니다. 그럼 오행은 어떤 식으로 순환할까요? 그것은 두 가지가 있는데, 하나는 '상생(相生)', 다른 하나는 '상극(相剋)'이라고 합니다.

상생은 오행이 서로 발생시키는 관계에 있다는 것입니다. 그 순서는 수가 목을 낳고, 목은 화를 낳으며, 화는 토를 낳고, 토는 금을 낳

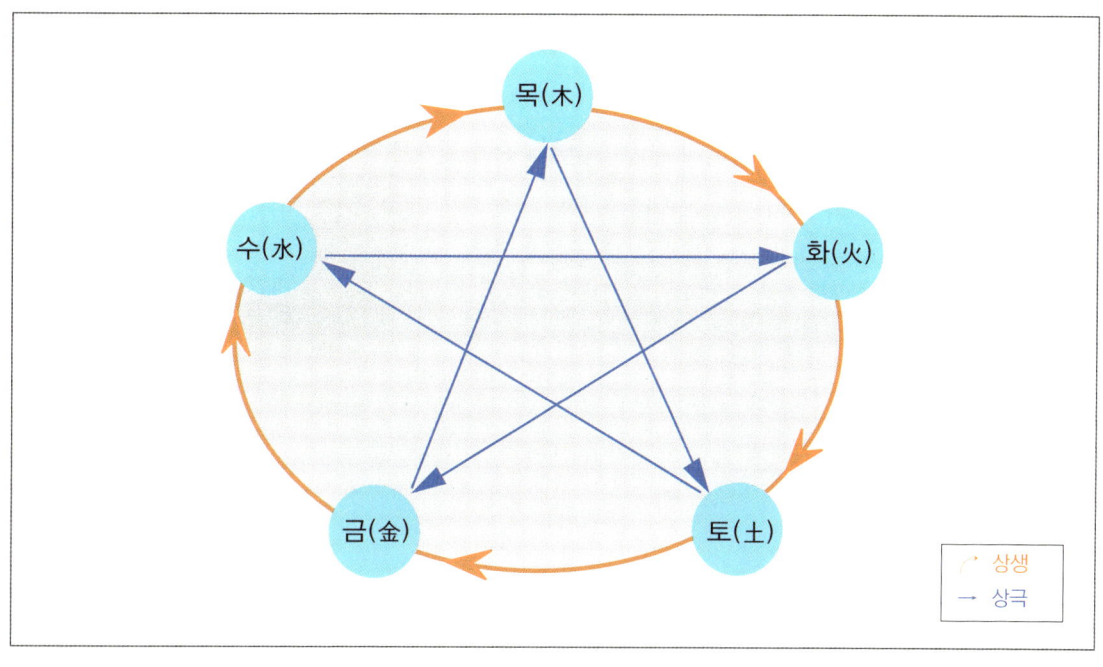

오행이 순환하는 원리

고, 금은 다시 수를 낳는 식입니다. 이 순서를 이해하는 방법을 알려 드리지요. 물을 주면 나무가 자라고, 나무를 마찰하면 불이 붙고, 불이 타고 나면 흙이 되고, 흙에서 쇠가 나고, 쇠에 이슬이 맺히는 연상을 하는 겁니다. 수→목→화→토→금→수를 꼭 기억하세요.

상극은 반대로 오행이 서로 이기는 관계를 맺고 있다는 것이지요. 그 순서는 수는 화를, 화는 금을, 금은 목을, 목은 토를, 토는 수를 제각각 이기는 관계입니다. 이것은 물로 불을 끄고, 불로 쇠를 녹이며, 쇠도끼가 나무를 찍고, 나무는 땅을 뚫고 나오고, 땅은 물을 고이게 한다는 것에 비유하면 쉽게 이해할 수 있을 겁니다.

이러한 순환을 그림으로 표시하면 위와 같습니다. 어때요? 아주 쉽게 눈에 들어오지요?

고려 전기의 학문과 사상 **243**

이 오행론이 적용된 대표적인 사례가 왕조 교체입니다. 이에 관한 역사적 사실들을 알아볼까요? 본디 오행론이 정리된 춘추전국 시대에는 왕조 교체를 상극으로 설명했습니다. 중국 역사의 시초가 되는 황제(黃帝)는 '토'에 해당하고, 그 다음 하(夏)나라는 '목', 은(殷)나라는 '금', 주(周)나라는 '화'에 해당한다고 보았지요. 그렇다면 주나라를 이어 천하를 차지할 나라는 오행 가운데 어디에 해당할까요? 그렇습니다. 바로 '수'에 해당하는 나라이지요. 그 뒤 실제로 중국을 통일한 진시황은 이 이론을 받아들여 자신의 나라가 '수'에 해당한다고 말했습니다.

우리 나라에서 오행론은 신라 말 고려 초에 들어와 널리 퍼졌습니다. 이 때에도 오행론은 왕조 교체를 설명하는 데 이용되었지요. 그런데 흥미로운 사실 한 가지! 우리 나라에서는 상극이 아니라 상생을 가지고 왕조 교체를 설명한다는 점입니다. 곧 신라는 '금'에 해당하는 나라이고, 이를 대신한 고려는 '수'에 해당하는 나라라는 것이지요. 개경과 서경(평양)은 모두 수덕(水德)이 풍부한 땅이라 하여 선택되었고요. 고려로 이어지는 태봉이 '수덕만세(水德萬歲)'라는 연호를 사용한 것이나, 뒷날 고려가 어지러울 때 고려를 대신할 나라는 목덕(木德)을 가진 나라라는 설이 유행한 것도 그 보기입니다.

요즘 많이 줄어들기는 했지만 이름 가운데 '돌림자'를 쓰는 경우가 있습니다. 돌림자란 한 집안에서 같은 항렬에 속하는 사람들이 같은 글자를 사용하는 것을 말하는데, 이 돌림자를 정할 때 오행론을 적용합니다. 3대가 각기 식(植)-섭(燮)-재(在)라는 돌림자를 사용한 예를 들어 볼까요? 이 세 글자를 찬찬히 살펴보세요. 그 안에 제각기 목

##  오행의 상징

오행은 우리 일상 생활 여러 곳에 적용되었고, 지금도 그 자취가 많이 남아 있다. 그 가운데 몇 가지 예를 들어 정리하면 다음 표와 같다.

| 오행 | 계절 | 방위 | 색깔 | 사신(四神) | 신체 장기 |
|---|---|---|---|---|---|
| 수 | 겨울 | 북 | 흑색 | 현무(玄武) | 신장(콩팥), 방광 |
| 목 | 봄 | 동 | 청색 | 청룡(靑龍) | 간, 담(쓸개) |
| 화 | 여름 | 남 | 적색 | 주작(朱雀) | 심장, 소장 |
| 금 | 가을 | 서 | 백색 | 백호(白虎) | 폐(허파), 대장 |
| 토 | 사계절 | 중앙 | 황색 | (천자) | 비장(지라), 위장 |

위에서 사신은 각 방위를 상징하는 신령한 동물을 의미한다. 다만 중앙에 해당하는 동물이 없다. 왜일까? 여기에는 바로 천자가 들어간다고 생각했기 때문이다. 천자의 색깔이 황색인 것도 다 그 때문이다. 중국 영화를 보다가 황제를 찾으려면 바로 황색 옷을 입은 사람을 찾으면 된다. 3권 고구려 편 10장을 보면 오행을 이해하는 데 도움이 될 것이다.

(木), 화(火), 토(土)가 들어 있는 것이 보이지요? 바로 '식'은 목, '섭'은 화, '재'는 토에 속하는 글자로 상생의 순서를 따르고 있지요. 여러분도 혹시 돌림자를 썼다면 그 순서를 한번 따져 보는 것도 흥미롭겠군요.

### 사람과 땅은 떨어질 수 없다 – 풍수지리설

혹시 명당이란 말 들어 보았나요? 어떤 일을 하는 데 위치가 매우 좋은 곳을 뜻하는데, 이것은 본디 풍수지리설에서 나온 말입니다. 풍수지리설이란 땅에 좋고 나쁜 여러 가지 기운이 있어 이를 적절히 선택하여 이용하면 인간에게 이로울 수 있다는 이론입니다.

지금의 풍수지리설은 대개 조상의 묘를 명당에 쓰면 후손이 복을 받는다는 내용으로만 알려져 있어요. 하지만 이것은 풍수지리의 여러 내용 가운데 하나일 뿐이고, 그것도 조선 시대 이후에 유행한 것입니다. 고려의 풍수지리설은 묏자리 잡는 것과는 별 상관이 없고, 그보다는 도읍이나 궁궐, 사찰 등 각종 건물 자리를 선정하는 것이 더 중요했습니다.

풍수지리설은 본디 중국에서 발전했는데, 우리 나라에는 삼국 시대에 들어온 것으로 보입니다. 여기에 우리 나라 실정에 맞는 논리가 만들어져 서로 융합, 발전했지요. 신라 말에 크게 유행했는데, 여기에 큰 역할을 한 인물이 바로 도선입니다. 선종 승려였던 도선은 풍수지리 이론에 밝아 이를 널리 퍼뜨렸습니다. 그의 이론은 신라 말의 혼란기에 새로운 왕조 건설을 꿈꾸는 이들에게 큰 영향을

**도갑사 도선국사 영정**
본디 조선 세조 초에 도갑사를 중창한 수미가 발원하여 제작한 것을 19세기에 베껴 그린 것이다. 전남 유형 문화재 176호.

미쳐, 풍수지리설이 우리 나라에 뿌리내리는 데 결정적인 역할을 합니다.

도선이 정리한 이론의 핵심은, 땅의 기운에는 융성함과 쇠약함이 있고 산천의 형세에는 순조로운 것과 거스르는 것이 있으니, 이에 적절히 대응해야 한다는 것입니다. 이를테면 산천이 순조롭고 '지덕

(地德)', 곧 땅의 기운이 왕성한 곳에 도읍을 잡아야 왕조가 번창한다는 식이지요.

이 이론은 오행론과도 결합합니다. 곧 땅의 기운에도 오행이 있으므로 왕조의 오행과 맞는 곳을 도읍으로 선택해야 한다는 논리로 발전한 거지요. 앞에서도 설명했지만, 개경과 서경은 바로 '수(水)'의

풍수지리설에 따라 산천의 형세를 둘러보는 도선과 용건 일행

**도갑사 도선 수미비**
1653년(효종 4)에 다시 세운 도선의 비. 전남 유형 문화재 38호.

**광양 옥룡사 터**
도선이 머물던 옥룡사의 유적. 사적 407호.

지덕이 왕성한 곳으로 지목된 명당입니다.

반대로 거스르는 곳에는 사찰을 지어 그 기운을 눌러야 한다고 설명했습니다. 이런 목적으로 지은 사찰을 보통 '비보 사찰(裨補寺刹)'이라고 하는데, 원찰과 함께 고려 시대 사찰의 주된 흐름을 이룹니다. 특히 태조 왕건은 〈훈요십조〉에서 도선이 미리 지정한 곳말고는 사찰을 짓지 말라고 당부했습니다. 그가 도선의 이론을 깊이 신봉했음을 알 수 있지요.

풍수지리는 때때로 정치의 쟁점으로 떠오르기도 했는데, 묘청의 난이 대표적인 보기입니다. 인종 때 이자겸의 난으로 궁궐이 불타고 민심이 동요하자, 묘청은 개경의 지덕이 쇠약해졌기 때문이라고 지적했습니다. 그리고 지덕이 왕성한 서경으로 도읍을 옮기면 그 기운

**안동 하회 마을**
연꽃 모양을 갖춘 명당이라고 한다. 중요 민속 자료 122호.

을 받아 고려 왕조가 다시 번창할 것이라고 했지요. 이것은 당시 정계에 큰 분쟁을 낳았고, 결국 반란으로 이어졌습니다.

풍수지리는 조선이 건국된 뒤에도 여전히 영향을 미쳤습니다. 도읍을 정할 때에는 한양과 계룡산을 후보지로 두고 논란을 거듭했고, 한양으로 결정한 뒤에는 명당을 골라 왕조의 정궁(正宮 : 국왕이 거주하며 나랏일을 보는 중심 궁궐)으로 경복궁을 창건했지요. 그러나 궁궐이나 시설을 두기 위한 풍수지리는 점차 사라지고, 대신 유교의 효도 관념과 연결되어 조상의 무덤을 명당에 잡기 위한 풍수가 크게 유행하게 됩니다.

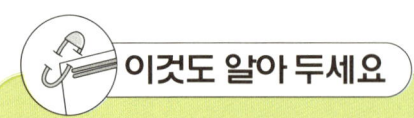
이것도 알아 두세요

## 태조의 〈훈요십조〉 2조

〈훈요십조〉 가운데 2조에서 강조한 내용은 고려에서 풍수지리설을 중요하게 여겼음을 단적으로 보여 줍니다. 그 내용을 정리하면 다음과 같습니다.

모든 사찰은 도선이 산수의 순조롭고 거스르는 것을 헤아리고 점쳐서 세웠다. 도선이 말하기를, "내가 점쳐서 정한 외에 함부로 더 창건하면 지덕을 손상시켜 국운이 오래가지 못할 것이다"라고 했다. 짐은 생각하건대 뒷날의 국왕과 왕족·왕비, 조정의 신하들이 각기 원찰이라 일컬으면서 혹 더 창건할까 크게 근심된다. 신라 말기에 사찰을 다투어 짓다가 지덕을 손상시켜 망하게 되었으니 어찌 경계하지 않겠는가?

### 미래의 일을 예언한다 – 도참설

도참이라는 말을 처음 들어 보았다고요? 걱정 마세요. 내용을 알고 나면 아주 생소하지는 않을 거예요. '도참'이란 쉽게 말해서 미래의 일을 어떤 상징을 통해 예언하는 것이지요. 예언의 근거로는 풍수지리설을 많이 사용했는데, 명당을 고르면 그에 따라 미래의 일을 예정하게 되기 때문이지요. 이 때문에 도참설을 풍수지리설과 합쳐 흔히 '풍수 도참' 또는 '지리 도참'이라고도 합니다. 도참은 서양의 예언서와 마찬가지로 직설적 표현보다는 은유적 표현을 담은 시 형식을 띠곤 하지요.

도참은 왕조 말기와 같은 혼란기에 특히 힘을 얻곤 하는데, 이것은 미래를 예측할 수 없는 불안한 상황을 반영하는 것이지요. 우리나라에서도 신라 말부터 도참이 자주 등장합니다. 신라 말 학자 최치원이 "계림은 누런 잎이고 곡령은 푸른 소나무"라고 말한 것이 한 예입니다. 이 말은 무슨 뜻일까요? 계림은 신라를 가리키고 곡령은 고려를 가리키지요. 누런 잎은 곧 시든다는 것을 의미하고, 푸른 소나무는 왕성하게 뻗어 나감을 상징합니다. 곧 신라가 망하고 고려가 융성할 거라는 예언이지요.

그런데 도참 중에는 그 시대에 유포된 것도 있지만 후대에 조작한 것도 있습니다. 승자가 자신의 승리를 정당화하기 위해 도참을 꾸며 내는 것이지요. 최치원이 말했다는 도참도 의심이 가는 구석이 있습니다. 최치원이 이런 생각을 했다면 마땅히 고려로 귀순했을 텐데, 사실 그는 신라에 대한 미련을 끝까지 버리지 못했거든요. 혹 누군가가 최치원을 빌려 고려의 융성을 뒷받침하려 한 것이 아닐까 생각되네요.

고려 중기에는 도읍을 옮기는 문제로 도참이 등장합니다. 자연 풍수지리설과 관련해 도선이 자주 언급되었지요. 문종에 이어 숙종 때에도 남경, 그러니까 지금의 서울로 도읍을 옮기자는 논의가 있었습니다. 지금의 경복궁 북쪽에 궁궐까지 창건했으나 실제로 옮기지는 않았지요. 당시 논의 과정에서 도선의 말이라고 인용한 예가 여럿 있는데, 이 가운데 이해하기 쉬운 내용 일부를 소개합니다.

> 고려 땅에는 삼경(三京)이 있는데, 송악을 중경(中京)으로 삼고 목멱양(木覓壤:지금의 서울)을 남경(南京)으로 삼고, 평양을 서경(西京)으로 삼아 11·12·1·2월에는 중경에 머무르고, 3·4·5·6월에는 남경에 머무르며, 7·8·9·10월에는 서경에 머무르면 36국에서 조공을 바칠 것이다.

**북악(백악) 그림**
고려 남경 궁궐 터는 지금의 북악산 아래 청와대 자리로 추정된다. 1763년 김윤겸 그림. 국립 중앙 박물관 소장.

이 내용에는 삼경을 설치하는 풍수지리설과 함께 세 곳에 돌아가며 머무르는 결과가 도참으로 제시되어 있습니다. 서경에 천도하면 주변 나라에서 조공을 바칠 거라고 한 묘청의 주장도 이와 비슷한

논리였습니다.

한편 고려 중기 이후에는 고려를 대신하여 세워질 왕조에 대한 도참이 등장합니다. 앞에서 설명한 '십팔자 설' 또는 '목자(木子)의 설'이라고 알려진 것이지요. 십팔자와 목자는 모두 '이(李)'를 가리키는 것으로, 이씨 성을 가진 사람이 왕씨의 고려를 대신할 나라를 세운다는 뜻입니다. 고려 인종 때 난을 일으킨 이자겸은 바로 이 설에 근거하여 왕자리를 넘보았고, 나중에 이성계 역시 이 설을 이용합니다.

이런 도참은 조선 시대에도 나타나는데, 《정감록》이 출간된 것이 그 보기입니다. 이 책은 정씨 성을 가진 인물이 조선을 대신하여 나라를 세울 것이라는 내용을 담고 있지요.

# 고려는 누구를 이어받았나

## 고려는 고구려를 이은 나라

사람은 누구나 자신이 누구인지 스스로 확인하고 이를 다른 사람에게 표현하는데, 이것을 정체성(正體性), 영어로는 아이덴티티(identity)라고 합니다. 우리가 흔히 "네 정체가 뭐냐?"라고 할 때 그 '정체'이지요. 사람이 자기 정체성을 확인하는 가장 대표적인 방법은 누구의 자녀 또는 후손인지를 밝히는 것입니다. 이를 통해 다른 사람과 구분되는 자신의 존재를 확인하고 보여 주게 되지요.

정체성은 사람에게만 있는 것은 아닙니다. 역사에 존재했던 나라들 또한 저마다 정체성을 가지고 있었지요. 그것은 사람과 마찬가지로 과거의 어떤 나라를 계승했다는 의식에서 가장 뚜렷하게 드러납니다. 이처럼 과거의 누구를 계승했다는 의식을 '역사 계승 의식'이라고 합니다.

고려는 이름에서 드러나듯 고구려 계승을 내세웠습니다. 옛 고구려 영토에서 일어난 나라라는 점에 근거하지요. 이것은 후삼국 시기에는 신라를 대신할 왕조로서 자신을 드러내는 것이었고, 후삼국을 통일한 뒤에는 북방 영토를 개척해 나가는 명분이 되었습니다. 거란의 1차 침입 때 협상에 나선 서희가 고려는 고구려를 계승한 나라라고 주장했던 이야기, 기억하나요? 여기서 고려 초기의 역사 계승 의식을 확인할 수 있습니다.

역사 계승 의식을 가장 직접적으로 표현하는 수단은 역사서 편찬입니다. 고려는 후삼국을 통일한 뒤 새 왕조의 정통성을 내세우기 위해 앞 시대의 역사를 정리했는데, 그것이 《구삼국사》*라고 알려진 역사서입니다.

《구삼국사》는 현재 남아 있지 않지만, 무신 집권기의 문장가 이규보가 지은 서사시 〈동명왕편〉 서문에 그 존재가 드러납니다. 이규보는 이 책에 실린 고구려 시조 동명왕의 전기를 읽고 감동하여 그의 일대기를 노래한 시를 지었다고 합니다. 동명왕의 업적과 자취를 자세히 기록했다니 《구삼국사》는 고구려 계승 의식을 강하게 드러낸 역사서임을 알 수 있습니다.

그런데 고구려 계승 의식은 시간이 지남에 따라 바뀌지 않을 수 없었습니다. 처음에 이 의식은 이전의 왕조였던 신라와 자신을 구분하기 위한 명분이었지요. 그런데 후삼국을 통일하고 거란과의 전쟁도 끝나 안팎으로 안정을 찾자 사정이 달라집니다. 고구려 계승 의식을 내세우는 것이 오히려 역효과를 가져올 수 있었거든요.

고려 왕조가 고구려 계승을 계속 강조한다면 어떤 문제가 생길까요? 옛 신라와 백제 지역에서도 각기 저마다의 계승 의식을 키우겠지요? 이는 또 다른 분열로 이어질 수 있고요. 그래서 고려는 역사서를 새로 편찬하여 역사 계승 의식을 다시 세우는데, 그 열매가 바로 《삼국사기》입니다.

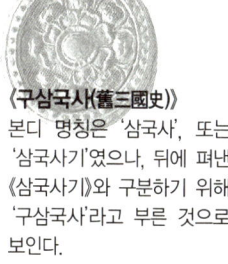

**《구삼국사(舊三國史)》**
본디 명칭은 '삼국사', 또는 '삼국사기'였으나, 뒤에 펴낸 《삼국사기》와 구분하기 위해 '구삼국사'라고 부른 것으로 보인다.

## 고려는 삼국을 이어받아 통일을 이룬 나라

《삼국사기》는 1145년(인종 23), 국왕의 명령에 따라 신라·고구려·

백제의 역사를 정리한 기전체 역사서로 김부식이 편찬 책임자로 일했습니다. 기전체란 천자의 활동을 기록한 '본기', 신하들의 활동을 기록한 '열전', 각종 제도와 문물을 종류별로 정리한 '지', 그리고 주요 사항을 연표로 정리한 '표' 등의 항목으로 나누어 역사를 정리하는 방식을 말하지요. 이 때 천자가 아닌 제후의 나라에 대해서는 본기 대신 '세가'라고 하여 구분합니다.

《삼국사기》는 국왕의 활동을 정리한 부분을 '본기'라고 했습니다. 사대 외교의 관점에서 본다면 이 명칭을 사용할 수 없지요. 그래서 조선 초기에 정리한 《고려사》에서는 본기가 아니라 '세가'라는 명칭을 사용했습니다. 《삼국사기》를 사대주의적인 역사서라고 평가하기 어렵게 만드는 부분입니다.

또한 《삼국사기》는 본기라는 명칭을 삼국 모두에게 붙였습니다. 어느 한 나라를 기준으로 삼지 않고 〈신라 본기〉, 〈고구려 본기〉, 〈백제 본기〉로 나누어 각각의 역사를 정리했지요. 이럴 경우 같은 사실을 거듭 기록하는 문제가 생길 수 있습니다. 그럼에도 이렇게 정리한 것은 삼국 모두를 고른 비중으로 이해하려는 태도를 반영한 결과입니다.

이러한 태도는 본문에서도 나타납니다. 본문 중에는 종종 '우리〔我〕'라는 표현이 등장합니다. 눈길을 끄는 것은 '우리'가 가리키는 나라가 본기마다 바뀐다는 사실입니다. 곧 〈신라 본기〉에서 '우리'는 신라를 가리키지만, 〈백제 본기〉에서는 백제를, 〈고구려 본기〉에서는 고구려를 가리키는 식이지요. 다시 말해 《삼국사기》에서는 삼국 모두를 '우리'로 이해했습니다.

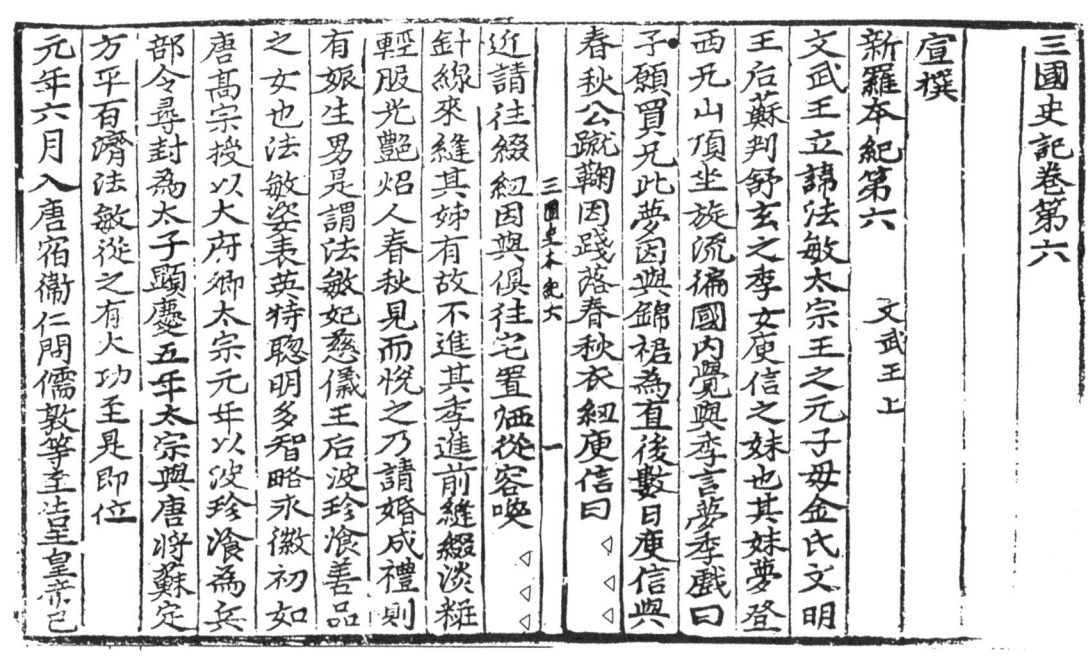

《삼국사기》 가운데 〈문무왕 본기〉

이전 나라에 '우리'라는 표현을 쓰는 것은 그것이 지금의 자신과 동일하다는 생각, 곧 자신이 그 나라를 계승했다는 의식을 반영합니다. 그러므로 《삼국사기》는 고려가 삼국 모두를 계승했다고 말하는 셈이지요. 이는 《구삼국사》가 고구려 계승 의식을 강하게 내세웠다는 점과 비교할 때, 고려의 역사 계승 의식이 달라졌음을 보여줍니다.

또 한 가지 눈에 띄는 것은 신라의 통일을 높이 평가했다는 점입니다. 《삼국사기》의 열전은 모두 10권인데, 이 가운데 3권이 김유신에 대한 것입니다. 이것은 김유신 개인을 내세우기 위한 것이 아니라 그의 활동이 신라의 통일 전쟁과 직접 관계되기 때문이지요.

《삼국사기》가 신라 이야기를 많이 다루고 신라를 강조한 것은 사

고려 전기의 학문과 사상 259

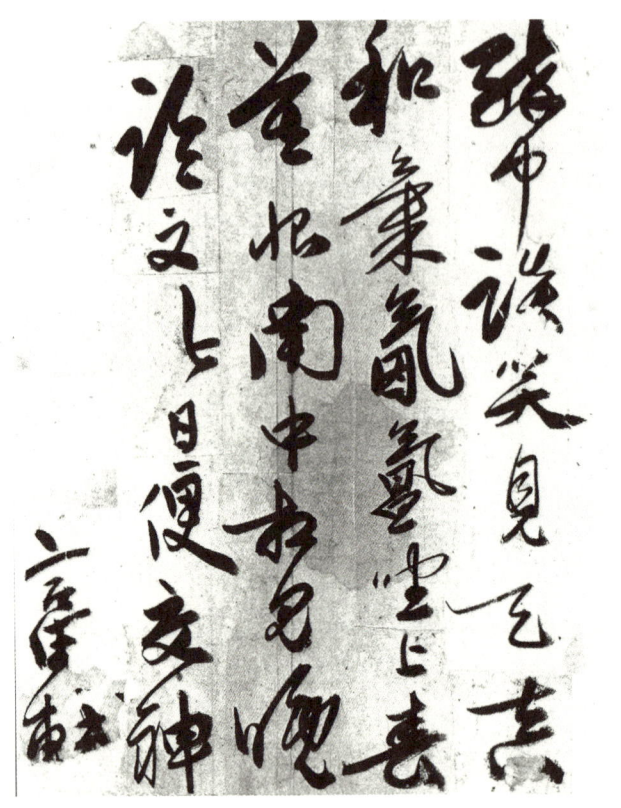

**김부식의 글씨**

실입니다. 과연 김부식이 경주 출신이라 그랬을까요? 당시 지배층이 신라를 선호했기 때문일까요? 그렇게 볼 수는 없습니다. 《삼국사기》는 삼국 가운데 하나인 신라를 중시한 게 아니라 삼국을 통일한 왕조 신라를 중시했습니다. 후삼국 통일을 강조하면서 신라의 통일 경험도 높이 평가한 것이지요.

이렇게 볼 때 《삼국사기》는 '신라' 중심으로 서술된 역사서가 아니라 '통일'을 중심으로 정리된 역사서로 봐야 합니다.

### 《삼국사기》를 펴낸 이유

그렇다면 《구삼국사》가 있는데도 무엇 때문에 인종 때 다시 《삼국사기》를 펴냈을까요? 바꿔 말해 새로운 역사서가 필요하게 된 이유가 무엇일까요? 그것은 바로 앞서 일어난 묘청의 난과 뗄 수 없는 관계에 있습니다.

묘청 일파의 주장은 고구려 계승 의식에 뿌리를 두었어요. 서경은 고구려의 옛 수도인데, 이 곳으로 도읍을 옮기고 금나라를 정벌하자는 것은 고구려의 옛 영토를 되찾자는 뜻입니다. 결국 묘청의 난은 고구려 계승 의식이 내란으로 이어진 보기인 셈이지요. 《삼국사기》가 삼국 모두를 고르게 평가하고 신라의 통일 경험을 강조한 것은, 고려가 삼국 모두를 계승한 나라임을 분명히 밝혀 왕조의 안정을 추구하기 위한 것이라고 평가됩니다.

또한 묘청 일파의 주장은 나라 힘을 키우기보다는 단지 풍수지리설과 도참설에 따라 도읍만 옮기면 해결된다는 것이었습니다. 유교 이념을 수용한 김부식 등은 묘청 일파의 주장에 따라 나라를 운영하면 안 된다고 생각했습니다. 이에 묘청의 난을 진압한 뒤 그들의 주장이 올바르지 않다는 걸 밝힐 필요가 있었지요.

《삼국사기》가 유교적 가치관을 강력히 내세운 것은 그 때문입니다. 가장 약한 나라였던 신라가 통일을 달성하는 데 가장 큰 밑거름이 된 것은 충효로 대표되는 도덕적 힘이라고 평가했습니다. 열전에서 나라를 위해 싸운 화랑의 활동을 비중 있게 다룬 것도 그 때문이고요.

다음 글은 김부식이 《삼국사기》를 완성하여 인종에게 바치는 글입니다. 《삼국사기》 편찬이 우리 역사에 대한 깊은 관심에서 나온 것임을 잘 보여 주지요. 어려운 부분은 생략하고 표현도 쉽게 바꾸었으니 한번 읽어 보면서 《삼국사기》 편찬 의미를 새겨 보기 바랍니다.

중국 역사에 통달하여 상세히 설명하는 자가 있으나 우리 나라의 역사에 대해서는 도리어 아득하여 그 내용을 알지 못하니 매우 한탄할 일이다.

신라·고구려·백제는 나라를 세워 솥발처럼 맞섰고 능히 예의로써 중국과 통교했기 때문에 중국 역사서에 모두 열전이 있다.

그러나 그 책들은 중국의 일은 자세하게 다루었지만 나라 밖의 일은 허술하게 만들었기 때문에 내용을 제대로 갖추지 못했다.

또 《고기(古記)》*라고 하는 것들은 붓을 잡아도 힘이 없어 종이에 써 내려가기 어려울 지경입니다.

이처럼 신의 학술이 천박하고 옛 사적도 제대로 알지 못한 까닭에 있는 힘을 다해 겨우 책을 만들 수 있었습니다.

보잘것없는 것이라 스스로 부끄러울 따름입니다.

엎드려 바라건대 성상 폐하께서는 어설픈 능력을 헤아려 주시고 함부로 만든 죄를 용서해 주시면 비록 명산에 보관해 둘 귀한 책은 못 되더라도 간장 항아리의 덮개로 사용하는 일은 없을 듯합니다.

구구하고 망령된 뜻은 하늘의 해가 알고 있을 것입니다.

**고기(古記)**
예전에 만들어진 기록들을 통틀어 일컫는 말.
**충사(忠邪)**
충성스러움과 사악함.
**안위(安危)**
편안함과 위태함.
**치란(治亂)**
잘 다스려지는 것과 혼란스러운 것.
**삼장(三長)**
재주·학문·식견.

신 부식은 아룁니다.

옛날 춘추·전국 시대의 여러 나라들은
제각기 사관을 두고 역사를 기록했습니다.……
해동의 삼국은 지나온 세월이 오래되었으니,
마땅히 그 사실이 책으로 기록되어야 할 것입니다.
그래서 마침내 늙은 신하(김부식)에게 명하여
편집하게 하셨는데
식견이 부족하여 어찌할 바를 모르겠습니다.
엎드려 생각하건대
성상 폐하께서는 요 임금의 학문을 타고나셨고
우 임금의 근검함을 체득하셨는데
밤낮의 여가에
옛날 일들을 널리 보시고 이르시기를
"요즘 학자와 관리들은 간혹 유교 경전과 학술서 및

문장이 너무 졸렬하고 사적도 많이 빠져 있어
군주의 선악과 신하의 충사(忠邪)*
국가의 안위(安危)와 백성의 치란(治亂)*을
모두 드러내어 교훈으로 삼을 수 없다.
마땅히 삼장(三長)*을 갖춘 인재를 구하여
제대로 된 역사서를 만들고
이를 후손 대대로 물려주어
해와 별처럼 빛나게 해야 할 것이다" 라고
하셨습니다.
신 같은 자는 본시 삼장의 인재가 못 되고
깊은 학식도 없으며
늘그막에 이르러서는 더욱 몽매해지고 있습니다.
글을 부지런히 읽기는 하지만
책을 덮으면 바로 잊어버리고

# 고려 시대 연표

| 고려사 | 세계사 |
|---|---|
| 900년 견훤, 후백제를 세우다. | |
| 901년 궁예, 후고려를 세우다. | |
| 903년 왕건, 나주 원정. | |
| 904년 궁예, 국호를 마진으로 고치다. | 907년 후량 건국. 당 멸망, 오대 시작. |
| 911년 궁예, 국호를 태봉으로 고치다. | 916년 야율아보기, 거란 건국 |
| 918년 왕건, 궁예를 쫓아내고 국호를 '고려', 연호를 '천수'라 하다. | |
| 919년 왕건, 송악에 도읍을 정하다. 평양 복구. | 923년 후당 건국. |
| 926년 발해, 거란에게 망하다. | |
| 927년 견훤, 신라의 왕경을 공격하다. 신라 경애왕 피살, 경순왕 즉위. 고려, 공산 전투에서 후백제에 대패하다. | |
| 930년 고려, 고창군 전투에서 후백제를 크게 물리치다. | |
| 934년 발해 태자 대광현이 무리를 이끌고 고려로 들어오다. | 936년 후진 건국. 거란, 연운 16주를 차지하다. |
| 935년 신검, 아버지 견훤을 가두고 왕위에 오르다. 견훤, 탈출하여 고려에 투항하다. 신라 경순왕, 고려에 항복하다(신라 멸망). | |
| 936년 고려, 일리천 전투에서 후백제에 승리하다 (후백제 멸망). 고려, 후삼국을 통일하다. | |
| 945년 왕규, 숙청되다. | |
| 947년 거란 침입에 대비하여 광군을 설치하다. | 947년 후한 건국. |
| 950년 광종, '광덕' 연호를 제정하다. | 951년 후주 건국. |
| 956년 노비안검법을 실시하다. | |
| 958년 과거제를 실시하다. | |
| 960년 백관의 공복을 정하다. | 960년 송 건국. |
| 968년 처음으로 국사와 왕사를 임명하다. | 962년 오토 1세, 신성 로마 제국 수립. |
| 976년 전시과를 처음 제정하다(시정전시과). | 979년 송, 중국 통일. |
| 982년 최승로, 〈시무 28조〉를 올리다. | |
| 986년 의창을 설치하다. | 986년 동로마, 불가리아와 30년 전쟁 시작(~1018). |
| | 987년 프랑스, 카페 왕조 시작. |
| 992년 국자감을 설치하다. | |
| 993년 거란 소손녕, 고려를 침공하다(고려·거란 1차 전쟁). 서희, 소손녕과 협상에서 강동 6주를 얻다. | |

| | | | |
|---|---|---|---|
| 996년 | 금속 화폐 건원중보를 주조하다. | | |
| 998년 | 전시과를 고쳐 정하다(개정전시과). | 1004년 | 송, 거란과 전연의 맹약 수립. |
| 1009년 | 강조, 정변을 일으켜 목종을 폐위하고 현종을 세우다. | | |
| 1010년 | 거란 성종, 고려를 침공하다(고려·거란 2차 전쟁). 현종, 나주로 피하다. | 1010년 | 안남, 대월국 수립. |
| 1011년 | 초조대장경 판각을 시작하다(1087년 완성). | | |
| 1018년 | 전국의 지방 행정 구역을 새로 정하다. 거란 소배압, 고려를 침공하다(고려·거란 3차 전쟁). | | |
| 1019년 | 강감찬, 귀주에서 퇴각하는 거란군을 크게 물리치다(귀주 대첩). | | |
| 1033년 | 천리장성을 축조하다(1044년 완성). | 1034년 | 독일, 부르군디 왕국 병합. |
| | | 1035년 | 스페인, 아라곤 왕국 독립. |
| | | 1037년 | 셀주크투르크 제국 건국. |
| | | 1042년 | 신성 로마, 헝가리 점령. |
| | | 1054년 | 기독교, 동서로 나뉘다. |
| | | 1055년 | 셀주크투르크, 바그다드 입성. |
| | | 1066년 | 노르망디공 윌리엄, 잉글랜드 정복. |
| | | 1069년 | 송, 왕안석의 개혁 시작. |
| 1076년 | 전시과를 다시 고치고(경정전시과) 관제를 개혁하다(문종 관제). | 1076년 | 신성 로마, 교황과 황제 대립. |
| | | 1077년 | 신성 로마, 하인리히 황제, 교황에게 굴복(카노사의 굴욕). |
| | | 1086년 | 송, 사마광 집권하여 왕안석의 신법 폐지. |
| 1087년 | 흥왕사에서 《초조대장경》을 간행하다. | | |
| 1090년 | 의천, 속장경을 편찬하다(1096년 완성). | 1096년 | 1차 십자군 원정(~1099). |
| 1097년 | 의천, 국청사 창건하고 해동 천태종을 열다. | | |
| 1102년 | 해동통보를 주조하다. | | |
| 1107년 | 윤관, 여진 정벌에 나서다. | | |
| 1108년 | 윤관, 동북 9성을 쌓다. | 1115년 | 아구다, 금 건국. |
| 1123년 | 남송의 사신 서긍 일행, 고려에 오다. | 1125년 | 거란, 멸망. |
| 1126년 | 이자겸, 난을 일으키다. | 1126년 | 금, 송을 공격하여 황제 생포. |
| | | 1127년 | 남송 건국. |
| 1135년 | 묘청, 서경에서 반란을 일으키다. | | |
| 1145년 | 《삼국사기》를 편찬하다. | 1147년 | 2차 십자군 원정(~1149). 포르투갈, 리스본 점령. |
| | | 1157년 | 신성 로마, 폴란드 원정. |

| | | | |
|---|---|---|---|
| 1170년 | 무신정변이 일어나다. | 1170년 | 프랑스, 파리대학 건립. |
| | | 1171년 | 영국, 아일랜드 침공. |
| 1172년 | 서북면 농민들이 봉기하다. | | |
| 1174년 | 조위총, 서경에서 무신 정권에 반대하는 난을 일으키다. | | |
| | 정중부, 이의방을 죽이고 권력을 잡다. | | |
| 1176년 | 망이·망소이의 난. | | |
| 1177년 | 망이의 2차 봉기. | | |
| 1179년 | 경대승, 정중부를 죽이고 정권을 잡다. | | |
| 1184년 | 이의민, 정권을 잡다. | 1189년 | 3차 십자군 원정(~1192). |
| 1190년 | 지눌, 정혜사를 결성하다. | 1192년 | 일본 가마쿠라 바쿠우 성립. |
| 1193년 | 김사미와 효심의 난. | 1194년 | 셀주크투르크 분열, 멸망. |
| | 이규보, 동명왕편을 짓다. | | |
| 1196년 | 최충헌, 이의민을 죽이고 권력을 잡다. | | |
| 1198년 | 만적, 노비의 신분 해방을 모의하다가 실패하다. | | |
| 1202년 | 경주에서 신라 부흥운동 일어나다. | 1202년 | 4차 십자군 원정(~1204). |
| | | 1206년 | 테무친, 몽골 황제 즉위. |
| 1209년 | 최충헌, 교정도감을 설치하다. | 1215년 | 영국, 대헌장 제정. |
| 1217년 | 최광수, 서경에서 고구려 부흥을 주장하며 난을 일으키다. | | |
| 1218년 | 거란군이 강동성을 점령하다. | | |
| 1219년 | 고려·몽골 연합군이 강동성에서 거란군을 물리치다. 고려와 몽골, 형제의 맹약을 맺다. 최충헌 사망, 아들 최우가 권력을 이어받다. | 1219년 | 칭기스 칸, 서방 원정(~1224). |
| 1225년 | 몽골 사신 제구유, 귀국 도중 피살. | 1227년 | 칭기스 칸, 서하 정벌 중 사망. |
| | 몽골, 고려와 국교 단절. | 1228년 | 5차 십자군 원정(~1229). |
| | | 1229년 | 몽골, 우구데이 황제 계승(태종). |
| 1231년 | 몽골, 고려를 침공하다(고려·몽골 1차 전쟁) | | |
| 1232년 | 고려, 강화도로 천도. 몽골, 다시 고려를 침공하다(고려·몽골 2차 전쟁). 초조대장경이 불타 없어지다. 김윤후, 처인성에서 몽골 장수 살리타를 사살하다. | | |
| 1234년 | 금속 활자로《상정고금예문》을 펴내다. | 1234년 | 금, 몽골의 공격으로 멸망. |
| 1235년 | 고려·몽골 3차 전쟁. | 1235년 | 몽골, 카라코룸에 수도 건설. |
| 1236년 | 재조대장경을 만들기 시작하다. | | 몽골, 바투의 서방 원정(~1242). |
| 1237년 | 이연년, 반란을 일으켜 백제도원수를 칭하다. | 1237년 | 바투, 모스크바 점령. |

1238년 황룡사 9층탑이 불타 없어지다.
1241년 신성 로마 제국, 한자동맹 성립.
1246년 몽골, 구유크 황제 계승(정종).
1247년 몽골, 고려를 침공하다(고려·몽골 4차 전쟁).
1248년 6차 십자군 원정(~1254).
1249년 최우 사망. 아들 최항이 권력을 이어받다.
1251년 몽골, 몽케 황제 계승(헌종).
1253년 몽골, 고려를 침공하다(고려·몽골 5차 전쟁).
1254년 몽골, 고려를 침공하다(고려·몽골 6차 전쟁).
1257년 최항 사망. 아들 최의가 권력을 이어받다.
1258년 김준, 최의를 죽이고 집권하다(최씨 정권 몰락). 화주의 조휘 등이 반란을 일으켜 몽골에 투항하다. 몽골, 쌍성총관부를 설치하다.
1258년 몽골, 훌라구의 원정, 바그다드 점령, 일한국 수립. 압바스 왕조 붕괴.
1259년 고려와 몽골, 강화를 수립하다.
고려 태자, 몽골의 쿠빌라이(세조)를 만나다
1260년 태자, 고려에 돌아와 즉위하다(원종)
1262년 노르웨이, 아이슬랜드 점령.
1264년 원종, 몽골에 친조하여 황제를 만나다
1267년 고려, 몽골의 요구로 일본에 국서 보내다.
1268년 임연, 정변을 일으켜 김준 제거, 권력 잡다.
1269년 서경의 최탄, 반란을 일으켜 몽골에 투항.
1270년 임유무 피살로 무신정권이 막을 내리다.
삼별초, 반란을 일으켜 진도로 옮기다.
몽골, 서경에 동녕부를 설치하다.
1270년 7차 십자군 원정.
1271년 고려·몽골 연합군, 진도를 함락하다.
삼별초, 탐라로 이동하다.
1271년 마르코 폴로, 동방 여행 출발(~1295).
몽골, 세조 쿠빌라이 원으로 국호 개정.
1273년 삼별초, 탐라에서 진압되다.
1274년 고려, 몽골의 요구로 공녀를 보내다.
고려·몽골 연합군, 일본 원정에 나섰으나 태풍으로 실패하다(1차 일본 원정).
1275년 원나라에 대한 사대에 맞춰 관제를 고치다.
1279년 남송, 원의 공격으로 멸망.
1280년 정동행성 설치.
1281년 고려·몽골 연합군, 일본 원정에 나섰으나 태풍으로 또다시 실패하다(2차 일본 원정).
1284년 영국, 웨일스 점령.
1285년 일연,《삼국유사》를 펴내다.
1287년 이승휴,《제왕운기》를 펴내다.
1290년 원, 동녕부를 요동으로 옮기고 자비령 이북 땅을 고려에 돌려 주다.
1299년 오스만투르크 제국 건국.
1302년 프랑스, 삼부회의 소집.
1302년 프랑스, 삼부회의 소집.
1309년 교황, 아비뇽 유폐.
1337년 일본, 무로마치 바쿠우 시작.
1338년 영국과 프랑스, 백년전쟁 시작(~1453).

| | | | |
|---|---|---|---|
| 1347년 | 정치도감을 설치하다. | 1347년 | 전 유럽에 페스트 유행. |
| | | 1351년 | 원, 홍건적의 난. |
| 1356년 | 공민왕, 정동행성을 폐지하고 쌍성총관부를 무력으로 되찾다. | 1356년 | 신성로마, 카알 4세 금인칙서 발표. |
| 1359년 | 홍건적, 고려를 침입하다(1차 침입). | | |
| 1351년 | 홍건적, 고려를 침입하다(2차 침입). 공민왕, 안동으로 피하다. | | |
| 1363년 | 문익점, 원나라에서 목화씨를 들여오다. | | |
| 1365년 | 공민왕, 신돈을 등용하다. | | |
| 1366년 | 신돈, 전민변정도감을 설치하고 개혁을 추진하다. | | |
| 1367년 | 성균관을 증축하다. | 1368년 | 주원장, 명 건국, 원의 대도 함락. 북원 수립. |
| 1369년 | 원나라 연호를 폐지하다. | 1369년 | 티무르 제국 수립. |
| 1370년 | 명나라 연호를 받아들이다. | | |
| 1371년 | 신돈, 숙청되다. | | |
| 1376년 | 최영, 홍산 전투에서 왜구를 치다. | | |
| 1377년 | 최무선, 화약 제조법을 들여와 화기를 제조하다. 청주 흥덕사에서 《직지심경》을 금속 활자로 인쇄하다. | 1378년 | 교회가 로마와 아비뇽으로 분리. |
| 1380년 | 최무선, 진포에서 왜구를 물리치다. 이성계, 황산 전투에서 왜구를 물리치다. | 1381년 | 영국, 와트 타일러의 난. |
| | | 1385년 | 포르투갈, 카스티야의 지배로부터 독립. |
| 1388년 | 최영, 요동 정벌을 단행하다. 이성계, 위화도에서 회군하여 권력을 장악하다. | | |
| 1389년 | 박위, 쓰시마를 정벌하다. | | |
| 1391년 | 과전법을 제정하다. | 1391년 | 북원, 명에 의해 몽골 초원으로 패퇴. |
| 1392년 | 정몽주, 선죽교에서 피살되다. 공양왕, 이성계에게 왕위를 넘겨주다(고려 멸망). | | |

## 사진 자료

15  상주 견훤산성 – 이형권
16  쌍계사 진감선사비 – 이형권
16  보리사 대경대사비 – 《한국의 미 15》
17  전주 동고산성 –《전북문화재대관》, 도지정 편
18  태봉 왕궁터의 석등 –《조선의 태실 3》
18  궁예 왕궁터
     –《강원도 철원군 군사유적 지표조사 보고서》
28  고려 태조 초상화 –《조선의 태실 3》
29  숭의전 터 –《경기문화재대관》, 국가지정 편
32, 33  안동 태사묘 및 소장 유물 –《뿌리깊은 한국사》
35  김제 금산사 – 이형권
36  김부 고신 –《한국고대중세고문서연구, 하》
37  신라 경순왕릉 –《경기문화재대관》, 국가지정 편
38  용문사 은행나무 –《경기문화재대관》, 국가지정 편
38  중원 미륵리 사 터 – 이형권
39  단발령 망금강 그림 – 국립 춘천 박물관
42  연산 개태사 터, 전(傳)견훤 묘 – 이형권
43  춘천 신숭겸묘 –《강원문화재대관》, 도지정 편
56  흥법사 진공대사비 귀부 및 이수 –《한국의 미 15》
56  진공대사비 탁본 – 이화여자대학교 박물관
58  태조 현릉 –《북한의 문화재와 문화유적 4》, 고려 편
63  나주 완사천 –《(전라남도)문화재도록》, 도지정 편
65  혜종릉 –《북한문화재해설집 1》
67  영월 흥녕사 징효대사비
     –《강원문화재대관》, 국가지정 편
71  정종릉 –《북한문화재해설집 1》
71  광종릉 –《북한문화재해설집 1》
79  충주 숭선사 터와 출토 막새 – 국립 청주 박물관
79  보원사지 법인국사탑비 –《한국의 미 15》
80  용두사 철 당간 – 국립 청주 박물관
85  거란 상성성 및 중경성 유적 –《중국고대사참고도록》
86  거란인과 말의 모습 –《중국고대사참고도록》
89  서희의 글씨 – 서울대박물관 도록
92  안주성 백상루 –《북한문화재해설집 3》
93  안주목지도 – 서울대학교 규장각
94  초조 대반야바라밀다경 권249 – 미확인
96  낙성대 –《서울문화재대관》
96  강감찬의 글씨 – 서울대학교 박물관 도록
101  강민첨 영정 –《서울의 문화재》
103  천추태후 발원 사경 –《(빛깔 있는 책들)사경》
104  용주성 –《북한의 문화재와 문화유적 4》, 고려 편
105  귀주성 –《북한의 문화재와 문화유적 4》, 고려 편
106~107  정방산성
     –《북한의 문화재와 문화유적 4》, 고려 편
111  금나라의 유물 –《중국고대사참고도록》
114  윤관의 묘 –《경기문화재대관》, 국가지정 편
117  윤관의 글씨 – 서울대학교 박물관 도록
119  마운령비 –《북한문화재해설집1》
121  파주 용미리 석불입상 –《한국의 미 10》
122  춘천 청평사 – 이형권
124  인종의 목책 –《조선의 태실 3》
132  평양도 – 서울대박물관도록
137  평양성 대동문 –《북한문화재해설집3》
139  부벽루 –《북한문화재해설집1》
150  맹씨행단 –《문화재대관》, 사적 편 개정판
151  태조가옥허여문기 –《고려 말 조선 초의 서예》
161  고려 말 화령부 호적 단편
     –《한국고대중세고문서연구, 하》
162  만력34년 진해현 호적 –《경남문화재대관》, 도지정 편
168  송도 지도 – 서울대학교 규장각
169  개경 나성 –《북한의 문화재와 문화유적 4》, 고려 편
170  강세황의〈송도기행첩〉중 개성 시가도
     – 국립 춘천 박물관
171  개성 남대문 –《북한문화재해설집 3》
172  만월대 전경 및 복원도 –《북한문화재해설집 3》
174~175  만월대 관련 유적 일괄 –《북한문화재해설집 3》
177  정도사오층석탑조성형지기
     –《한국고대중세고문서연구, 하》
178  장성감무관첩 –《한국고대중세고문서연구, 하》
180  예천 개심사지석탑 –《한국의 미 9》
183  순창성황당현판 –《한국고대중세고문서연구, 하》
184  대관령 성황사와 산신각
     –《강원문화재대관》, 도지정 편
185  강릉 단오제 – 강릉문화원
186  사천매향비 –《경남문화재대관》, 국가지정 편
186  영암 엄길리 매향비 탁본
     –《(전라남도)문화재도록》, 도지정 편
189  윤광전 노비별급점련문서 –《한국고대중세고문서연구, 하》, 서울대학교 출판부
192  조운선 – 국립 청주 박물관
196  불화에 나타난 농민들의 모습 – 일본 친왕원
200  송나라의 해운 선박
     –《북한의 문화재와 문화유적 4》, 고려 편
204~205  고려시대의 화폐 – 복천 박물관
213  선봉사 대각국사비 –《한국의 미 15》

213 영통사 대각국사비
 -《북한의 문화재와 문화유적 4》, 고려 편
214 대각국사 묘지석 - 국립 중앙 박물관
215 대각국사 영정-《(전라남도)문화재도록》, 국가지정 편
216 속장경인기 - 동국대학교
216 송광사 묘법연화경 관세음보살 보문품 삼현원찬과문
 -《(전라남도)문화재도록》, 국가지정 편
217 정원신역화엄경소 - 동국대학교
221 통도사국장생표 -《한국의 미 15》
221 상천리국장생석표-《경남문화재대관》, 도지정 편
222 현화사 당간지주와 현화사 7층탑 -《북한의 문화재와 문화유적 4》, 고려 편
223 봉선홍경사비갈 탁본 - 이화여자대학교 박물관
229 개성의 성균관 -《북한문화재해설집 3》
231 장양수 급제패지 -《한국고대중세고문서연구, 하》
233 양이시, 양수생 홍패-《한국고대중세고문서연구, 하》
238 최함 묘지석 - 국립 중앙 박물관
247 도갑사 도선국사 영정
 -《(전라남도)문화재도록》, 국가지정 편
250 도갑사 도선수미비
 -《(전라남도)문화재도록》, 도지정 편
250 광양 옥룡사 터 일원
 -《(전라남도)문화재도록》, 국가지정 편
251 안동 하회마을 -《(빛깔 있는 책들 140)풍수지리》
254 북악(백악) 그림 - 국립 춘천 박물관
260 김부식의 글씨 - 서울대학교 박물관 도록

★ 여유당출판사에서는 이 책에 실린 사진에 대해 저작권자의 허락을 받기 위해 최선을 다했습니다. 혹시 내용이 빠졌거나 잘못 기록된 부분이 있으면 연락주시기 바랍니다.

**참고 문헌**

도감
《강원도 강원문화재대관 ① ②》, 1993
《경기도 경기문화재대관 ① ②》, 1999
《경기도박물관 몽골유목문화》, 1999
《경상남도 경남문화재대관 ① ②》, 1995
《북한문화재해설집 1》, 국립문화재연구소 1997
《북한문화재해설집 3》, 국립문화재연구소, 2002
《제주의 역사와 문화》, 국립제주박물관, 2001
《고려도자명문》, 국립중앙박물관, 1992
《고려 조선의 대외교류》, 국립중앙박물관, 2002
《남한강문물》, 국립청주박물관, 2001
《국립청주박물관 도록》, 국립청주박물관, 2001
《국립춘천박물관(도록)》, 국립춘천박물관, 2002
《우리의 땅, 우리의 진경》, 국립춘천박물관, 2002
《동국대소장 국보보물귀중본전》, 동국대학교, 1996
《파주 서곡리 고려벽화묘 발굴조사보고서》, 문화재연구소, 1993
《문화재대관(사적 편) ① ②》, 문화재청, 1998, 1999
《돈 이야기》, 복천박물관, 2002
《중국고대사참고도록 (송원시기)》, 상해교육출판사, 1991
《규장각명품도록》, 서울대학교 규장각, 2000
《서울대학교박물관도록》, 서울대학교, 1983
《북한의 문화재와 문화유적(4, 고려편)》, 서울대학교 출판부, 2000
《서울문화재대관》, 서울특별시, 1987
《서울의 문화재 2》, 서울특별시사편찬위원회, 2003
《안동지역 현판탁본전도록 1》, 안동문화연구회, 1994
《고려말 조선초의 서예》, 예술의 전당, 1996
《강원도철원군 군사유적 지표조사보고서》, 육군박물관, 1996
《한국서적》, 이화여대박물관, 1992
《1992 인천직할시립박물관도록》, 인천직할시립박물관,
《문화재도록 ①( ② ③》, 전라남도, 1998
《전북문화재대관 상, 하》, 전라북도, 1997
《조선의 태실 3》, 전주이씨대동종약원, 1999
《한국의 미 9》, 중앙일보사, 1981
《한국의 미 10》, 중앙일보사, 1981
《한국의 미 15》, 중앙일보사, 1981
《청주고인쇄박물관도록》, 청주고인쇄박물관, 2000
《충주박물관소장품도록》, 충주시, 2004

개설서
국사편찬위원회,《한국사(신편)》, 11~21(고려편), 1993~1996
박용운,《고려시대사(상·하)》, 일지사, 1987
한국중세사학회,《고려시대사강의》, 늘함께, 1997
한영우,《다시 찾는 우리 역사》, 경세원, 2004

교양서
장경희 외 편저,《한국 미술문화의 이해》, 예경, 1994
박용운 외,《고려시대 사람들 이야기 1, 2》, 신서원, 2001
한국역사연구회,《모반의 역사》, 세종서적, 2002
한국역사연구회 중세1분과,《고려시대 사람들은 어떻게 살았을까 1, 2》, 청년사, 1997

한국역사연구회 개경사연구반,《고려의 황도 개경》, 창작과비평사, 2002
박종기,《5백년 고려사》, 푸른역사, 1999
역사비평 편집위원회,《한국 전근대사의 주요 쟁점》, 역사비평사, 2002
국사편찬위원회,《한국사(신편)》, 11-21(고려편), 1993~1996
박용운,《고려시대사(상·하)》, 일지사, 1987
한국중세사학회,《고려시대사강의》, 늘함께, 1997

연구서
14세기 고려 사회성격 연구반 편,《14세기 고려의 정치와 사회》, 민음사, 1994
고구려연구회,《서희와 고려의 고구려 계승의식》, 학연문화사, 1999
노명호 외,《한국고대중세고문서연구 (상·하)》, 서울대학교 출판부, 2000
이기백 편,《고려광종연구》, 일조각, 1981
이기백 외, 1993《최승로상서문연구》, 일조각
이우성·강만길 편, 1976《한국의 역사인식 (상·하)》, 창작과 비평사
강경숙,《한국도자사》, 일지사, 1989
강은경,《고려시대 호장층 연구》, 혜안, 2002
강진철,《고려토지제도사연구》, 일조각, 1981
강진철,《한국중세토지소유연구》, 일조각, 1989
고병익,《동아교섭사의 연구》, 서울대학교 출판부, 1970
고혜령,《고려후기 사대부와 성리학 수용》, 일조각, 2001
구산우,《고려전기 향촌지배체제연구》, 혜안, 2003
김광철,《고려후기세족층연구》, 동아대학교 출판부, 1991
김용선,《고려음서제도연구》, 일조각, 1991
김의규,《고려사회의 귀족제설과 관료제론》, 지식산업사, 1985
김충열,《고려유학사》, 고려대학교 출판부, 1984
김갑동,《나말여초의 호족과 사회변동연구》, 고려대학교 출판부, 1990
김난옥,《고려시대 천사·천역양인 연구》, 신서원, 2000
김당택,《원간섭하의 고려정치사》, 일조각, 1998
김당택,《고려의 무인정권》, 국학자료원, 1999
김성환,《고려시대의 단군전승과 인식》, 경인문화사, 2002
김인호, 고려후기 사대부의 경세론 연구》, 혜안, 1999
김철준,《한국고대사회연구》, 서울대학교 출판부, 1990
김철준,《한국사학사연구》, 서울대학교 출판부, 1990
도현철,《고려말 사대부의 정치사상연구》, 일조각, 1999
문경현,《고려태조의 후삼국통일연구》, 형설출판사, 1987
민현구,《고려정치사론》, 고려대학교 출판부, 2004
박경안,《고려후기 토지제도연구》, 혜안, 1996
박용운,《고려시대 음서제와 과거제 연구》, 일지사, 1990
박용운,《고려시대 개경연구》, 일지사, 1996
박용운,《고려사회의 여러 역사상》, 신서원, 2002
박은경,《고려시대 향촌사회 연구》, 일조각, 1886
박종기,《고려시대 부곡제연구》, 서울대학교 출판부, 1990
박종기,《지배와 자율의 공간, 고려의 지방사회》, 푸른역사, 2002
박종진,《고려시기 재정운영과 조세제도》, 서울대학교 출판부, 2000
방동인,《한국의 국경획정연구》, 일조각, 1997
변태섭,《고려정치제도사연구》, 일조각, 1977
신안식,《고려 무인정권과 지방사회》, 경인문화사, 2002
신천식,《고여교육사연구》, 경인문화사, 1995
신호철,《후삼국시대 호족연구》, 개신, 2002
안병우,《고려전기의 재정구조》, 서울대학교 출판부, 2002
안주섭,《고려 거란 전쟁》, 경인문화사, 2002
윤룡혁,《고려 대몽항쟁사 연구》, 일지사, 1991
윤용이,《한국도자사연구》, 문예출판사, 1993
이경식,《조선전기토지제도연구》, 일조각, 1986
이기백,《고려병제사연구》, 일조각, 1968
이기백,《고려귀족사회의 형성》, 일조각, 1990
이동주,《한국회화사론》, 열화당, 1987
이병도,《고려시대의 연구》, 아세아문화사, 1980
이상선,《고려시대 사원의 사회경제연구》, 성신여자대학교 출판부, 1998
이성무,《한국의 과거제도》, 집문당, 2000
이수건,《한국중세사회사연구》, 일조각, 1984
이우성,《한국중세사회연구》, 일조각, 1991
이정신,《고려 무인집권기 농민·천민항쟁 연구》, 고려대학교 민족문화연구소, 1991
이정희,《고려시대 세제의 연구》, 국학자료원, 2000
이태진,《한국사회사연구》, 지식산업사, 1986
이희덕,《고려유교정치사상의 연구》, 일조각, 1984
장동익,《고여후기외교사연구》, 일조각, 1994
정구복, 한국중세사학사 1》, 집문당, 1999
정청주,《신라말 고려초 호족연구》, 일조각, 1996
채웅석,《고려시대의 국가와 지방사회》, 서울대학교 출판부, 2000
천혜봉,《한국전적인쇄사》, 범우사, 1990

최재석, 《한국가족제도사연구》, 일지사, 1983
하현강, 《한국중세사연구》, 일조각, 1988
하현강, 《한국중세사론》, 신구문화사, 1989
한기문, 《고려 사원의 구조와 기능》, 민족사, 1998
허흥식, 《고려사회연구》, 아세아문화사, 1981
허흥식, 《고려불교사연구》, 일조각, 1986
노명호, 1988《고려사회의 양측적 친속조직 연구》, 서울대학교 박사학위논문
안지원, 《고려시대 국가 불교의례 연구》, 서울대학교 박사학위론문, 1999
윤경진《고려 군현제의 구조와 운영》, 서울대학교 박사학위논문, 2000
이익주, 《고려·원 관계의 구조와 고려후기 정치체제》, 서울대학교 박사학위논문, 1996
이종서, 《14~16세기 한국의 친족용어와 일상 친족관계》, 서울대학교 박사학위논문,1967

연구 논문
강길중, 〈남송과 고려의 정치외교와 무역관계에 대한 고찰〉, 《경희사학》, 16·17합, 1991
김광수, 〈고려조의 고구려계승의식과 고조선인식〉, 《역사교육》 43, 1988
김당택, 〈고려 인종조의 서경천도·칭제건원·금국정벌론과 김부식의 삼국사기 편찬〉, 《역사학보》 170, 2001
김혜원, 〈고려 공민왕대 대외정책과 한인군웅〉, 《백산학보》 51, 1998
김광철, 〈14세기초 원의 정국동향과 충선왕의 토번 유배〉, 《한국중세사연구》 3, 1996
노명호, 〈고려시대의 친족조직〉, 《국사관논총》 3, 1989
노명호, 〈고려시대의 토지상속〉, 《중앙사론》 6, 1989
노명호, 〈고려 지배층의 발해류민에 대한 인식과 정책〉, 《산운사학》 8, 1998
노명호, 〈고려시대의 다원적 천하관과 해동천자〉, 《한국사연구》 105, 1999
민현구, 〈정치도감의 성격〉, 《동방학지》 23·24합, 1980
민현구, 〈신돈의 집권과 그 정치적 성격(상,하)〉, 《역사학보》 38, 40, 1968
민현구, 〈고려 공민왕대 반원적 개혁정치의 전개과정〉, 《허선도정년기념논총》, 1992
박재우, 〈고여 충선왕대 정치운영과 정치세역 동향〉, 《한국사론(서울대 국사학과)》 29, 1993
박평식, 〈고려시기의 개경시전〉, 《한국사의 구조와 전개 -하현강교수정년기념논총-》, 2000

박한남, 〈12세기 려금무역에 대한 검토〉, 《대동문화연구》 31, 1996
손홍열, 〈고려 조운고〉, 《사총》 21·22합, 1977
류영철, 〈《고려첩장불심조조》의 재검토〉, 《한국중세사연구》 창간호, 1994
윤경진, 〈나말려초 성주의 존재양태와 고려의 대성주정책〉, 《역사와 현실》 40, 2001
윤경진, 〈고려시기 소의 존재양태에 대한 시론〉, 《한국중세사연구》 13, 2002
이만열, 〈고려 경원이씨 가문의 전개과정〉, 《한국학보》 21, 1980
이범직, 〈원 간섭기 입성론과 유청신〉, 《역사교육》 81, 2002
이익주, 〈14세기 전반 고려·원관계와 정치세력 동향〉, 《한국중세사연구》 9, 2000
이익주, 2001 〈14세기 전반 성리학 수용과 이제현의 정치활동〉, 《전농사론》 7
이인재, 〈《통도사지》〈사지사방산천비보편〉의 분석〉, 《역사와현실》 8, 1992
이재범, 〈고려 태조의 훈요십조에 대한 재검토〉, 《성대사림》 12·13합, 1997
이정신, 〈고려의 대외관계와 묘청의 난〉, 《사총》 45, 1996
이종서, 〈나말여초 성씨 사용의 확대와 그 배경〉, 《한국사론(서울대 국사학과)》 37, 1997
이태진, 〈김치양 난의 성격〉, 《한국사연구》 17, 1977
이해준, 〈매향신앙과 그 주도집단의 성격〉, 《김철준화갑기념논총》, 1983
조명제, 〈고려후기 선요의 수용과 간화선의 전개〉, 《한국중세사연구》 7, 1999
채웅석, 〈고려전기 화폐류통의 기반〉, 《한국문화》 9, 1988
채웅석, 〈여말선초 향촌사회의 변화와 매향활동〉, 《역사학보》 173, 2002
최병헌, 〈고려시대의 오행적 역사관〉, 《한국학보》 13, 1978
최병헌, 〈고려시대 화엄학의 변천〉, 《한국사연구》 30, 1980
최병헌, 〈태고보우의 불교사적 위치〉, 《한국문화》 7, 1986
최병헌, 〈수선결사의 사상사적 의의〉, 《보조사상》 1, 1987
최병헌, 〈고려건국과 풍수지리설〉, 《한국사론(국사편찬위원회)》 18, 1988
최재석, 〈고려조의 상속제와 친족조직〉, 《동방학지》 31, 1982